A BIBLIOTECA FANTASMA

David Hidalgo

A BIBLIOTECA FANTASMA

Tradução de Monique Izoton

coragem

Porto Alegre, RS
2024

© David Hidalgo, 2018.
© Editora Coragem, 2024.

Título original: *La biblioteca fantasma*.

A reprodução e propagação sem fins comerciais do conteúdo desta publicação, parcial ou total, não somente é permitida como também é encorajada por nossos editores, desde que citadas as fontes.

www.editoracoragem.com.br
contato@editoracoragem.com.br
(51) 98014.2709

Produção editorial: Thomás Daniel Vieira.
Tradução: Monique Izoton.
Preparação e revisão de texto: Nathália Boni Cadore.
Arte da capa: Tomás Culleton.
Índice Onomástico: Taís Amorim.
Coordenação: Camila Costa Silva.

Porto Alegre, Rio Grande do Sul.
Inverno de 2024.

Dados Internacionais de Catalogação na Publicação (CIP)

H632b Hidalgo, David
A biblioteca fantasma / David Hidalgo; tradução da Monique Izoton. – Porto Alegre: Coragem, 2024.
352 p.

Título original: La biblioteca fantasma
ISBN: 978-65-85243-21-6

1.Biblioteca Nacional do Peru – Furto – Acervo bibliográfico. 2. Patrimônio Cultural – Bibliotecas – Delitos culturais. 3. Furto – Documentos – Bibliotecas. 4. Ensaios. 5. Patrimônio documental – Proteção – Peru. 6. Furto – Livros – América Latina. I. Izoton, Monique. II. Título.

CDU: 024.8(85)

Bibliotecária responsável: Jacira Gil Bernardes – CRB 10/463

Para meu irmão Doany,
por tudo o que você fez para que eu pudesse seguir um sonho.

Para Romi,
porque me viu chorar ao terminar este livro, e chorou comigo.

"Poco importa por qué se destruye una biblioteca: cada prohibición, limitación, destrucción, robo o saqueo da lugar (al menos como presencia fantasmal) a una biblioteca más clamorosa, más clara, más duradera, compuesta por los libros prohibidos, robados, expoliados, destruidos o censurados. Es posible que ya nadie pueda consultarlos, es posible que solo existan en la memoria imprecisa de un lector o en la memoria más imprecisa aún de la tradición y la leyenda, pero habrán adquirido una especie de inmortalidad".

Alberto Manguel, *La biblioteca de noche*.

"*Habent sua fata libelli*".
[Os livros têm seu próprio destino]

Terentianus Maurus

I

Em uma manhã de novembro de 2012, um homem entrou no palácio presidencial da Argentina segurando uma caixa preta. Era um estojo revestido de veludo, sem inscrições. No interior havia um livro. Era a réplica de uma joia que deveria estar entre os objetos rituais de toda a história universal do poder: um antigo tratado de quiromancia que havia pertencido à biblioteca do Libertador José de San Martín. Poucas características de um grande estrategista militar são mais intrigantes do que sua curiosidade em ler o futuro na palma de uma mão. O salão da Casa Rosada foi se enchendo de ministros, diplomatas e altos funcionários peruanos e argentinos. Minutos antes do meio--dia, chegaram os presidentes. Ramón Mujica, o portador desse compêndio para adivinhos, sentou-se à mesa redonda e colocou a caixa preta à vista. Era uma cena inusitada na América Latina: dois governantes estavam prestes a ser cativados por um livro.

Ollanta Humala visitava Cristina Fernández em uma viagem relâmpago para assinar vários acordos, desde a luta contra as drogas até a transferência de presos. Ramón Mujica, um homem alto com óculos redondos de estudioso, viajava na comitiva como diretor da Biblioteca Nacional do Peru (BNP). Ele deveria participar da assinatura de um acordo cultural. Quando chegou a sua vez, Mujica quebrou o protocolo: em vez de retornar a sua cadeira junto às outras autoridades, deu alguns passos em direção à mesa de honra e entregou a caixa a Ollanta Humala, que se levantou para recebê-la. O bibliotecário disse umas palavras ao presidente que apenas a governante anfitriã pôde ouvir. Humala não resistiu à tentação de abrir o estojo naquele instante e, em seguida, Fernández mergulhou por vários minutos naquele livro cheio de desenhos de mãos marcadas com sinais estranhos.

A política, assim como o esoterismo, é um reino de símbolos: entre os títulos que lhe correspondiam como presidente da Argentina, Cristina Fernández exercia o de Grã-mestra da Ordem do Libertador San Martín. Ninguém parecia se lembrar disso quando, minutos depois, coube a ela dar ao presidente do Peru um colar de ouro com a imagem de um condor, uma espada sobre uma coroa de louros e a efígie de San Martín cercada por brilhantes. Talvez o único que valorizasse a coincidência fosse o bibliotecário que havia quebrado o protocolo para entregar-lhe um livro de quiromancia.

Ramón Mujica estava perseguindo ladrões de livros antigos em Lima há meses e encontrou evidências de que uma das rotas do tráfico passava por Buenos Aires. Atrair a atenção de ambos os presidentes com um detalhe enigmático foi um movimento digno de um ilusionista: os políticos cativam as pessoas com discursos; os bibliotecários podem fazê-lo com mistérios. Um tratado de quiromancia como esse é mais do que um manual de instruções para ler o futuro. É uma máquina do tempo e do conhecimento, um objeto capaz de transportar o leitor para outro mundo e outra mentalidade. "Este livro foi impresso meio século após a invenção da imprensa por Guttemberg [sic]" – esta anotação está na primeira página desse exemplar.

300 anos depois, esteve na coleção que o general San Martín doou para fundar a Biblioteca de Lima e fortalecer a liberdade conquistada pelas armas. O tratado de quiromancia foi roubado durante a guerra entre Peru e Chile no final daquele século de rebeliões iluministas. "Recuperei-o do poder de um soldado chileno em 1881, por dois *reales de plata*", indica a mesma anotação. A assinatura é do tradicionalista Ricardo Palma, o diretor que naquele tempo reconstruiu a BNP, pedindo livros de porta em porta. Mujica, o homem da caixa preta, é seu mais recente sucessor. E também é um homem em busca de tesouros perdidos.

2.

Ramón Mujica é um especialista no poder dos símbolos antigos. Por anos, dedicou-se a decifrar mensagens nas imagens religiosas de gravuras, pinturas e esculturas da época dos vice-reis do Peru. No início dos anos 1990, ele entusiasmou a comunidade acadêmica com um livro que lançou luz sobre um dos temas mais intrigantes do período colonial: a aparente obsessão de alguns artistas por pintar retratos de anjos arcabuzeiros. Várias séries de quadros sobreviventes daquela época mostram esses personagens celestiais vestidos com trajes militares e armados, como soldados alados. O maior enigma dessas obras era que algumas possuíam inscrições com nomes de anjos que não aparecem na Bíblia. São nomes árabes que nunca foram reconhecidos pela Igreja Católica.

Mujica, um erudito fascinado pela história das religiões, vasculhou bibliotecas americanas e europeias em busca de pistas. Ele encontrou documentos desconhecidos sobre o assunto. Em vez de um estudo sobre história da arte, o que ele fez pareceu um esforço para resolver um enigma da antiguidade clássica: combinou referências de disciplinas como estudos bíblicos, patrística (o estudo dos escritos dos primeiros padres da Igreja), filosofia neoplatônica medieval, magia renascentista, teologia tridentina e antropologia. Suas descobertas revelaram a existência, na América, de um antigo culto angelical que reivindicava a devoção a sete anjos específicos como príncipes do céu e guerreiros do Apocalipse. Na época, esse culto foi investigado pelo Santo Ofício devido às suas aparentes conexões heréticas com a cabala e a magia. No entanto, após uma série de complexas reinterpretações, acabou se transformando na doutrina político-religiosa que facilitou a "conquista espiritual do Novo Mundo": as pinturas de anjos soldados abriram caminho para os evangelizadores da monarquia espanhola pelos Andes.

Mujica pode contar essa história como se fosse um romance de mistério. Mais do que um estudioso isolado em uma torre de marfim, ele parece um cientista da era vitoriana, um daqueles exploradores que se vestiam como acadêmicos para apresentar suas descobertas aos colegas da comunidade científica. Alguns detalhes de sua biografia explicam a origem de sua curiosidade: ele é filho de Manuel Mujica Gallo, um notável mecenas peruano do século passado que combinava uma vida política ativa com uma forte paixão pela arte. Nos anos 1970, estudou antropologia na New College of Florida, uma universidade experimental de estilo socrático, onde se formou com uma tese sobre os conceitos de amor e guerra na poesia hispano-árabe do século XII. Ao retornar ao Peru, durante algum tempo Mujica dividiu seu tempo entre o negócio imobiliário da família e visitas diárias aos conventos de Lima: de manhã, dava diretrizes e assinava documentos, e à tarde mergulhava em bibliotecas religiosas imersas em um silêncio monástico.

Em uma época em que o mundo estava imerso em um turbilhão de conquistas tecnológicas, Mujica frequentava lugares onde a maior tecnologia permitida eram seus óculos redondos de tartaruga. O homem que desejava desvendar um enigma sobre anjos se aproximou da escuridão do passado com a curiosidade como sua lanterna. "Um estudioso – escreveu Virginia Woolf – é um entusiasta concentrado, solitário, sedentário, que busca nos livros aquele grão especial de verdade em que depositou todo o seu empenho". Mujica encontrou isso em antigos volumes amarelados, alguns dos quais não haviam sido lidos em séculos. Seu maior feito não foi apenas encontrar esses livros e documentos, mas compreender o que eles revelavam. "É obrigatório beber das fontes que inspiraram nossos artistas, a fim de compreender o significado de suas visões e o sentido final de suas obras", explicou em seu estudo sobre pinturas de anjos.

Essa mesma certeza o motivou a lançar um alerta de Lima para Buenos Aires em uma manhã de agosto de 2012, três meses antes do episódio com o tratado de quiromancia e os presidentes do Peru e da Argentina. Nesse dia, Mujica iria revelar detalhes sobre o sofisticado roubo de um manuscrito da BNP. Desta vez, o especialista em anjos e santos não agiria com a discrição de um convento, mas sim com a ressonância da era digital: revelaria o caso em uma videoconferência com um grupo de convidados na embaixada do Peru na capital argentina.

A joia roubada era um catecismo do século XVIII escrito em quéchua. O documento é uma evidência de como os evangelizadores espanhóis reciclavam palavras da língua nativa para pregar conceitos ocidentais como o céu e o inferno, os anjos ou o diabo. Pertencia a uma das coleções mais importantes da BNP, mas ninguém sabia de seu desaparecimento até que um acadêmico francês o redescobriu casualmente em Dumbarton Oaks, uma prestigiosa biblioteca em Washington pertencente ao sistema da Universidade de Harvard. Foi então que se soube que essa instituição o havia comprado de uma livraria de antiguidades na capital argentina. Após uma odisseia pelos dois extremos do continente, o livro foi devolvido. Agora, o diretor da BNP estava tentando obter aliados em uma cruzada internacional para deter o tráfico de livros, um negócio ilícito que movimenta milhares de dólares no mercado clandestino.

"Com a aparição do manuscrito, é possível reconstruir o circuito do roubo", disse Mujica ao grupo que o ouvia em uma tela gigante, composto por meia dúzia de pessoas, incluindo Horacio González, então diretor da Biblioteca Nacional da Argentina, e Alberto Casares, presidente da Associação de Livreiros Antiquários desse país. O autor do crime, prosseguiu Mujica, não apenas havia levado o exemplar – como aconteceu em outras bibliotecas ao redor do mundo –, mas também havia eliminado quase todas as evidências de sua existência, desde as fichas bibliográficas até o registro do cofre onde havia sido guardado. O ladrão do livro também se preocupou em eliminar as anotações dos pesquisadores que o haviam visto nos últimos anos. Ele teve acesso a todas as áreas. Foi, nas palavras de Mujica, um trabalho interno.

3.

Uma tarde, Mujica me contou como descobriu a gravidade dos roubos na BNP. Em vez de um ambiente de livros, escolheu um restaurante próximo para a conversa, livre do clima de intrigas gerado pelas investigações internas. Enquanto os demais falavam sobre assuntos cotidianos, nós conversávamos sobre relíquias e evidências. Segundo o bibliotecário, os eventos remontavam ao seu segundo mês como diretor. Durante uma reunião em seu escritório, uma funcionária lhe deu uma notícia alarmante: alguém havia tentado roubar os arquivos de um antigo presidente da República. Alguns operários da manutenção encontraram sete pastas com documentos escondidas dentro de um móvel que seria descartado, no telhado da antiga sede da BNP, um edifício no centro de Lima que abrigou os maiores tesouros bibliográficos do país por quase 200 anos. Os técnicos que foram verificar a descoberta se depararam com mais de 3 mil manuscritos da correspondência do marechal Andrés Avelino Cáceres, duas vezes governante do Peru no século XIX e um dos maiores heróis militares do país. Eram papéis históricos que deveriam estar no cofre.

    A descoberta acidental ocorreu no mesmo dia em que o presidente Ollanta Humala assinou a resolução suprema nomeando o especialista em anjos como diretor da BNP. No entanto, Mujica não recebeu essa informação ao assumir o cargo nem nas semanas seguintes, mas sim quando retornou de uma viagem. Sua reação imediata foi se apresentar no antigo prédio da

Biblioteca com uma comitiva de funcionários e seguranças para esclarecer o roubo. "Ele estava consternado", lembrou uma trabalhadora que presenciou a cena. "Dizia que não entendia por que tinham escondido isso dele". Foi lá que Mujica descobriu que a chefe do Arquivo, uma mulher morena de cabelos claros e olhos brilhantes, tinha feito malabarismos em seu escritório para proteger os documentos de Cáceres: todas as tardes, antes de ir para casa, Martha Uriarte os mudava secretamente de prateleira para evitar que algum intruso os levasse novamente durante a noite. Uriarte não confiava em ninguém, e por isso esperava o retorno do diretor para entregá-los pessoalmente.

O assunto era mais grave do que uma tentativa frustrada de roubo: de acordo com o testemunho que a especialista em arquivos daria ao Ministério Público, outra funcionária tinha dado uma ordem geral para ocultar isso dele. "Senti indignação: percebi que todas as pessoas que sorriam para mim, que me parabenizavam, que diziam que iriam trabalhar comigo, todas estavam mentindo", disse Mujica sobre alguns funcionários da BNP ao recordar o incidente.

Não era o primeiro caso conhecido de furto de documentos antigos. Nos últimos anos, antes da nomeação de Mujica, várias denúncias jornalísticas haviam revelado o roubo de gravuras e volumes completos dos acervos mais valiosos da Biblioteca, cujo acesso é permitido apenas a pesquisadores. O problema não havia sido resolvido, mesmo com a inauguração, em 2006, de um novo prédio projetado para ser uma fortaleza do conhecimento, em um dos distritos mais residenciais da cidade. A resposta oficial continuava parecendo uma política para remediar vazamentos: cada denúncia era tratada como um caso isolado. Isso ocorreu mesmo quando dois acadêmicos peruanos, especialistas em religiosidade colonial, entregaram a um jornal de Lima a prova documental de um roubo: a cópia microfilmada de uma gravura do século XVII que retratava

Nicolás de Ayllón, um suposto nobre indígena que a Igreja Católica chegou a declarar venerável, o segundo dos quatro passos para a santidade. Eles haviam estudado o volume original com a gravura para seus respectivos livros. Algum tempo depois, aquela página havia desaparecido.

O assunto não havia passado despercebido para Mujica: o especialista em anjos também é uma autoridade em história dos santos. Durante suas próprias pesquisas, ele havia trabalhado com documentos e livros da mesma época. Em algum momento, teve o exemplar com a gravura de Ayllón em suas mãos. Por isso, dias antes de assumir o cargo, o novo diretor investigou o assunto com dois de seus antecessores, um sociólogo e um historiador. Um deles chegou a dizer que o caso Ayllón era uma manipulação jornalística. A descoberta dos arquivos de Andrés Avelino Cáceres no telhado do antigo prédio acabaria com qualquer dúvida: os roubos eram sistemáticos.

O especialista em anjos e santos havia se transformado em uma espécie de promotor bem-educado. Sua habitual eloquência de palavras relacionadas à arte e à história deu lugar a uma linguagem jurídica com expressões como "suspeitos", "crime", "evidência" e "provas". Esse vocabulário era um sintoma das circunstâncias: seu primeiro ano e meio como diretor da BNP havia se tornado mais típico de um órgão de combate à corrupção do que de uma instituição com fins acadêmicos

A tentativa frustrada de furto no prédio antigo foi apenas um ponto de inflexão inicial: em vez de se intimidar com a máfia de traficantes de livros, Mujica liderou uma cruzada para combatê-la. Nos meses seguintes, ordenou o reforço das investigações, a apresentação de denúncias criminais e o envio de e-mails para mais de 7 mil usuários, pedindo informações sobre outros roubos. As pressões internas para interromper as investigações, vindas de certos grupos de trabalhadores da biblioteca, o levaram a tomar uma medida extrema: o fechamento completo da instituição por três meses, a fim de fazer um inventário dos tesouros bibliográficos. Foi então que ele confirmou que cerca de mil exemplares antigos haviam desaparecido de seus cofres. Entre as obras perdidas havia desde estudos coloniais sobre línguas nativas e tratados de filosofia até mapas do chamado Novo Mundo.

No dia em que divulgou essa cifra, Mujica apresentou uma evidência da obscenidade dos ladrões de livros: um vídeo do exato momento em que um vigilante do cofre principal entra e retira um volume do século XVII que havia acabado de ser inventariado. Pela primeira vez, havia uma prova tão clara de que a máfia operava de dentro. "Se a Ricardo Palma chamaram de Bibliotecário Mendigo, a este historiador de arte colonial cairia bem o título de Bibliotecário Detetive", afirmou um dos principais jornais de Lima sobre Mujica. O exemplar roubado no vídeo era uma biografia de Toríbio de Mogrovejo, o santo que ministrava sacramentos a outros santos na Lima colonial. Mujica transformaria isso no símbolo de sua campanha para recuperar os livros roubados.

4.

Diante da mesa de seu estúdio particular, Ramón Mujica observa um grupo de condenados no clímax da dor: há um homem nu de cabeça para baixo sendo espancado com um porrete. Alguns passos adiante, outro homem é torturado com jatos de água que entram pelo funil inserido em sua boca. No mesmo ambiente, um terceiro homem está amarrado a uma cama coberta por pontas afiadas de ferro. Mais abaixo, há um quarto indivíduo forçado a copular com um sapo gigante, próximo a três pessoas que gritam de horror enquanto são colocadas em uma grande panela com água fervente.

> Se a Ricardo Palma chamaram de Bibliotecário Mendigo, a este historiador de arte colonial cairia bem o título de Bibliotecário Detetive.

A primeira imagem que se percebe da mesa do especialista em anjos e santos mostra quase vinte variedades de sofrimento. É uma pintura do Inferno. As vítimas são pecadores, os carrascos são demônios. Para qualquer visitante, a agonia eterna em uma tela do tamanho de uma grande televisão pode causar um efeito dramático. No refúgio pessoal de Mujica, é a evidência de seu interesse por profetismo, Apocalipse e iconografia do fim dos tempos. Há imagens do demônio que apenas um especialista em anjos e santos pode interpretar para os olhos leigos. "Não são castigos imaginários", explica-me sobre as cenas da pintura. "[Quase todos] são castigos praticados pelo sistema judiciário vice-real". Era a justiça da época em que foram publicados os livros agora roubados pelos mafiosos.

 Neste lugar, Mujica escreveu vários de seus próprios livros. Ao lado da mesa, há uma pintura do chão ao teto sobre o triunfo da Independência no continente. A personagem central é uma mulher que representa a Pátria. Abaixo, há uma espécie de legenda escrita a pincel que diz:

 O gênio da Independência Americana, coroado pelas mãos da Prudência e da Esperança, e segurando em suas mãos o símbolo da Liberdade, começa sua jornada triunfante. Seis cavalos puxam seu carro, representando as repúblicas de México, Guatemala, Colômbia, Buenos Aires, Peru e Chile. A Temperança e a Justiça o conduzem.

 A interpretação, nas palavras desse estudioso dos sinais do passado, é algo como isto: a Pátria desce dos céus, pisoteando as nuvens negras do colonialismo. Ela carrega o esquadro da maçonaria e o barrete frígio da Revolução Francesa. É coroada com rosas pela Esperança, que traz a âncora de Santa Rosa, e a Prudência, que carrega o espelho onde são vistos os defeitos e o bastão de cura de Hermes. Ao seu redor voam anjos que carregam símbolos maçônicos: um mostra o martelo do escultor e a paleta do pintor; outro segura a cornucópia que aparece no

Escudo Nacional do Peru; um terceiro anjo puxa a Ouroboros, serpente que devora a si mesma; e o quarto carrega o Livro da Lei. "É um quadro único", diz Mujica sobre essa peça anônima do início do século XIX. A imagem poderia ser o tema de um jogo de perguntas e respostas sobre a influência esotérica na Independência Americana. Também sugere uma verdade mais essencial: toda grande conquista humana está salpicada de segredos.

O primeiro ambiente do estúdio é uma biblioteca especializada em história da arte que cobre três paredes. Mujica fala sobre suas pinturas com o mesmo entusiasmo com que se refere aos livros antigos. É uma paixão herdada do pai, que chegou a criar um museu particular e foi amigo de Picasso. Há algo contraditório entre seu tom racional de historiador e as inflexões de voz que usa para enfatizar certos detalhes reveladores de cada pintura, especialmente retratos de santos e outros personagens da arte religiosa. É como um estado de admiração recorrente diante das coisas ocultas, aquelas que ninguém mais percebe com tanta facilidade. "Santidade significa que uma ideia ou uma coisa possui certo valor extraordinário, cuja presença obriga o homem a silenciar", escreveu o psiquiatra Carl Jung, um grande estudioso dos símbolos antigos. Vistos dessa maneira por um iniciado, esses quadros não são apenas quadros, mas janelas: portais pelos quais se pode atravessar por um instante para ouvir a voz perdida de seus personagens, tocar suas túnicas, sentir o ar que acabou de roçar seus corpos abençoados ou amaldiçoados e talvez até perceber seus tormentos ou momentos de iluminação, como um *voyeur* do Dia do Juízo Final. O especialista em anjos e santos teve uma experiência semelhante há algum tempo. Ele testemunhou um milagre através de um sonho.

    Uma noite, Mujica sonhou que entrava em uma galeria de arte para ver uma exposição do artista plástico Luis Alberto León. Entre as pinturas da mostra, ele distinguiu uma que o comoveu: a imagem do cadáver de Jesus Cristo sentado e vestido parcialmente com uma túnica branca, com feridas nas palmas das mãos e o rosto coberto por um pano suspenso no ar. No pano era visível o rosto de Santa Rosa. Era a representação do instante exato em que o rosto de Cristo começa a se imprimir milagrosamente em um pedaço de tecido, como no Sudário de Verônica durante seu caminho para o Calvário, mas com as feições da santa limenha. Mujica procurou imediatamente o artista. Disse-lhe que tinha visto em seus sonhos uma pintura sua que ainda não existia na realidade. Queria perguntar se ele aceitaria fazê-la por encomenda, como era feito na Idade Média ou no Renascimento. "Apenas ele era capaz de representar o próprio momento do 'milagre' que ocorreu em meu sonho", contou-me Mujica, agora em pé diante da obra pendurada em um canto extremo do escritório. É, assegurou, a recriação exata do que ele viu. Uma pintura visionária. "Aqui, Santa Rosa é a *Vera Imago*, a verdadeira imagem, a efígie viva de Cristo", disse antes de retornar ao seu escritório na Biblioteca Nacional para continuar com o caso dos ladrões de livros.

Não é coincidência que a Pátria e a santa compartilhem esse refúgio. Em seu livro sobre Santa Rosa de Lima, Mujica demonstra que a imagem da escolhida limenha não foi apenas um, mas muitos símbolos ao mesmo tempo: a mística, a contrarreformista, a inimiga dos piratas, o emblema da Coroa espanhola para a extirpação das idolatrias, a profetisa da restauração do Império Inca e até mesmo um brasão político, símbolo do incipiente patriotismo *criollo*. No início do século XIX, em meio à guerra emancipadora, o general Simón Bolívar escreveu uma carta em que lamentava o fato de os combatentes da América do Sul não terem um ícone unificador como a Virgem de Guadalupe para os patriotas mexicanos, que a levavam em suas bandeiras durante a luta pela liberdade. Bolívar afirmou que aquela imagem havia dado um importante impulso político aos rebeldes mexicanos. Meses depois, no decisivo Congresso de Tucumán, na Argentina, os patriotas sul-americanos escolheram a santa limenha como emblema. O encarregado de levá-la como símbolo foi o Libertador que lia tratados de quiromancia. "Entre as instruções entregues ao General San Martín para o Exército Libertador do Chile e do Peru" – cita Mujica – "dizia-se que 'a campanha libertadora estava sob o Patronato de Santa Rosa de Lima'".

O livro em que Ramón Mujica desvenda essa história é intitulado *Rosa Limensis*, em referência ao título de um fascinante tratado de 1711 que inclui quarenta hieróglifos sobre a primeira santa americana. É uma peça única da literatura emblemática da Colônia. Mujica consultou esse livro vários anos antes como pesquisador na própria Biblioteca Nacional e foi uma das primeiras relíquias que quis ver novamente assim que assumiu o cargo de diretor. Quando pediu aos responsáveis pelo cofre, informaram-lhe que não estava lá. Tinha sido roubada.

5.

Uma tarde, meses depois de nossa conversa sobre a origem dos roubos, Ramón Mujica me contou que suas mãos doíam. "Às vezes, acordo com dor durante a noite", ele disse em seu escritório, com a irritação de quem reclama de uma enxaqueca. Uma tendinite havia se agravado a ponto de obrigá-lo a usar uma luva terapêutica que parecia imobilizar seu pulso esquerdo. O problema havia começado devido ao esforço que ele fez para carregar malas durante uma viagem, mas por alguma razão se estendeu de uma mão para a outra. Naquele dia, a dor era tão intensa que ele não conseguia carregar a bolsa de pano roxa que usava para transportar seus livros. Na hora de ir para casa, mal pôde levar alguns jornais e alguns exemplares leves que segurava com os antebraços, enquanto alguém de confiança carregava suas outras leituras até o carro. No meio das lutas de sua empreitada para deter o roubo de livros, era uma cena estranha, paradoxal.

"Não é um sinal de bênção ter ficado obcecado pela existência dos santos", escreveu o filósofo romeno E. M. Cioran, que em certo momento estava intrigado com os tormentos físicos de Santa Rosa de Lima. "Você não se preocupa com a santidade, a menos que tenha sido decepcionado pelos paradoxos terrenos". Pode uma doença ser um sinal do destino? Não era absurdo pensar que o especialista em anjos e santos estivesse somatizando involuntariamente seu desafio: no livro que escreveu sobre a santa, ele conta que no dia em que exumaram seus restos mortais, para trasladá-los para a Igreja onde agora descansam, o cadáver apareceu intacto, exceto pelas mãos, que estavam desfeitas desde a altura dos pulsos. "Ainda nos tempos de Rosa, seus jejuns e autoflagelações possuíam significados teológico-sociais: eles purificavam e respondiam aos pecados públicos", escreveu Mujica muito antes de se tornar bibliotecário. Agora ele estava encarregado de combater a corrupção.

Ramón Mujica não era o primeiro diretor da BNP a enfrentar um desastre que não importava muito a ninguém. No final do século XIX, o tradicionalista limenho Ricardo Palma dedicou vinte e cinco anos para recuperar os livros saqueados durante uma guerra. Por volta do século XX, o historiador Jorge Basadre assumiu o cargo entre os escombros de um incêndio e estabeleceu a fênix como emblema de um novo começo. Mas o cataclismo do século XXI é ainda mais pernicioso, pois é fruto da perversidade: se quem destrói um livro mata a própria Razão – como disse o poeta John Milton –, quem rouba um livro raro ou único comete um crime tão grave quanto um sequestro perpétuo. Ambos os crimes haviam ocorrido nos ambientes mais inacessíveis da BNP.

A melhor evidência de que havia um clima de impunidade estava no escritório de Mujica. Era justamente a escultura metálica de uma fênix, uma ave de aparência robótica, com olhos esbugalhados e asas salpicadas de buracos, que enfeitava uma pequena mesa na sala de estar. Foi doada pelo famoso artista peruano Víctor Delfín. Deveria simbolizar o triunfo da esperança após a tragédia causada pelo fogo, e assim foi até que um funcionário da administração anterior decidiu colocá-la em uma caixa, levá-la para o estacionamento, colocá-la em seu carro e levá-la embora sem avisar ninguém. O caso ocorreu três anos antes do início das investigações sobre o roubo de livros e foi revelado quando um supervisor de segurança relatou o desaparecimento de várias obras de arte que estavam expostas em diferentes ambientes da Biblioteca.[1] Uma investigação interna naquela época determinou a perda de quatro pinturas e o ocultamento de algumas outras no escritório de um dos assessores do então diretor.[2] Ao ser descoberto, o funcionário devolveu a escultura no dia seguinte, alegando que estava apenas guardando porque não tinha outro lugar para colocá-la. As outras peças não foram encontradas. A Biblioteca demorou cinco meses para fazer uma denúncia à polícia. No entanto, quando Mujica assumiu como diretor, não havia evidências de que alguém tivesse sido acusado ou punido por esse caso. Se alguém podia levar obras de arte que deveriam estar na sala de cofres, qualquer coisa poderia acontecer entre as paredes dos dois prédios dos quais ele estava encarregado. Por exemplo, a ameaça de uma nova catástrofe.

---

1. Relatório N° 003-2007-BNP/CP/ALTS de Augusto La Torre, assistente do Escritório de Controle Patrimonial, para Gilberto Zegarra, chefe da Área de Controle Patrimonial, datado de 1 de outubro de 2007.

2. O episódio ocorreu durante a gestão de Hugo Neira, antecessor de Ramón Mujica. Os detalhes estão registrados no Memorando N° 137-2007-BNP/AOA de Jorge Lermo, assessor da Alta Direção, para Luis Carpio, diretor-geral do Departamento de Administração, de 18 de outubro de 2007. A escultura foi trazida de volta da rua, como consta no Relatório N° 02-AAD_OSS de Óscar Sánchez Sierra, assessor da Alta Direção, também para o diretor de Administração, Luis Carpio, de 29 de outubro de 2007.

Surgiram os primeiros indícios de que o especialista em anjos e santos estava enfrentando forças obscuras enquanto se acumulavam as evidências de uma suposta máfia de traficantes de livros. "Começaram a circular rumores e mensagens anônimas de que, se as investigações continuassem, eles incendiariam a biblioteca", disse-me o ex-ministro da Cultura, Juan Ossio, que durante seu mandato nomeou Ramón Mujica como diretor da BNP. Ossio, um antropólogo formado em Oxford e com longa trajetória acadêmica, estava ciente das intrigas internas, mas só naquele momento compreendeu a magnitude do problema. Diante de uma ameaça tão séria, a única opção possível era seguir em frente. "Alguém precisava colocar o sino no pescoço do gato", comentou.

Dias antes do término do mandato do ex-ministro e da transição para um novo governo, Mujica convocou uma coletiva de imprensa na qual anunciaria o fechamento da Biblioteca para esclarecer a magnitude dos roubos. Naquele dia, ele foi acompanhado por seus dois antecessores mais recentes: à sua direita estava Hugo Neira, o historiador que havia recuperado livros que permaneciam como troféus de guerra em outro país; à sua esquerda estava Sinesio López, o sociólogo que havia construído o moderno prédio atual em um terreno que estava vazio há anos. Na ocasião, Mujica afirmou que sua prioridade era capturar os ladrões e proteger os livros que haviam sido salvos da máfia de saqueadores silenciosos. "Há algo mágico em lutar contra a corrupção. É como contribuir para um processo de cura coletiva", me contaria mais tarde em um e-mail, o bibliotecário que às vezes não conseguia carregar livros.

Naquele momento, alguns amigos do meio acadêmico haviam recomendado a Mujica que deixasse a instituição, retomasse seu trabalho intelectual e não se envolvesse em moralismos em um país como o Peru, onde uma cruzada pela verdade teria poucos aliados. Paralelamente, ele estava sendo atacado por grupos interessados em interromper as investigações internas e provocar sua saída. "Felizmente, trabalhei muito o conceito barroco de *vanitas* e associei os símbolos de poder com o efêmero e a morte", mencionou em seu e-mail. Com isso, deixava nas mãos da providência o tempo em que permaneceria no cargo. Havia um sinal adicional a seu favor: no livro *Rosa Limensis*, o tratado de 1711 que dá título e serve de fonte para o livro de Mujica, há uma gravura emblemática que identifica a santa com a ave fênix, símbolo da BNP. A ilustração acompanha a seguinte frase: "surge da tumba para nos iluminar com seus milagres". Um dia, comentei essa coincidência com Mujica, mas ele a considerou apenas uma curiosidade.

6.

Havia um fato que o bibliotecário especialista em anjos e santos não conseguia explicar. Aconteceu no Congresso da República, no dia em que ocorreria o debate final sobre o projeto de lei do Sistema Nacional de Bibliotecas. Era o mais importante ajuste legal desde os tempos do Libertador José de San Martín: a norma fortaleceria a autoridade da BNP para estabelecer os padrões de serviço e cuidado do patrimônio de todas as bibliotecas do país; também abriria a possibilidade de criar institutos técnicos, uma medida que Ramón Mujica considerava crucial para mudar a mentalidade dos bibliotecários, assim como Basadre havia feito em seu tempo para superar a devastação do incêndio.[3]

---

3. Basadre, que se formou como bibliotecário nos Estados Unidos, contou com a ajuda desse país para criar uma escola que garantisse pessoal qualificado para sua enorme tarefa de reconstruir a Biblioteca Nacional. Mais de trezentas pessoas se candidataram para apenas vinte e cinco vagas. Os detalhes dos cursos e do processo educacional podem ser consultados em *The Library School of The National Library of Peru*, de Raymond Kilgour (p. 28-32).

Mujica, que havia passado três anos ajustando detalhes e buscando aliados políticos para impulsionar a lei, estava sentado nas galerias para convidados de honra. "Era um momento muito emocionante", disse-me uma funcionária que acompanhou o diretor nessa visita. O resultado da votação poderia fortalecer seus esforços ou sepultá-los. Quando o debate estava em seus momentos finais, Mujica recebeu um convite do canal de televisão do Congresso, que ficava em outra parte do mesmo prédio: eles queriam entrevistá-lo ao lado do primeiro vice--presidente do Parlamento, que havia apoiado suas iniciativas. Por um instante, ele hesitou diante da possibilidade de perder o momento decisivo, mas lhe asseguraram que poderia assistir à sessão em um monitor de circuito fechado. O bibliotecário chegou com pressa e permitiu que o preparassem enquanto uma tela exibia os últimos diálogos antes do momento da votação.

Quando a voz do presidente da sessão anunciou que estavam iniciando a votação, a imagem na tela mudou repentinamente e apareceu a efígie de Santa Rosa de Lima. Mujica pensou que era uma brincadeira de alguém que conhecia seu culto pessoal pela *Rosa Limensis*. Segundos depois, quando a imagem do plenário foi restabelecida, a lei havia sido aprovada por unanimidade. "Foi algo que não tem explicação", disse uma funcionária do Congresso que estava no estúdio de TV e momentaneamente se tornou suspeita de ter acionado o controle remoto por acidente. Mas ela não estava com nenhum aparelho nas mãos. Minutos após o estranho incidente, Mujica participou da entrevista com um sorriso contido, como se tivesse vontade de revelar um segredo. "A cultura produz milagres", mencionou. Pouco depois, com sua habitual lógica acadêmica, comentou que talvez fosse o que Carl Jung chamava de sincronicidade: a ocorrência simultânea de dois eventos relacionados, sem uma causa explicável, ligados por um impulso desconhecido. Algo que não somos capazes de compreender.

Parecia uma batalha vencida no meio de sua guerra contra os traficantes de livros, e tudo estava bem, até que, dois meses depois, os responsáveis pelos repositórios perceberam o desaparecimento de mais livros e documentos valiosos. O último deles era um manuscrito de 1765. Ao retirá-lo do cofre, a pedido de uma pesquisadora, o bibliotecário de plantão descobriu que o envelope que o protegia estava vazio. Mujica, que deve ter recebido essa informação como um relato de guerra, decidiu revisar pessoalmente o sistema de segurança. Em uma dessas tardes, após o horário do almoço, ele apareceu de surpresa no escritório que controlava as câmeras de vigilância. Anunciou sua presença com quatro batidas secas na porta. Ninguém respondeu. Por alguns segundos, ele continuou batendo até que alguém lhe informou que a sala estava vazia: o único agente de plantão havia saído para resolver um assunto. Teria sido o mesmo se ele estivesse presente. Quando o vigia retornou, Mujica pediu-lhe uma prova simples: mostrar em tela cheia as imagens que estavam sendo transmitidas naquele momento pela câmera que guardava o cofre onde ocorreram os últimos roubos. O agente nunca foi capaz de fazê-lo: ele não tinha os códigos do sistema de vigilância. Foi como acordar depois de passar a noite trancado a sete chaves apenas para descobrir que roubaram a porta. Ao sair daquela sala, Mujica era um homem com fogo nos olhos. Era um estado que esse bibliotecário costuma chamar de "ira santa".

7.

Quase todas as antigas civilizações imaginaram o Apocalipse como uma catástrofe relacionada à água que marca o fim de uma era exaurida e o início de uma melhor. "A humanidade desaparece periodicamente no dilúvio ou em uma inundação devido aos seus 'pecados'", escreveu Mircea Eliade, o grande estudioso das religiões. "Mas ela nunca perece definitivamente, ressurgindo sempre em uma nova forma, com o mesmo destino, aguardando o retorno da mesma catástrofe".

Em uma manhã, durante o auge de sua guerra contra os ladrões de livros, Mujica se deparou novamente com esse simbolismo: o transbordamento de um rio atingiu a antiga casa de sua família, uma residência campestre de estilo espanhol nos arredores de Lima. Nos dias anteriores, uma série de chuvas havia causado deslizamento de lama e pedras de uma colina próxima pelas ruas vizinhas. Dessa vez, o barro afundou os portões azuis das garagens e marcou a fachada branca com manchas pretas. "Minha mãe ficaria triste se a visse assim. Ela costuma manter tudo impecável", disse Mujica de um ponto onde se podia ver o pátio com fonte central e um amplo jardim dominado por uma colina verde. Era uma casa com história. Seu pai, em algum momento, ofereceu ali uma recepção para o príncipe de Astúrias, que mais tarde se tornaria Juan Carlos I, rei da Espanha. Também foi palco de outro episódio que algumas pessoas lembram como um daqueles atos de Ramón Mujica que parecem uma viagem inusitada ao passado: o dia em que ele ofereceu uma festa temática da Idade Média.

Foi a primeira vez que ele comemorou seu aniversário no Peru, depois de concluir seus estudos universitários na Flórida. Mujica se formou no programa de Estudos Medievais e do Renascimento da New College, uma especialização que, de acordo com a instituição de ensino, "se concentra no período crítico da história ocidental entre o fim da antiguidade e o surgimento da modernidade". O que parece ser um treinamento para monges enclausurados na realidade é uma carreira que busca explorar as raízes históricas de muitas crenças, instituições e hábitos do mundo contemporâneo: a relação do homem com Deus, a ciência, a arte, o erotismo, a religiosidade, o amor. O pensamento de todo ser humano é uma combinação de ideias antigas e contemporâneas.

Nesse ambiente de culto acadêmico ao passado, Mujica conheceu algumas das mentes mais brilhantes no campo da pesquisa histórica, incluindo sua própria mentora, uma estudiosa que havia sido discípula de Carl Jung. Ele também adquiriu o prazer de viajar no tempo: uma das tradições da New College é realizar todos os anos um baile em que os participantes devem se vestir rigorosamente como personagens da era dos senhores feudais. Não se trata apenas de se fantasiar, mas de encarnar outra época. "Naquele tempo, eu tinha cabelos e barba longos, até a cintura; parecia um membro de uma das ordens mendicantes daquela época", contou-me Mujica com um sorriso satisfeito, sentado agora na sala da casa da família que acabara de ser afetada por um desastre natural. Durante seus dias como estudante, participou ativamente da organização desses bailes. Quando voltou a Lima no início dos anos 1980, decidiu que seria bom repetir a experiência: a noite mostraria a seus conhecidos a poderosa conexão entre o passado e o presente.

O baile foi realizado em um parque privado que incluía um lago cercado por colinas suaves, semelhante a um campo de golfe, em frente à mansão da família. Os cerca de cem convidados receberam instruções precisas sobre o protocolo a ser seguido: deveriam escolher um personagem, se apresentar com trajes da época e respeitar a proibição de tirar fotos, para evitar que o evento se tornasse frívolo. O banquete foi preparado com receitas do século XIII obtidas do British Museum, que faziam referência a animais mitológicos. O anfitrião também se encarregou de selecionar a música: um repertório de cordas e sopros que dava a sensação de ter viajado vários séculos atrás. Nada foi deixado ao acaso. Até mesmo vinte membros de um circo itinerante foram contratados, incluindo acrobatas e engolidores de fogo, que atuaram como pajens. Entre os convidados, era possível ver vários anões vestidos com túnicas, carregando tochas ou tocando trombetas.

Entre os presentes estavam grande parte da *intelligentsia* peruana da época: o historiador e escritor Luis Enrique Tord encarnou o Rei e sentou-se no centro da mesa de honra; à sua esquerda estava o economista Hernando de Soto, que representou o primeiro-ministro, embora estivesse vestido com uma túnica árabe; mais à direita estavam o antropólogo Fernando Fuenzalida, que assumiu o papel de um astrólogo, e o ator Alberto Ísola, que personificou o Papa. Mujica estava vestido como mestre de cerimônias, com uma túnica vermelha e um chapéu de abas largas modelado a partir de uma gravura de Durero. "Todos estavam muito bem-vestidos; realmente você se sentia em um torneio ou uma festa medieval", contou-me Tord durante um jantar. A sensação deve ter se intensificado quando, no clímax da noite, o especialista em anjos e santos pediu silêncio para ler uma proclamação. "Foi inspirada nos sermões medievais que eu havia lido durante meus estudos na universidade", recordaria Mujica muito tempo depois, enquanto percorria os mesmos ambientes agora vazios.

A mensagem era uma metáfora da crítica situação do Peru nos anos 1980. O texto fazia referência à teoria do "corpo político" de Juan de Salisbury, um clérigo do século XII que escreveu um dos livros fundamentais de ciência política da Idade Média. Salisbury promovia uma antiga ideia de Aristóteles sobre a sociedade como um grande organismo vivo. Esse corpo era o reino, e os órgãos e membros representavam os diferentes grupos da sociedade. Mujica aplicou essa chave aos personagens de seus convidados: disse-lhes que o problema daqueles dias era que os pés, que representavam os camponeses ou o povo, estavam desconectados da cabeça, que representava o rei ou a razão; que a mão direita, encarregada de empunhar a espada do poder espiritual, estava em conflito com a esquerda, suporte da espada do poder temporal; que o coração, como alegoria do Senado, estava enfermo de melancolia; e que o estômago, encarnado pelo ministro das Finanças, não distribuía as riquezas para alimentar o reino. Esses desequilíbrios internos eram sintoma de que o corpo político estava profundamente doente, assim como o país que não conseguia se recuperar dos doze anos de ditadura militar e já estava imerso em uma guerra interna. No mesmo ano, a sociedade peruana entrou em uma espiral de fogo, sangue e morte. Os livros de história registram esse período como o clímax da violência entre terroristas e as forças do Estado. A pior parte, como era de se esperar, recaiu sobre a população civil. Os indefesos. Os pés do corpo político.

Quando Ramón Mujica terminou seu discurso, um toque de trompetes anunciou a chegada de um suposto presente enviado do exterior: a cabeça de São João Batista em uma bandeja de prata. Era uma recriação em tamanho real feita de maçapão. O presente foi colocado na mesa do banquete e permaneceu lá por um bom tempo, à vista de todos, como uma declaração dramática sobre os abismos do poder e da justiça. O corpo político do Peru havia sido decapitado. O país havia perdido o rumo. Pouco depois da meia-noite, começou uma intensa chuva, que um dos convidados lembraria por décadas como uma tempestade elétrica, talvez um aceno providencial ao imaginário de Mujica sobre o Fim dos Tempos. Na manhã seguinte, soube-se que o transbordamento do rio causou danos em várias casas próximas.

O baile medieval também foi um ritual sobre a memória coletiva. "Quando eu cheguei, ninguém no Peru falava sobre a Idade Média", lembrou Ramón Mujica muitos anos depois, na sala da mesma casa familiar. O especialista em anjos e santos estava sentado em um sofá de tecido amarelo opaco pelo tempo, assim como a maioria dos móveis daquele ambiente. Em um aparador próximo, podia-se ver um busto de bronze com a imagem jovem de sua mãe ao lado de um livro dedicado a uma famosa série colonial de retratos dos doze imperadores incas. Na mesa de centro havia um grande volume sobre tauromaquia e outro sobre pintura vice-real. Esses detalhes mostravam o vínculo familiar com o imaginário colonial, um período do qual, segundo Mujica, temos uma ideia equivocada. Em vez da época repressiva e obscurantista que é apresentada nas escolas, desde os tempos da Independência, ele via uma fase de esplendor nas artes e nas ideias teológicas e jurídicas que transformavam o Peru em um epicentro dos debates universais de seu tempo: a natureza humana, o sentido do mundo, os desígnios de Deus. O especialista em anjos e santos encontrava no vice-reinado de Lima evidências que remontavam à Idade Média europeia, uma época que costumamos associar a reis e servos, monges e cruzados. "De fato, a religiosidade de Santa Rosa de Lima é medieval", ele me disse naquela manhã.

A devoção da *Rosa Limensis* ao Sagrado Coração de Jesus fazia parte de uma corrente mística que remonta aos escritos de Santa Matilde de Hackeborn, uma freira cisterciense alemã do século XIII. Mujica costuma explicar que a coroa de espinhos que Rosa usava era uma imitação da de Santa Catarina de Siena, e que a corrente com cadeado em sua cintura aludia àquela usada em seu tempo por São Henrique Suso. Ela também adotou a cama de tábuas de São Francisco de Assis, e seus jejuns rigorosos eram os mesmos que os de Gregório López, o primeiro eremita das Índias. "Todos os seus cilícios são símbolos de sua maravilhosa biblioteca", disse o estudioso em uma ocasião. Seus tormentos refletiam as histórias que ela havia lido sobre os santos medievais. A própria Santa transformou seu corpo em um livro vivo para aqueles que soubessem entendê-lo.

Não é estranho que Mujica encontre vínculos históricos em detalhes ou episódios de diferentes épocas, inclusive aqueles que surgem em uma conversa cotidiana. "Nada acontece no vazio", disse-me em outra ocasião. Essa sentença poderia se aplicar até mesmo a essa conversa no meio da casa afetada por um deslizamento. No livro que escreveu sobre a santa, o bibliotecário detetive afirma que um dos símbolos mais enigmáticos da *Rosa Limensis* é a âncora com a qual é representada em muitas pinturas da época. A explicação está em um tratado do século XVII, escrito por um membro do Santo Ofício: significa que a própria Santa é a âncora que permite suportar as tempestades da vida. Naqueles dias, a vida do próprio Mujica havia entrado em um turbilhão de denúncias contra a corrupção na Biblioteca Nacional. Com sua habitual linguagem apocalíptica, ele chamava isso de "estar no interior da Besta".

8.

Marshall McLuhan, um filósofo tão preciso quanto um profeta, dizia que o livro é uma extensão do olho, assim como a roupa é uma extensão da pele. Entrar no espaço onde alguém guarda seus livros é como bisbilhotar entre as coisas guardadas em seu guarda-roupa. Naquela manhã, durante a visita à mansão familiar nos arredores de Lima, os noticiários anunciaram outros deslizamentos de terra em áreas próximas. O estudioso que falava do Apocalipse percorreu todos os cômodos e confirmou aliviado que o desastre não havia atingido um de seus espaços favoritos: a biblioteca pessoal de seu pai. As prateleiras continuavam cheias de livros vermelhos e marrons, dispostos em ordem metódica, como um cirurgião arruma seus instrumentos. Havia quadros de amigos pintores como decoração familiar nas paredes. Cada canto exibia pequenas figuras e lembranças escondidas entre grandes volumes revestidos de couro cor de osso. Ramón Mujica observava os detalhes como se tivesse entrado em uma fotografia antiga. A cada passo, organizava os objetos de memória. Uma dessas peças era a prova de que toda biblioteca é também um museu de afetos: uma máscara mortuária escura de bronze e a recriação de uma mão longa e esbelta feita do mesmo metal.

— Reconhece-o? – Perguntou-me enquanto segurava a máscara como se fosse de vidro – É Raúl Porras Barrenechea, um grande amigo do meu pai. Ele também foi meu padrinho.

Porras Barrenechea foi um dos maiores historiadores do Peru, um erudito no mundo dos conquistadores ibéricos, professor de presidentes e intelectuais, e um membro honrado do Senado em um país cujas autoridades honrosas sempre foram escassas. Foi um chanceler tão notável que, em seus últimos anos, quando a idade o tornou frágil, o presidente Manuel Pardo permitia que ele despachasse de casa assuntos de Estado. O mundo da diplomacia lembra-se dele pelo dia em que, pouco depois de sofrer um infarto que quase o matou, desobedeceu a Prado e surpreendeu os chanceleres de todo o continente com um discurso enérgico de repúdio ao início do bloqueio dos Estados Unidos contra Cuba, um discurso humanista em que falou da América como uma terra livre, "uma confederação moral sem acordos escritos e sem sanções rígidas". O mundo acadêmico, por sua vez, o reverencia por ter descoberto crônicas sobre a conquista espanhola e dados desconhecidos de Inca Garcilaso de la Vega na Espanha. E há quem se lembre dele como um professor que causava aglomerações nas salas universitárias apenas para ouvi-lo. Agora, acadêmicos e políticos citam seus escritos para tentar entender que país foi o Peru e no que se tornou. Poucos se lembram de que o historiador, político, professor e diplomata também foi bibliotecário.

Se existem livros que chegam aos homens no momento certo, existem homens que mergulham entre os livros como uma força do destino. O jovem Porras Barrenechea chegou à biblioteca do Ministério das Relações Exteriores aos 25 anos, em uma época em que o Peru ainda não havia definido totalmente suas fronteiras. Seu trabalho no Arquivo Histórico de Limites Geográficos fortaleceu a defesa das fronteiras com documentos que haviam estado enterrados por séculos. "Ele era capaz de passar dias inteiros pesquisando, até adquirir a certeza da exatidão de um dado", escreveu a seu respeito Jorge Basadre, outro gigante da História que também cuidava de livros. Assim, Porras Barrenechea começou uma busca por evidências que o levou por arquivos, bibliotecas e livrarias de vários continentes.

No momento de sua morte, ele havia acumulado uma coleção pessoal de mais de 17 mil livros, mais de 4 mil jornais antigos, mais de 15 mil recortes de jornais ou revistas, 254 mapas, 895 volumes de publicações oficiais e 5.490 manuscritos dos séculos XVI ao XIX.

Suas prateleiras guardavam uma variedade de itens que incluíam desde cartazes de touradas até partituras musicais. Seu último serviço patriótico foi doar tudo para a BNP. A única condição era que o conjunto deveria permanecer em uma sala com seu nome, indivisível para sempre, à semelhança do fundo Angrand da Biblioteca Nacional de Paris, uma valiosa coleção de aquarelas pintadas por um diplomata francês que chegou a Lima no século XIX. Assim como as obras de Angrand, que oferecem retratos de rua de uma era perdida, os documentos de Porras Barrenechea apresentam vozes e silhuetas de tempos antigos, como espíritos à mesa de um médium.

Na primeira versão de seu testamento, Porras Barrenechea incluiu instruções precisas para a doação. "Não desejo que minha biblioteca possa ser objeto de especulação ou comércio", indicou nos primeiros parágrafos. A sala que guardava seus livros deveria ser lacrada no mesmo dia de sua morte. O acesso seria restrito ao seu executor testamentário e a um patronato composto por seu secretário e um grupo de amigos próximos. Um dos escolhidos era Manuel Mujica Gallo, pai de Ramón Mujica. O restante de suas propriedades seria herdado por sua mãe, a quem o sábio também deixava uma pensão, e alguns familiares próximos, aos quais entregava obras de arte e várias esculturas de Dom Quixote. A última vontade de um homem também é um registro de seus medos. "Peço à minha mãe, que, devido à idade, não deve sobreviver-me por muito tempo, que facilite a entrega imediata da biblioteca, sem reivindicar nada dela", indica o testamento. Havia fortes razões para essa indicação tão específica: no mesmo documento, Porras Barrenechea deserdou seu irmão Guillermo, a quem acusava de um egoísmo lamentável, e tomou várias precauções para que nenhuma das propriedades caísse em suas mãos, sob nenhuma circunstância. Talvez temesse que seus sobreviventes dilapidassem o único patrimônio que não podia ser calculado. "O livro não é apenas, como McLuhan acredita, uma extensão do olho. É, acima de tudo, uma extensão da mente", escreveu Basadre.

No dia em que Porras Barrenechea morreu, e mesmo sem conhecer o conteúdo do testamento, seu executor testamentário pediu proteção ao governo para a biblioteca do historiador.[4] Um capitão e três policiais foram designados para montar guarda permanente nos arredores da casa. As portas principais foram fechadas com tábuas de madeira pregadas por dentro. O único acesso possível era uma porta trancada com dois cadeados diferentes, comprados separadamente para o executor testamentário e o diretor da Biblioteca Nacional, de forma que nenhum deles pudesse ter a cópia da chave do outro.

Nos dias seguintes, uma equipe de bibliotecários elaborou uma lista dos livros, da qual foram feitas duas cópias, enquanto embalavam os exemplares em caixas que eram posteriormente transportadas em um veículo da Biblioteca Nacional, conduzido por um policial. Os trabalhos começaram

---

4. Carta do Dr. Oswaldo Hercelles, testamenteiro de Porras Barrenechea, ao diretor da Biblioteca Nacional, Cristóbal de Losada y Puga, datada de 20 de outubro de 1960. Arquivo Histórico da BNP.

duas semanas após a morte do erudito e foram concluídos dois meses depois, em dezembro de 1960. Os membros do patronato se vangloriaram de que nenhum exemplar havia sido perdido durante a mudança. A simples ideia devia parecer um sacrilégio. A tragédia é que meio século depois, parte desse patrimônio já havia sido saqueada pelos ladrões de livros. Ninguém soube com certeza até que Ramón Mujica ordenou uma investigação sobre a magnitude dos roubos na Biblioteca Nacional.

***

No outro extremo da biblioteca paterna havia uma mesa com mais relíquias. À primeira vista, destacava-se o pequeno busto de um homem com óculos redondos e um bigode de pontas curvadas que lhe conferia um ar de sábio: o tradicionalista Ricardo Palma, um mestre das histórias antigas, o Bibliotecário Mendigo que antecedeu o Bibliotecário Detetive por mais de um século. Mujica levantou as sobrancelhas, destacando a ironia da descoberta: vários dos livros saqueados pelos traficantes que ele estava perseguindo haviam passado pelas mãos de Palma, um venerável ancião que se permitiu fazer anotações nas margens de algumas cópias para destacar sua raridade bibliográfica ou registrar dados incomuns sobre como chegaram à Biblioteca Nacional. Agora, esses eram detalhes que permitiam identificá-los com a precisão de uma impressão digital. A história tem essas correntes invisíveis.

Na mesma mesa havia outro elo: um busto maior com a silhueta do marechal Ramón Castilla, duas vezes presidente do Peru, considerado o grande estadista peruano do século XIX. A cultura popular o lembra como o governante que aboliu a escravidão e a abusiva *contribución personal indígena*[5]. Ele também

---

5. Imposto que a população indígena era obrigada a pagar no período colonial, como "reconhecimento" de sua vassalagem à Coroa espanhola. [N. da T.]

foi o homem que reconstruiu o país após a guerra de Independência e as lutas de caudilhos que tentaram tomar o poder na nova república. "Meu pai me chamou de Ramón em admiração a Castilla", disse Mujica diante da imagem. Existe uma ligação direta entre o antigo bibliotecário e o militar lendário: em seu tempo, ainda jovem, o próprio Palma participou de uma rebelião contra Castilla, embora, já maduro, tenha acabado por reconhecê-lo como o líder que colocou ordem no caos. Agora, eram duas efígies de bronze em uma biblioteca particular. Colecionadores e religiosos sabem que esses detalhes não são gratuitos: cada homem escolhe seus totens de acordo com a ideia secreta que tem sobre o destino. Nenhuma dessas peças, no entanto, tinha uma conexão maior com o presente de Mujica do que a valiosa coleção de livros antigos que ele herdou de seu pai. A mesma coleção que um dia desapareceu de seu próprio quarto.

O episódio ocorreu quando ele ainda era adolescente, mas permaneceu enterrado em algum calabouço interior para as memórias amargas, até que ele teve que enfrentar toda uma máfia de ladrões de livros. Foi como se um velho pesadelo se repetisse. No dia do roubo, como ele o chama, Mujica voltou para casa da escola, entrou em seu quarto e descobriu que a vitrine onde guardava sua coleção tinha os vidros quebrados. Alguém havia levado cerca de vinte exemplares valiosos. Nesse saque estavam primeiras edições, peças raras, livros que seriam o triunfo de qualquer bibliófilo. Havia a crônica de Pedro Cieza de León, o soldado escritor que quis contar a história do mundo andino; também a crônica de Juan de Betanzos, o conselheiro de Francisco Pizarro que se casou com sua concubina, uma irmã e esposa de Atahualpa; além de obras de Inca Garcilaso de la Vega. Quando Mujica tentou descobrir o que havia acontecido, disseram-lhe que a antiga esposa estrangeira de um de seus irmãos havia levado os livros.

Pouco depois, ele descobriu que ela os vendeu por uma quantia insignificante a um colecionador de outra família de conhecidos intelectuais de Lima. "Esse incidente me marcou profundamente, chorei durante uma semana", disse Mujica na primeira vez que me contou a história, franzindo a testa ao recordá-la com impotência envelhecida. Com o tempo, o roubo se tornou um episódio fantasma na vida familiar. "Quando venho à Biblioteca Nacional e descubro que estão tentando fazer o mesmo com o patrimônio do país, me torno um cruzado", lembrou o agora perseguidor de ladrões de livros. Todo conhecedor de símbolos sabe falar com imagens. A ideia de um homem que embarca em uma longa luta pessoal para se aproximar da verdade, seja lá o que isso signifique, não é totalmente absurda: requer uma dose especial de fervor que poucos costumam compreender.

9.

O roubo mais flagrante na história recente da Biblioteca Nacional ocorreu quando um agente de segurança decidiu levar a biografia de um santo. Isso aconteceu em meados de 2011, durante os dias de inventário para saber quantos livros haviam desaparecido dos cofres. Em uma manhã de junho, o responsável pelos exemplares mais valiosos pediu permissão para sair a fim de resolver um assunto familiar. Quando ele retornou, três horas depois, foi informado de que havia sido detectado o desaparecimento de um pequeno volume do século XVII. Tratava-se do *Breve compendio della vitta del B. Toribio Alfonso Mogrobesio*, uma resenha elogiosa do santo limenho impressa em Roma em 1679, o ano em que ele foi canonizado. Apenas um dia antes, o livro havia sido catalogado e fotografado como parte do controle de bens. Seu último vestígio por escrito estava na lista de entrada e saída do cofre. Ele circulou em um daqueles carrinhos que se assemelham a mesas pequenas com rodas, especialmente projetados para levar e trazer volumes do acervo antigo.

Na hora de saída da equipe, os bibliotecários o haviam deixado no meio de uma fileira de livros, ao lado de uma estante onde deveriam ser recolocados no dia seguinte. O *Breve compendio* nunca mais voltou ao seu lugar.

Na manhã em que o roubo foi descoberto, o encarregado de organizar os carrinhos de transporte acionou o alarme para toda a equipe de bibliotecários responsáveis pelo processo de catalogação ordenado por Mujica. Assim começou uma busca angustiante livro por livro, nas prateleiras, nos corredores, entre as pilhas de materiais pendentes de registro e nas mesas de trabalho. A descoberta levantou suspeitas entre os colegas. Parecia ser muito astuto organizar um roubo precisamente durante uma campanha para deter o saqueio. Astuto até demais, a não ser que mais de uma pessoa estivesse envolvida.

Apenas um mês antes, um dos agentes que fazia a segurança do cofre havia flagrado um bibliotecário levando um carrinho supostamente vazio, no qual estava escondida uma impressão de 1793 intitulada *Decadencia y Restauración en el Perú*. Era um discurso escrito por Hipólito Unanue, um famoso médico e político considerado precursor da Independência peruana.[6] Quando o segurança Fernando Valencia Manrique o interceptou, na própria porta do cofre, o funcionário se desculpou, alegando que havia sido um descuido. A desculpa teria funcionado se o livro não estivesse catalogado há um mês, ou seja, não havia motivo algum para retirá-lo novamente.[7] O

---

6. O título completo é *Decadencia y Restauración del Perú; oración inaugural que para la apertura y estreno del Anfiteatro Anatómico dijo en la real Universidad Nacional de San Marcos, el día 21 de noviembre de 1792, en presencia del Excmo. Señor Virrey de estos Reynos, el Doct. Don Joseph Hipólito Unanue, catedrático de Anatomía y Secretario de la Sociedad Académica de Amantes del País de Lima.*

7. Relatório Nº 051-2011-BNP/DT-BNP. Confirmado em entrevista pessoal com a ex-diretora técnica Silvana Salazar.

novo incidente, ocorrido apenas alguns dias depois, parecia um ato de força, um gesto aberto de desafio à autoridade: enviava a mensagem de que nenhuma medida poderia deter o saqueio. Por volta das cinco da tarde, quando ficou claro que a biografia do santo não iria mais aparecer, alguém sugeriu verificar as gravações das câmeras de segurança.

Os bibliotecários sabiam que havia duas câmeras no cofre. Uma estava localizada ao fundo e captava quase todo o ambiente até a porta de metal de folha dupla. A outra estava em um ponto central do teto, voltada exatamente para a área onde os carrinhos com os livros recém-inventariados haviam sido deixados horas antes do roubo. Uma terceira câmera, instalada em um corredor externo, capturava o outro lado da porta de entrada do cofre e o posto do vigilante, último ponto de segurança que separava essa área das salas de leitura. Os equipamentos foram fornecidos por uma empresa privada com ampla experiência em tecnologia. A segurança da Biblioteca estava a cargo de outra empresa especializada. Todos que entravam por algum motivo nessa área restrita, desde o diretor nacional até os funcionários de limpeza, deveriam saber que sua imagem aparecia em tempo real no monitor de um guarda na sala de controle. Por isso, o grupo de técnicos e funcionários que começou a revisar as gravações das últimas horas ficou chocado ao descobrir a identidade do ladrão: era o vigilante Fernando Valencia Manrique, o mesmo homem magro e moreno, com cerca de trinta anos, que dias antes havia se tornado uma espécie de herói discreto ao salvar o livro de Hipólito Unanue.

A sequência foi registrada pouco antes de encerrar o atendimento ao público: às 16h58min, via-se Valencia, vestido com uma camisa clara e um suéter azul, enquanto anotava algo em seu caderno de controle. Segundos antes das 17h, uma trabalhadora com um avental escuro e luvas de látex se aproximou com um carrinho carregado de livros. Oito segundos depois das

17h, Valencia iniciou a inspeção de rotina antes que o material entrasse no cofre. Trinta e cinco segundos depois das 17h, Valencia se aproximou dos livros e, com uma mão, inclinou ligeiramente um exemplar, como uma forma de destacá-lo do grupo. A câmera interna, com o relógio mal calibrado, capturou com alguns segundos de atraso o que aconteceu em seguida: às 17h, a trabalhadora entrou no cofre e colocou o carrinho entre outros dois, perto de uma coluna que criava um ponto cego na vigilância por circuito fechado. Às 17h09min com doze segundos, Valencia entrou no cofre, saiu e voltou com um painel de controle na mão. Às 17h09min com cinquenta e dois segundos, Valencia caminhou em direção à área onde estava o carrinho carregado de volumes, posicionou-se atrás de uma coluna e estendeu o braço para pegar o livro que havia marcado. Por um momento, sua imagem ficou fora do alcance das câmeras. Às 17h30min, ele saiu do cofre com o suéter levemente volumoso e a camisa para fora. Naquele momento, estava com a biografia do santo escondida.

Quando o administrador e o chefe de segurança da Biblioteca o interrogaram, Valencia Manrique negou saber do roubo e disse que apenas pegou um pedaço de cartolina que estava fora do lugar. Assim que mostraram o vídeo, seu álibi desmoronou.[8] Então, ele admitiu que pegou o livro, mas afirmou que imediatamente o colocou em outro carrinho de transporte. O problema era que ele não tinha como provar isso. Também não pôde explicar por que escolheu exatamente o livro que acabaria desaparecendo. O mais provável, como suspeitavam vários, era que na verdade ele estava cumprindo uma tarefa a pedido de alguém que conhecia o valor do exemplar. Apesar das evidências flagrantes, muitas perguntas ficaram

---

8. Declaração do administrador Francisco Manuel Palomares Burga à Polícia Nacional em 30 de junho de 2011. Os detalhes estão registrados no Atestado Nº 171-11-VII-DIRTEPOL-DIVTER SUR1-CSB-DEINPOL.

sem resposta. Foi a última vez que Valencia apareceu na BNP e também não respondeu a nenhuma das convocações da polícia.[9]

Nos interrogatórios às testemunhas, ficou claro que pouco se sabia sobre o homem encarregado de cuidar dos livros mais valiosos do Peru: o administrador da Biblioteca afirmou que mal o conhecia desde que Valencia começou a trabalhar em fevereiro daquele ano, quatro meses antes do roubo; o responsável pela distribuição e recolha dos acervos antigos disse que estava designado para a porta do cofre há apenas dois meses; a única informação adicional sobre ele fazia parte de seu álibi: no vídeo daquela tarde, momentos antes do fim do turno, Valencia faz um gesto para uma terceira funcionária que entra com o carrinho no cofre. Parece estar se referindo a um objeto pequeno. Quando questionada, a mulher disse que estavam falando de um frasco de perfume que ela havia lhe vendido recentemente.[10] O frasco devia ter um tamanho muito próximo ao do livro roubado.

Era a oportunidade perfeita para estabelecer a conexão dos funcionários com os traficantes, mas nada aconteceu. Valencia Manrique, o único ladrão de livros antigos pego em flagrante na história da Biblioteca Nacional, foi condenado a apenas dois anos de prisão, que poderiam ser cumpridos em liberdade, e a pagar uma multa de 2 mil soles. Pouco depois, ele começou a trabalhar como guarda-noturno em um distrito turístico de Lima. Nunca se soube quem foi o beneficiário final do roubo, e a polícia não encontrou outros suspeitos, embora haja poucas pessoas interessadas nesse tipo de livro. "Era um compêndio da biografia de São Toribio retirado do processo

---

9. Contatado por telefone, Fernando Valencia Manrique recusou-se a conceder uma entrevista pessoal ao autor.

10. As declarações de Martín López Saldaña, Laura Susana Yacolca e Rosa Elisa García para a Polícia estão registradas no Atestado Nº 171-11-VII-DIR-TEPOL-DIVTER SUR1-CSB-DEINPOL.

de beatificação", disse-me Ricardo Kusunoki, um jovem acadêmico que ocasionalmente colaborava com Ramón Mujica em pesquisas especiais. "Esses livros eram frequentemente impressos em Roma para promover as causas dos futuros santos".

Kusunoki, que tem uma memória treinada para reter detalhes, lembrava de ter visto cinco versões publicadas por Francisco Antonio de Montalvo, um respeitado autor de vidas de santos do século XVII. Isso aconteceu vários anos antes, quando ele estava fazendo uma pesquisa pessoal na seção de livros antigos da Biblioteca Nacional. Um desses exemplares o deixou maravilhado. "Era um livro precioso, com ilustrações da vida do santo feitas em Roma", ele apontou, sentado no café do Museu de Arte, onde já era um especialista reconhecido. Naquela época, pensou em solicitar uma versão digitalizada, mas não tinha dinheiro suficiente para pagar por ela. Quando tentou novamente, já era tarde demais. Esse outro livro também havia desaparecido.

10.

Os ladrões de livros poderiam se orgulhar de ter antepassados históricos. Sabe-se que nos escombros de um edifício da Atenas clássica, estava inscrita a seguinte frase: "Está proibido roubar obras da biblioteca".[11] A antiguidade desse anúncio reafirma uma pulsão de vida e morte: o desejo dos seres humanos de preservar o conhecimento é tão antigo quanto sua inclinação para saqueá-lo.

Os exemplares que chegaram para a primeira biblioteca pública no Peru tiveram predadores imediatos: em dezembro de 1576, apenas três décadas após a vitória de Pizarro sobre Atahualpa, o padre jesuíta Juan de la Plaza reclamou que alguém

---

11. Manguel, 2006.

em Lima estava roubando livros. Plaza, um bibliófilo de batina, havia chegado apenas dois anos antes com o cargo de visitador e uma grande quantidade de material impresso na bagagem.

Uma vez em terra firme, ficou obcecado em examinar a coleção da biblioteca do Colégio de San Pablo, a principal instituição acadêmica de sua ordem no grande vice-reinado da América do Sul.[12] A experiência o amargurou: o local estava tão úmido que muitos livros haviam começado a se deteriorar e grande parte estava fora do lugar. O mais estranho era que ele nem conseguiu encontrar o catálogo. Após uma cuidadosa investigação, Plaza confirmou que muitos dos exemplares trazidos por outros irmãos haviam desaparecido das prateleiras.

Nessa época, a ordem jesuíta iniciou uma agressiva política de formação e expansão de bibliotecas nos territórios do Novo Mundo. Seus responsáveis compravam livros em toda a Europa para enviá-los imediatamente para a América. Em certa ocasião, a ordem enviou um carregamento de cem caixas cheias de livros apenas para a biblioteca de San Pablo. As remessas chegavam a um pátio do colégio, onde os melhores exemplares eram selecionados. Havia livros em espanhol, francês, alemão, italiano, além de latim, grego e hebraico, bem como estudos sobre as línguas nativas americanas escritos pelos próprios catequizadores da ordem. Em certo momento, por volta de 1630, a chegada de livros foi tão avassaladora que as cópias excedentes tiveram que ser enviadas para colégios jesuítas em Trujillo, Arequipa ou Cusco, e até mesmo para cidades distantes, como La Plata ou Santiago do Chile.

No meio desse movimento, não era raro que alguns membros da ordem e leigos levassem sem permissão valiosos exemplares que depois vendiam para proprietários de bibliotecas

---

12. Martin, 1971.

particulares.[13] O mesmo ocorria nas bibliotecas de outros conventos. O tráfico atingiu proporções tão grandes que o Provincial do Convento de São Francisco "proibiu os frades, sob pena de excomunhão maior e sem qualquer desculpa, de se apropriarem de qualquer livro da biblioteca, e ordenou aos bibliotecários, sob as mesmas penas, que não permitissem a ninguém, por cortesia, benevolência ou hospitalidade, retirar livros para evitar o seu mau uso ou perda"[14], escreve o historiador Pedro Guibovich Pérez, um respeitado pesquisador da história do livro no Peru. Apesar disso, a biblioteca de San Pablo emprestava livros para levar para casa. Não há registro de obras perdidas. Muitas desapareceram antes de serem catalogadas. Nessa época, importantes coleções particulares foram formadas em Lima.

A biblioteca do Colégio de San Pablo cresceu apesar dos roubos, dos inquisidores e dos leitores com maus costumes. Na segunda metade do século XVIII, era um dos centros culturais mais importantes do Novo Mundo.[15] Em suas estantes, um leitor podia encontrar desde livros de medicina e cirurgia até tratados sobre cultivo da terra, técnicas de criação de cavalos, estudos sobre a arte de navegar ou manuais para construir telescópios. Aqueles interessados em ciências tinham à mão as publicações da famosa academia fundada em Paris por Luís XIV, incluindo as obras de seu ilustre membro René Descartes, e podiam compreender como o mundo estava mudando com os avanços do gênio alemão Gottfried Leibniz e do sábio inglês Isaac Newton.

Em suas mesas, os autores mais brilhantes do Peru colonial escreveram histórias sobre um continente ainda pouco

---

13. *Ibid.*, pp. 28-29.

14. Guibovich, 2003.

15. É conhecida a comparação com a biblioteca da Universidade de Harvard, que possuía 4 mil livros, enquanto a de San Pablo ultrapassava os 40 mil.

conhecido: o padre José de Acosta, teólogo erudito que levou a imprensa para o Peru[16], escreveu ali seu *De Natura Novi Orbis*..., um tratado em que defendia a salvação espiritual dos indígenas e questionava as atrocidades cometidas pelos conquistadores; o padre cronista Bernabé Cobo, um naturalista do século XVII, adiantou ali sua *Historia del Nuevo Mundo*; o teólogo e jurista Diego de Avendaño também trabalhou em San Pablo em seu *Thesaurus Indicus*, uma obra monumental que examinava as principais ideias religiosas e jurídicas da época. Outros humanistas, filósofos, astrônomos, linguistas e cientistas absorveram o conhecimento dessa biblioteca para criar novo conhecimento. As obras que publicaram são hoje clássicos da história americana. Muitas são peças cobiçadas por colecionadores e ladrões de livros.

Após 200 anos de brilho intelectual, em abril de 1767, o próprio rei Carlos III expulsou a Companhia de Jesus de seus territórios, capturou a biblioteca de San Pablo e a entregou à Universidade de San Marcos. Muitos jesuítas até hoje consideram isso um assalto. Com esse acervo, meio século depois, o general José de San Martín criou a Biblioteca Nacional para fortalecer a recém-fundada República. "Os livros formam a essência dos homens livres", disse o Libertador pouco antes, durante sua passagem pelo Chile, onde também fundou uma grande biblioteca. Antes e depois da Independência, continuaram sendo roubados livros. Em 1814, um jornal publicou a denúncia de um livreiro angustiado porque, em uma certa área de Lima, os comerciantes destruíam exemplares roubados das melhores bibliotecas para embrulhar seus produtos.[17]

---

16. Acosta trouxe Antonio Ricardo, impressor de reconhecido prestígio, do México ao Peru. Mais informações em *De Procuranda Indorum Salute: Salvación y liberación del indio en José de Acosta, S. J*, de Manuel García Castellón.

17. Lohmann, 1971.

Dois anos após a proclamação libertária na capital, quando a Biblioteca Nacional estava funcionando há apenas nove meses, as tropas vice-reais retomaram a cidade por alguns dias e realizaram um dos piores saqueios da história. Os confrontos dos exércitos deixaram os edifícios públicos abandonados. Saqueadores e inimigos se aproveitavam. "A falta de dados concretos de inventários ou catálogos não permitiu calcular os saqueios", escreveu Estuardo Núñez, um célebre escritor e diretor da Biblioteca Nacional, enquanto fazia um balanço de sua história.[18] Núñez calculava que entre essa incursão e a que ocorreu no ano seguinte, os acervos da biblioteca foram reduzidos de 100 mil para apenas 15 mil volumes.

11.

A biografia de um santo também é o retrato de um povo com apego ao sobrenatural. No século XVII, Lima tornou-se uma vizinhança de escolhidos. Uma mulher chamada Rosa afirmava conversar com o Menino Jesus e ter êxtases místicos que seus confessores acreditavam ser delírios causados por duendes ou fantasmas. Naquela época, em um convento próximo, um frade chamado Martín de Porras falava com os animais, levitava à vontade e era capaz de aparecer em dois lugares diferentes ao mesmo tempo. Em uma área vizinha, o padre Francisco Solano soprava flechas de fogo pela boca e profetizava terremotos. E todos se encontravam nas mesmas ruas com Toríbio de Mogrovejo, o arcebispo que vivia como um apóstolo em uma época de padres gananciosos.

É possível ler uma cidade nos rituais dedicados aos seus homens públicos: Lima sempre comemorou com extravagância o erro estatístico de ter quatro santos convivendo no mesmo

---

18. Núñez, 1971.

bairro. A prova está em um livro de 1688, publicado na Antuérpia, cujo título parece um encantamento: *La Estrella de Lima convertida en Sol, sobre sus tres coronas*[19]. O relato descreve as celebrações na cidade pela beatificação de São Toríbio. Na primeira página, há um magnífico frontispício feito por Joseph Mulder, um famoso gravurista holandês do século XVII, que mostra três protetores da cidade: São Toríbio aparece vestido como bispo, sob o Espírito Santo e iluminado por um raio que vem do céu. À sua esquerda, está São Francisco Solano, vestido com o hábito franciscano, enquanto prega a um grupo de indígenas. À sua direita está Santa Rosa no momento em que é coroada de flores por um anjo. Mujica consultou esse exemplar quando pesquisava para seu livro sobre a *Rosa Limensis*, devido às descrições e gravuras valiosas que ele contém. Um dia, decidiu usar essa imagem como emblema para uma exposição que pela primeira vez mostraria ao público algumas das maiores joias bibliográficas guardadas na BNP.

A exposição foi intitulada *La vida de los santos* e era uma estratégia em meio à sua guerra contra os ladrões de livros. Aparentemente, Mujica queria cativar os espectadores da mesma forma que havia feito anteriormente com dois presidentes e o tratado de quiromancia de San Martín: por meio de um evento público em torno de um objeto misterioso, um artefato que produz a sensação instantânea de viajar no tempo e no espaço. No entanto, a intenção secreta estava mais próxima do ato de um ilusionista: era uma maneira de investigar, sem chamar muita atenção, quais livros ainda estavam seguros no cofre dos tesouros bibliográficos.

---

19. Embora Francisco de Echave y Assu apareça como autor na impressão, houve uma controvérsia que atribuía a autoria real ao eminente teólogo Joseph de Buendía, professor do Colégio de San Pablo e confessor de Nicolás de Ayllón, considerado o primeiro santo indígena do Peru (cuja causa ainda está pendente).

Em uma manhã de sábado, percorri a exposição com Ricardo Kusunoki, o jovem especialista em história da arte que havia ajudado Mujica na pesquisa. A galeria principal da Biblioteca parecia uma sacristia: as paredes vermelhas estavam cobertas por ilustrações religiosas do tamanho de uma pessoa e havia dezenas de livros em urnas semelhantes às que guardam relíquias nas igrejas. Um texto na parede explicava sua condição de antigos *best-sellers*: na época em que foram impressos, um décimo da população de Lima eram freiras ou frades.[20] O mercado de leitores era uma cidade que parecia um convento. Agora, na sala de exposições, esses volumes eram instrumentos para nos comunicarmos com algum tipo de inteligência extraterrestre. "Como há muito material sobre santos, Ramón decidiu que a exposição seria apenas sobre santos peruanos", disse-me Kusunoki enquanto procurava com os olhos o exemplar mais interessante. Por cerca de três meses, eles revisaram os inventários e solicitaram dezenas de volumes para examinar, com um rigor quase forense, quais tinham suas páginas completas e quais estavam mutilados. Nos livros antigos, assim como nas obras de arte, há uma diferença abismal entre uma peça intacta e outra danificada. Alguns traficantes são como vampiros que extraem o sangue de uma vítima e deixam o corpo com marcas imperceptíveis. Os vampiros de livros levam as ilustrações ou os mapas. Seus ataques são o pesadelo dos bibliotecários: remover uma gravura de seu volume original para vendê-la separadamente é como traficar órgãos de uma pessoa. Se tirarem o órgão essencial, ela se torna um cadáver.

A Biblioteca Nacional tem vários livros vampirizados. Um deles é o que relata as celebrações pela beatificação de São Toríbio. No cofre, existem dois exemplares: um tem gravuras faltantes e bordas queimadas; o outro está completo e inclui

---

20. Em seu livro sobre Santa Rosa, Mujica explica que, na época, Lima era uma cidade com 40 mil habitantes onde se celebravam 300 mil missas por ano.

uma cena imponente em que se vê São Toríbio administrando o sacramento da Confirmação a uma Santa Rosa ainda criança. No final do livro, há uma página igualmente valiosa: um mapa imaginário de Lima com muralhas, como uma grande fortaleza, sobre as quais voam três santos e o Apóstolo João, patrono da Catedral.[21] Eles são como super-heróis que protegem a última cidade da Terra. "Para qualquer pessoa que estuda história da arte, este livro é um clássico", disse-me Kusunoki ao lado da urna que o protegia.

Naquele momento, várias pessoas observavam com admiração a beleza das imagens coladas nas paredes, uma seleção que tinha o olhar de Ramón Mujica: cenas de homens em êxtase místico, realizando milagres ou no momento terrível do martírio que os levou à santidade. Imagens diferentes das figuras adocicadas dos santinhos religiosos. No entanto, ninguém parecia perceber o valor secreto dos textos. Kusunoki, que parecia tê-los lido todos, me contou que o livro sobre São Toríbio é valioso porque, entre outras coisas, o autor descreve edifícios e obras de arte que agora estão perdidos para sempre. É como ouvir de uma testemunha ocular como eram as pinturas feitas para a Catedral de Lima pelo artista italiano Mateo Pérez de Alesio, discípulo de Michelangelo, que antes de ir ao Peru trabalhou nos afrescos da Capela Sistina. "Ele tem uma descrição muito precisa da Catedral antes do terremoto de 1687", acrescentou Kusunoki. O imaginário popular guarda poucas referências anteriores a esse cataclismo. Os peruanos só se lembram dele pelo prodígio de uma parede de barro com a imagem de Cristo que se salvou de todos os desmoronamentos: foi o início da Procissão do Senhor dos Milagres. Aqueles que

---

21. Há uma versão digitalizada disponível em https://archive.org/details/laestrelladelima00echa. Mais detalhes do livro em *La ciudad dentro de la gran ciudad: las imágenes del convento de monjas en los virreinatos de Nueva España y Perú*, de Cristina Ratto.

se aproximam desse texto têm uma experiência semelhante à de olhar uma fotografia antiga que desvanece.

Da mesma forma que ocorre com os textos bíblicos, há quem veja esses exemplares como fragmentos de um quebra-cabeça universal no qual estamos todos nós, os vivos e os mortos, os anjos e os demônios, os de antes e os de agora. "A história é como um imenso livro litúrgico", escreveu o filósofo francês Léon Bloy. Naquela manhã, caminhamos entre títulos que nos fizeram sentir culpados por não nos esforçarmos para ser menos maus. Havia uma *Vida del siervo de Dios V.P. Fray Gonzalo Díaz de Amarante,* uma *Milagrosa Vida del venerable padre Fray Pedro Urraca* e um *Portento de la gracia, vida admirable y heroicas virtudes del serafín en el amor divino, esclarecido con el don de profecías, el venerable siervo de Dios Fr. Francisco Camacho.* Um dos exemplares mais impactantes era *Vida y Martirio del glorioso padre fray Diego Ruiz Ortiz, de la orden de nuestro padre S. Agustín, natural de la provincia de Xetafe, protomártir del Perú.* Ruiz Ortiz foi missionário em Cusco até o dia em que foi acusado de envenenar, durante um banquete, Tito Cusi Yupanqui, o terceiro monarca de Vilcabamba, o breve reino que os incas estabeleceram para resistir à Conquista espanhola. A vingança que a viúva aplicou ao religioso podia ser vista em uma gravura ampliada ao tamanho de uma janela: Ruiz aparece empalado, nu, enquanto um indígena o espanca e outro atravessa seu corpo com uma lança que entra na altura do coração e sai pelas costas. A descrição do suplício que aparece no texto é ainda mais brutal.

Alguns passos adiante, Ricardo Kusunoki me mostrou um daqueles livros impregnados com o valor das mãos que um dia os seguraram, como ocorre com as espadas dos heróis ou as relíquias dos exploradores. Estava em italiano: *La Rosa Peruana, overo, vita della sposa di Cristo suor Rosa di Santa María.* Era um exemplar de 1666, impresso em Roma por Nicolás Ángel

Tinasio, na mesma oficina em que foram produzidos outros títulos para promover a causa de vários santos peruanos no século XVII. Era o relato de um teólogo dominicano sobre as festividades realizadas em Lima para celebrar uma das maiores vitórias de sua ordem: a canonização da *Rosa Limensis*. "É um exemplar extremamente raro, deve ser o único que temos", disse Kusunoki com a ênfase de quem apresenta um troféu para conhecedores. O volume era pequeno e, aparentemente, mais modesto do que os outros livros da exposição, mas guardava traços significativos. O mais notável estava na primeira página, à esquerda: uma etiqueta contendo esta dedicatória datada de Connecticut, em novembro de 1943:

"*To the National Library of Peru
from the people of the United States*".

Era um dos exemplares doados à Biblioteca Nacional após o incêndio que a havia destruído poucos meses antes. O nome do doador estava em um cartão de visita colado na contracapa: Philip Ainsworth Means. A peça, uma raridade já naquela época, era uma demonstração de fervor pelo Peru. Means era um respeitado acadêmico e explorador norte-americano fascinado pelas culturas pré-colombianas. Vinte anos antes, ele havia sido diretor do Museu Nacional de Arqueologia de Lima. Mas o antecedente que marcou sua relação com os Andes remontava a muito antes: ele foi um dos homens que participaram da expedição de Hiram Bingham a Cusco, o explorador que revelou ao mundo a existência de Machu Picchu. Com o tempo, Means escreveu livros e artigos científicos com teorias inovadoras sobre o tempo dos incas.[22]

Quando a Biblioteca Nacional desapareceu devido ao fogo, Means, que já era um autor famoso, foi um dos membros

---

22. Lothrop, 1945, pp. 109-112.

mais ativos da comissão norte-americana que se propôs a ajudar com livros e dinheiro na reconstrução. Seu principal vínculo era a admiração correspondida pelo historiador e bibliotecário Jorge Basadre, a quem ele conhecia desde antes de este se tornar diretor da Biblioteca Nacional. Ele também se tornou seu aliado para perseguir ladrões de livros. Nos dias em que ainda investigavam a origem do fogo, Means enviou a Basadre uma carta indignada para alertá-lo de que havia identificado pelo menos dois antiquários dos Estados Unidos que estavam vendendo joias bibliográficas roubadas da BNP. Ele tinha ouvido falar até mesmo de uma livraria que estava vendendo a uma prestigiosa biblioteca pública um manuscrito muito raro sobre mineração colonial no Peru. "Dizem que o mencionado manuscrito foi roubado da B. N. há vários anos por um funcionário-traça", escreveu.[23] A metáfora foi celebrada por Basadre. Era a imagem mais próxima da praga que havia corroído os acervos da Biblioteca muito antes do desastre. Não se sabe se Basadre conseguiu recuperar esses exemplares ou identificar os ladrões. Means morreu no mesmo ano. O rastro que ele havia encontrado se perdeu. Naquela manhã da exposição, seu nome figurava entre os justos e isso podia ser visto como um toque de justiça literária.

Antes de terminar o passeio, Kusunoki me mostrou duas vitrines especialmente dedicadas aos impressos sobre a santa limenha. Entre eles, estava uma das joias da exposição: uma edição da *Vida de la esclarecida virgen Santa Rosa de Santa María*, o famoso poema épico publicado em 1711 por um dramaturgo espanhol conhecido como Conde de La Granja. A obra é escrita em uma linguagem que lembra as profecias esotéricas. O conde descreve Lima como uma cidade de edifícios e paisagens

---

23. Carta de Philip Ainsworth Means a Jorge Basadre, diretor da Biblioteca Nacional. Connecticut, 5 de junho de 1944. Arquivo Central da Biblioteca Nacional do Peru.

esplêndidos, explicando episódios desde os tempos dos incas até a Conquista, inclusive relatando batalhas contra piratas ingleses e holandeses que foram derrotados pelos espanhóis com a ajuda da santa limenha: "*Hasta el retiro donde Rosa asiste / Pautada á sus devotos ejercicios / Llega el rumor, por mas que lo resiste / La puerta falsa falseando sus resquicios; / Pero en vez de turbarla se reviste / De tal fervor, armada de silicios, / Que hecha á vencer las tropas mas audaces / De Lucifer no teme a sus secuaces*"[24]. Alguns estudiosos se referem a esse livro como a primeira obra literária que enaltece Santa Rosa. Outros o consideram quase um livro de história em verso.[25] Em seu estudo sobre a *Rosa Limensis*, Ramón Mujica afirma que o poema tem conotações ainda mais profundas, mostrando "a história política pré-colombiana e vice-real do Peru como uma luta cosmológica entre as forças do bem e do mal"[26]. O livro inclui uma ilustração que só apareceu na primeira edição e que agora era o símbolo daquela exposição de histórias e personagens fantásticos: Santa Rosa emerge de uma flor imensa, ao lado do autor do poema e uma mulher nua com uma coroa de penas, representando a América nativa. Em uma mão, ela segura um buquê de rosas que envolvem o menino Jesus, e na outra, a cidade de Lima pende de uma âncora, o antigo símbolo da esperança na salvação. Apenas duas pessoas presentes naquela manhã poderiam perceber esses detalhes. Uma delas era o próprio Ricardo Kusunoki. A outra era um homem de óculos e

---

24. "Até o retiro onde Rosa assiste / Pautada em seus devotos exercícios / Chega o rumor, embora ela resista / A porta falsa falsificando suas rachaduras; / Mas, em vez de perturbá-la, ela se reveste / De tanto fervor, armada de silícios, / Que está pronta para vencer as tropas mais audaciosas / De Lúcifer não teme seus sequazes" (tradução nossa).

25. Moses, 1922, p. 333.

26. Mujica, 2001, p. 335.

aparência amigável que se refugiou atrás de uma vitrine, como se estivesse examinando as provas de um milagre.

***

O professor Almerindo Ojeda havia passado um bom tempo fazendo anotações. Seu caderno era um registro minucioso dos títulos, autores e dados de cada exemplar da exposição. A lista serviria mais tarde para examinar cada peça com atenção.

Ojeda, um homem de voz serena e notório bigode, era um especialista no imaginário do passado, mas conectado com o imaginário do presente: na Califórnia, era conhecido como diretor de um centro de pesquisa em direitos humanos que, entre outras coisas, denunciava abusos contra prisioneiros em Guantánamo; em Lima, era lembrado por seus estudos sobre a pintura vice-real andina.

Naquela manhã, ele observava as gravuras com a atenção de um retratista que estuda os traços de um rosto desconhecido: examinava os personagens de cada imagem, suas posturas, as paisagens. Ele estava interessado em detectar semelhanças entre essas gravuras e algumas pinturas que foram feitas posteriormente. "Muitos artistas da Escola Cusquenha se basearam em gravuras de livros publicados nas principais capitais da Europa", disse ele, apontando para uma cena em que São Martinho de Porres levitava sobre o altar de uma igreja. Ojeda investigava essas coincidências há anos.[27] Um de seus feitos mais marcantes foi resolver o mistério de uma série de pinturas sobre as sibilas, profetisas da mitologia clássica, que estavam em um museu mexicano. Até aquele momento, acreditava-se que essas obras estavam inspiradas em gravuras espanholas, mas havia dois detalhes enigmáticos a serem esclarecidos: primeiro, apenas

---

27. Suas descobertas fazem parte do "Proyecto para el Estudio de las Fuentes Grabadas del Arte Colonial" (PESSCA, em inglês), que pode ser consultado em https://colonialart.org/.

uma das pinturas, a sibila egípcia, tinha a assinatura do autor; segundo, as posturas das mulheres nos quadros eram diferentes daquelas das gravuras conhecidas. O que estava por trás dessa mudança? O que o artista quis dizer com isso? Ojeda, após uma busca minuciosa, conseguiu demonstrar que a verdadeira origem da série eram as imagens feitas por um famoso gravurista francês: as mulheres tinham exatamente a mesma postura e a série terminava com a sibila egípcia. Isso significava que o artista mexicano havia copiado seus personagens desse modelo e assinado a última obra.

Era o tipo de descoberta que um acadêmico pode considerar tão valiosa quanto uma medalha. Do mesmo modo, demonstrou várias vezes a conexão criativa entre artistas de Antuérpia e Cusco, Augsburgo e Quito, Paris e Arequipa. Ele encontrou 1.600 casos de correspondências entre modelos e obras finais. Em alguns casos, a recriação era tão precisa que as pinturas pareciam ampliações da gravura original. Para chegar a essa certeza, o professor Ojeda teve que visitar muitas exposições, coleções públicas e privadas, muitas bibliotecas e museus. No caminho, deparou-se com a mesma praga que Ramón Mujica enfrentou na Biblioteca Nacional: algumas das peças mais valiosas haviam sido roubadas.[28]

Almerindo Ojeda embarcou em uma cruzada que quase ninguém estava fazendo: a reconstrução de um quebra-cabeça cósmico cujas peças continham as chaves universais da emoção e da beleza. Eram as mesmas pulsões que moviam o bibliotecário que perseguia ladrões de livros. Ojeda conhecia Mujica e havia incluído seus livros na bibliografia que sustentava suas descobertas. Eles compartilhavam a sensação de horror diante do silencioso saqueio em bibliotecas e igrejas em todo o país. Na lista de peças ausentes que Ojeda tinha registrado, havia

---

28. Consulte em: https://colonialart.org/@@search?SearchableText=obrasustraidas+Cuzco+org.

várias de Cusco, uma cidade cujas oficinas artísticas produziram cerca de um milhão de obras de arte durante o Vice-Reino.[29] Entre elas, havia um óleo do século XVII que mostrava Jesus com a cruz no ombro e um pé sobre um demônio. Intitulava-se *Triunfo de Cristo sobre la envidia* e estava baseada em uma gravura publicada no início desse mesmo século por um artista alemão. Outra imagem da época mostrava um anjo com asas, segurando uma escada, uma lâmpada e vários utensílios, enquanto pisava em uma mulher que estava ao lado de um porco. Era o *Triunfo de Cristo sobre la glotonería*, inspirado em uma gravura de um artista holandês. O conjunto incluía versões do Messias triunfante sobre a avareza, o orgulho, a raiva e a luxúria. Todas haviam sido relatadas como roubadas da paróquia de uma pequena cidade nas montanhas de Cusco.[30] Ojeda agora as listava como desaparecidas e com uma nota pedindo qualquer informação para recuperá-las. Devido a essa praga, em seus casos de estudo, ele tomava o cuidado de não fornecer dados sobre a localização das peças ou quem eram os proprietários. Era um pedido expresso dos proprietários para evitar roubos por encomenda.

O caso mais importante era o que Ojeda chamava de "Os santos eremitas de Cusco". Era o resultado de uma pista encontrada na Biblioteca Nacional. No final dos anos 1990, um pesquisador chamado Ricardo Estabridis descobriu um álbum com gravuras do mestre flamengo Jan van Haelbeck sobre esses homens que optavam pelo isolamento radical para levar uma vida de oração, estudo e penitência.[31] Pouco depois, ele publicou um artigo acadêmico explicando a ligação entre

---

29. Truslow, 1983, pp. 839-856.

30. Segundo o registro de Ojeda, as peças roubadas eram da Paróquia María Reina de los Ángeles, de Urquillos, no Valle del Urubamba, Cusco.

31. Estabridis, 1989.

essas imagens e um grupo de dezoito pinturas feitas posteriormente em Cusco, no círculo de Diego Quispe Tito, o artista indígena mais importante do século XVII. Almerindo Ojeda ficou interessado na descoberta e começou suas próprias investigações. Ele teve que obter uma autorização especial das autoridades eclesiásticas da cidade para poder ver pessoalmente as pinturas. Elas estavam guardadas em um local secreto. Apesar disso, ele obteve permissão para fotografá-las pela primeira vez com a condição de nunca revelar sua localização. Foi assim que percebeu que a descoberta de Estabridis havia fornecido a primeira pista, mas não era a prova final. "Havia pinturas que não estavam nas gravuras e gravuras que não estavam nas pinturas", disse ele em uma conversa posterior. Sua busca lhe permitiu estabelecer que, na realidade, as pinturas cusquenhas eram baseadas nas obras de vários mestres gravuristas europeus e que, em pelo menos três casos, a relação ainda era um mistério.

Nossa conversa ocorreu um ano depois de Ojeda ter visto o álbum descoberto por Estabridis na Biblioteca Nacional. Ele estava ciente da campanha que Ramón Mujica havia iniciado meses antes para deter os roubos e também sabia que muitas das peças perdidas eram gravuras, o tipo de obra de arte que ele estudava com dedicação quase religiosa. "Infelizmente, é o mais comercializável", me disse pouco depois. Em sua experiência, o tráfico de livros e documentos antigos era como um porão inundado de intenções obscuras. Não faz muito tempo, por exemplo, ele viu páginas soltas de um exemplar do século XVII sendo vendidas no *eBay*. Era um absurdo: para um pesquisador, uma folha solta é, na maioria dos casos, tão inútil quanto uma folha em branco. Para um colecionador respeitável, tampouco valia muito. Deveria ser obra de um comerciante que não se importava em destruir uma relíquia para obter lucro à custa de alguém com interesse igualmente profano em antiguidades. "É como cavar um buraco, retirar o que está dentro e vender isso, e quebrar tudo no caminho, tirá-lo do contexto, impedir a interpretação do que ficou para trás", apontou Ojeda.

Na manhã da exposição, Ojeda deparou-se com a evidência de outro desastre causado pelos profanadores de livros. Era o retrato do venerável indígena Nicolás de Ayllón, uma gravura cujo desaparecimento havia causado um dos últimos escândalos antes de Mujica assumir a direção da Biblioteca Nacional. A imagem foi ampliada do tamanho de uma parede a partir de um microfilme. O livro original estava em uma vitrine próxima, disfarçando sua história: pertencera à biblioteca de um presidente e, por centenas de anos, foi valorizado como um exemplar muito raro que estivera proscrito pela Inquisição. Agora, era uma joia mutilada.

— Esta é a imagem que roubaram — disse Kusunoki enquanto apontava para o retrato na parede. Então mencionou o detalhe que confirmava o engano —. Colocaram outra imagem para substituí-la.

— Ah, sim? O ladrão? — perguntou Ojeda.

— Deve ser, porque a imagem que agora aparece no livro não tem nada a ver com Ayllón. É Santo Antônio Abade.

12.

Uma noite, Ramón Mujica deu algumas pistas sobre a batalha contra as forças obscuras que ele havia empreendido como bibliotecário. Foi durante seu discurso como anfitrião de um simpósio sobre religiosidade colonial. No auditório da Biblioteca Nacional, havia uma plateia incomum: freiras com modestos hábitos marrons, padres com elegantes trajes negros, religiosos e seminaristas com aparência de estudantes universitários. No palco, a projeção mostrava a gravura de Santa Rosa, escolhida como emblema da exposição sobre os santos. O original estava na sala ao lado.

Mujica explicou que esses antigos livros sobre homens e mulheres piedosos não eram biografias históricas, e sim relatos de crenças que remontavam ao tempo dos Apóstolos. Muitos deles haviam sido utilizados para cristianizar povos indígenas que eram considerados adoradores do diabo. "Segundo os cronistas e evangelizadores, o demônio era um agente que operava através do órgão da imaginação", disse ele. Uma maneira de vencer esse inimigo surgiu em uma história que ele descobriu anos atrás, enquanto pesquisava o culto angelical na época dos vice-reis. Era um episódio ocorrido com o missionário peruano Antonio Ruiz de Montoya no Paraguai.

"Em uma ocasião, ele sentiu grande resistência de uma comunidade indígena. Então, com seu pequeno exército de sacerdotes, retirou-se para a mata e dedicou uma semana para orar a cada um dos sete anjos do Apocalipse. Em seguida, vestidos de vermelho, os jesuítas estenderam uma imagem gigantesca dos anjos e irromperam nesta comunidade indígena para vencer ou morrer. No fundo, o que Ruiz de Montoya queria era que a comunidade associasse o exército de sacerdotes, que vinha para catequizá-los, com as milícias angelicais do céu, pois ele tinha a ideia de que os jesuítas faziam parte dessas milícias celestiais e que chegavam como mensageiros ardentes de amor divino para incinerar as trevas do pecado". Não era difícil encontrar a analogia com a cruzada que Mujica havia iniciado contra os ladrões de livros. Para combater essas forças obscuras, ele exibiu em uma sala todos os emblemas dos justos. Mujica se cercou dos mesmos personagens que haviam sido alvo dos traficantes. Assim, anunciou sua própria batalha simbólica para vencer ou morrer.

II

Umberto Eco escreveu que, em todo crime cometido para roubar um objeto, o objeto deve revelar a natureza do criminoso. "Quando se mata por um livro, o assassino deve ser alguém empenhado em reservar para si os segredos desse livro", diz um personagem em *O nome da Rosa*, esse emblemático mistério em que dois monges da Idade Média investigam um homicídio relacionado a um livro perdido.

O bibliotecário de Lima que estudava santos medievais podia fazer sua própria taxonomia do crime na Biblioteca Nacional: havia os biblioclastas, como os trabalhadores que um dia destruíram secretamente antigas placas fotográficas de vidro para protestar contra as investigações sobre os roubos; havia também os bibliófagos, que arrancavam partes escolhidas das joias bibliográficas e as deixavam como frutas mordiscadas da árvore do conhecimento; em seguida, os bibliômanos, que se apoderavam de exemplares preciosos por uma ânsia acumulativa; e por último, os bibliofrênicos, os mais perigosos, porque eram movidos por um fogo interior incontrolável: o feroz ressentimento por anos de salários ruins e expectativas frustradas.

"Eles se vingam do Peru vendendo sua memória histórica", me disse Mujica uma vez, ao saber de um novo roubo. Toda profissão oferece, à sua maneira, um reflexo da condição humana. O problema com os bibliotecários corrompidos é que podem disfarçar as pulsões mais obscuras com a magia que emana dos livros.

A pista mais direta em direção aos traficantes chegou a Ramón Mujica numa manhã, através de seu e-mail pessoal. Um acadêmico francês escreveu-lhe de Paris para contar que havia encontrado um manuscrito roubado do Peru. O remetente era

> Toda profissão oferece, à sua maneira, um reflexo da condição humana.
> O problema com os bibliotecários corrompidos é que podem disfarçar as pulsões mais obscuras com a magia que emana dos livros.

o professor César Itier, um filólogo especializado em quéchua antigo, a língua que os espanhóis ouviram ao conquistarem os incas. Nesse e-mail, Itier descreveu uma estranha odisseia livresca: o trânsito secreto de uma joia bibliográfica por três países até chegar a uma biblioteca com milhares de exemplares, onde foi redescoberto por acaso.

Uma colega sua, a historiadora Isabel Yaya, estava estudando para sua tese de doutorado na biblioteca Dumbarton Oaks, um prestigioso centro de pesquisa em Washington que pertence ao circuito da Universidade de Harvard. Um dia, os bibliotecários apresentaram-lhe um pequeno livro escrito à mão em quéchua. Yaya reconheceu a raridade do exemplar e pediu que fizessem uma fotografia digital dele. Ela sabia a quem poderia interessar. Talvez fosse até mesmo uma descoberta daquelas que às vezes revelam o mistério das bibliotecas com acervos valiosos[32]: Dumbarton Oaks possui uma das mais importantes coleções de livros, imagens e documentos da época colonial americana no mundo.

A imagem foi gravada em um CD e Yaya se encarregou de levá-la a Paris. Quando Itier abriu o arquivo, teve uma impressão diferente da que esperava. "Ao vê-lo, percebi que eu havia consultado o mesmo manuscrito na Biblioteca Nacional do Peru" disse-me durante uma conversa telefônica. Tratava-se do *Quaderno de directorio espiritual para el probecho de las almas*, um catecismo em quéchua do século XVIII, que por mais de cinquenta anos esteve protegido na BNP.[33]

Itier o havia consultado pela última vez há uma década, em 2001, como parte de suas pesquisas sobre o idioma dos Andes e suas diferentes variantes e dialetos desde o século XVI até os dias atuais. Era o tipo de livro que não se esquece.

---

32. Em junho de 2015, a cópia mais antiga conhecida do tratado de Galeno intitulado *De los preparados y los poderes de los remedios simples* foi encontrada lá.
33. Hidalgo, 16 de julho de 2012.

"Documentos desse tipo são importantes como evidência de um momento na história da língua, de um estágio da língua, de uma época", disse-me com um olhar de especialista. Por isso, ele guardava uma cópia. Dez anos depois, o meticuloso estudioso de línguas foi capaz de localizar essa evidência em seus arquivos. Ao colocar uma ao lado da outra, a cópia peruana e a foto tirada em Washington que ele tinha na tela, confirmou que se tratava do mesmo documento.

César Itier e sua colega se comunicaram por e-mail com a biblioteca Dumbarton Oaks para explicar que havia um valioso manuscrito roubado em sua coleção. No e-mail, eles anexaram a cópia digitalizada como prova. A evidência era tão contundente que os responsáveis pelo centro de pesquisa não colocaram objeções e imediatamente tomaram medidas para conter o dano: eles desfizeram a compra antes que se tornasse público que um instituto de Harvard estava envolvido em um possível caso de tráfico de patrimônio cultural.[34] "Eles tinham adquirido o manuscrito de um livreiro argentino no ano anterior", disse-me Itier ao reconstituir os acontecimentos. Ele se referia a um dos mais prestigiosos antiquários de Buenos Aires.

A biblioteca estadunidense garantiu que exigiria a devolução do dinheiro e que, em menos de dez dias, devolveria o manuscrito a quem o ofereceu. Nos primeiros e-mails trocados entre Paris, Washington e Buenos Aires, foi mencionado que a origem do catecismo havia sido um colecionador que decidiu vendê-lo. Itier, que por anos havia constatado o desaparecimento de vários documentos da Biblioteca Nacional, foi o primeiro a alertar Ramón Mujica, que estava tentando capturar ladrões de livros em Lima. Não era a primeira vez que eles

---

34. A encarregada de Dumbarton Oaks, Bridget Gazzo, foi contatada pelo autor para confirmar os detalhes desse caso. Gazzo solicitou por e-mail uma explicação do contexto e dos propósitos da consulta. Um questionário foi enviado, mas ela nunca respondeu.

se comunicavam sobre esse assunto. No início da campanha contra os roubos, Itier havia respondido o chamado de Mujica à comunidade acadêmica para que fornecessem informações sobre livros ou documentos desaparecidos nos últimos anos. O filólogo enviou por e-mail uma lista de documentos que sabia estarem faltando. Agora ele tinha uma prova concreta.

Uma noite de abril de 2012, o próprio livreiro do antiquário de Buenos Aires entrou em contato. "Infelizmente, fomos vítimas de uma manobra impossível de descobrir no momento da aquisição da obra", escreveu em uma mensagem que chegou ao e-mail pessoal do diretor da BNP. O livreiro evitou dar mais detalhes sobre o suposto engano: apenas disse que o *Quaderno de directorio espiritual para el probecho de las almas* havia chegado às suas mãos livre de selos ou marcas que revelassem sua verdadeira origem. Também não aparecia na lista de livros perdidos disponível no site da BNP. "Não havia razão para não comprar e oferecer a uma instituição prestigiosa", escreveu.

A cópia de César Itier permitia provar que o livro havia sido limpo pelos traficantes. Em seu estado original, o manuscrito tinha um grande selo no verso da guarda com o nome de um de seus últimos proprietários, um professor de Cusco chamado Federico Ponce de León. No exemplar vendido a Washington, essa página havia sido removida. Em seu lugar, havia um enxerto, uma folha de papel da época que havia passado despercebida até mesmo pelos especialistas de Dumbarton Oaks.

Pouco depois que o caso foi revelado, Ramón Mujica descobriu um detalhe provocador: em 2011, enquanto em Lima faziam o inventário de emergência e lançavam a campanha *Se buscan libros perdidos*, o manuscrito havia aparecido no catálogo da livraria antiquária de Buenos Aires.[35] A cópia que chegou até ele estava em inglês. Era como se uma joalheria famosa tivesse

---

35. Uma cópia do catálogo está no arquivo do autor.

colocado em suas vitrines um diamante roubado. O que primeiro chamou a atenção de Mujica foi uma página em que aparecia a foto do catecismo ao lado de outras duas joias à venda: a gravura de um livro sobre a Virgem Maria e a folha de rosto de um tratado de Baltasar Gracián sobre a engenhosidade e a perspicácia. O *Quaderno* estava descrito como: "Um manuscrito anônimo e inédito, certamente escrito no Peru por um peregrino espanhol (um jesuíta?) que viajou por Cusco em sua missão". A resenha explicava que o texto também estava escrito em Aymara, outro idioma nativo usado pelos primeiros evangelizadores espanhóis nos Andes. Somente um especialista como Itier poderia detectar nesse detalhe uma pista do roubo. No manuscrito, não havia uma palavra em Aymara. Quem escreveu a resenha devia ser suficientemente ignorante acerca das línguas nativas para afirmar isso, mas também devia ter recebido em primeira mão a referência a Cusco, que só estava no selo removido pelos traficantes. Esse dado provavelmente veio de quem teve o exemplar completo pela última vez. O preço estava registrado na última linha: 6.500 dólares.

A leitura desse documento despertou várias perguntas no bibliotecário detetive: Por que ninguém soube da venda se o manuscrito esteve exposto – inclusive na internet – a colecionadores de todo o mundo? Como ele havia passado da clandestinidade do roubo para uma vitrine global? E, acima de tudo, quais outros documentos perdidos seguiram o mesmo caminho? A única pessoa que poderia responder a essas perguntas era o último intermediário, a pessoa que havia vendido o catecismo à biblioteca de Washington.

2.

O *Quaderno de directorio espiritual para el probecho de las almas* tem trinta e sete páginas, do tamanho de um passaporte, e é tão fino que passaria despercebido sob qualquer folha de papel. Na página inicial, há palavras e frases em letras de tamanhos diferentes, desenhadas com um traço impreciso. O subtítulo revela a visão de seu autor: *Catecismo breve para los Yndios de poca capacidad*. Seguem-se dez linhas de perguntas e respostas em quéchua da época, com frequentes menções a Deus e ao Espírito Santo. O exemplar foi uma das raridades encontradas durante as viagens do célebre antropólogo francês Paul Rivet, um dos sábios que, no século XX, estava obcecado em demonstrar a verdadeira origem dos primeiros habitantes do continente americano.

Em uma época em que os expedicionários usavam bússolas para sair de casa, a comunidade científica estava empenhada em encontrar a rota mais provável da maior caminhada da humanidade. O tema era um enigma desde os tempos em que se pensava que os primeiros homens do Novo Continente vieram da desaparecida Atlântida ou que descendiam das doze tribos perdidas de Israel. No século XVI, o sacerdote erudito José de Acosta deduziu que chegaram por alguma passagem desconhecida entre a Sibéria e o Alasca. Na época de Paul Rivet, quatro séculos depois, outros estudiosos ainda especulavam sobre diferentes correntes migratórias, que incluíam rotas por terra e mar. Rivet propôs que os nativos americanos descendiam de colonizadores que vieram da Ásia, Austrália, Melanésia e Polinésia. Uma das principais evidências de sua teoria eram as raízes das línguas nativas.

O estudioso, que também era um consumado bibliófilo, buscou referências históricas e os primeiros registros de palavras aborígenes em livros e documentos antigos que começou a compilar metodicamente. Alguns achados o levariam a expedições em busca de tribos quase extintas e a publicar mais de trinta estudos sobre essas línguas. O resultado mais notável de quase meio século de trabalho intelectual foi sua monumental

Bibliographie des Langues Aymará et Kichua[36]: quatro volumes com mais de 2.800 páginas que registravam todos os livros que havia conseguido ou anotado sobre essas línguas. Nesse grupo estava o catecismo que seria roubado e redescoberto no outro extremo do continente.

Até o momento do roubo, a mera existência do livro na Biblioteca Nacional era um valioso anacronismo: um troféu do passado em uma era de artefatos que prometem o futuro. Ele chegou no final dos anos 1950, junto com uma coleção de 2 mil exemplares, entre manuscritos e impressos, reunidos sob o olhar atento do sábio. Quando Rivet decidiu colocar à venda sua obra-prima, o governo peruano aceitou comprá-la imediatamente. Foi um daqueles raros momentos em que o sentido histórico e os assuntos de Estado coincidiram sobre o que é valioso para uma nação: em vez de máquinas, insumos ou armas, o país investia em livros antigos.

A aquisição foi anunciada numa manhã de dezembro de 1957, numa cerimônia oficial que incluiu uma exposição dos exemplares mais valiosos numa sala do antigo prédio da Biblioteca Nacional, na Avenida Abancay. "O professor Rivet, carregado de anos e de glória, que se tornou o mais eminente expoente da pré-história e da antropologia dos povos andinos, tendo sua saúde fragilizada pela idade e pelo trabalho, considerou sua obra terminada e se desfez de seus livros"[37], anunciou o eminente matemático Cristóbal de Losada y Puga, então diretor da BNP. Na plateia estavam o presidente da República, vários ministros, altos funcionários e alguns embaixadores.

Losada, um respeitado homem de ciência que pouco antes havia sido ministro da Educação, descreveu Paul Rivet como um estudioso que personificava a tradição dos grandes

---

36. Coautoria com o também célebre explorador e diplomata Georges de Créqui-Montfort.

37. *Boletín de la Biblioteca Nacional* (1956-1957), p. 14.

viajantes franceses do século XIX. A melhor prova estava na vasta e requintada variedade de seus livros. "Figuram entre eles desde incunábulos americanos e antigos livros da época colonial até modernos catecismos impressos por missionários atuais no Peru e na Bolívia", apontou. Um cientista como ele não podia resistir à ideia de mostrá-los ao público naquela manhã, antes que fossem guardados para sempre no cofre da biblioteca.

Entre os presentes na cerimônia havia outro homem que sentia especial satisfação com a chegada da Coleção Rivet: Jorge Basadre, o bibliotecário historiador que, anos antes, havia organizado a reconstrução da Biblioteca Nacional após o incêndio de 1943. Agora voltava como ministro da Educação Pública. Basadre havia conhecido pessoalmente Paul Rivet. Uma vez até mostrou-lhe sua biblioteca pessoal, onde o sábio francês fez anotações de livros que mencionaria em sua famosa bibliografia sobre o quéchua e o Aymara. Naquele dia, segundo o historiador, era "outra jornada que simboliza a importação de inestimável material bibliográfico num país onde tanto se lamentou a exportação de nosso patrimônio cultural".[38] Com a palavra "exportação", queria dizer roubo.

O saqueio de sítios arqueológicos e museus já era uma das pragas que atormentavam os maiores estudiosos da história nacional. Era um fenômeno dos tempos. Na Europa, as feridas causadas pela destruição e pelos saqueios a coleções de arte e bibliotecas públicas e privadas durante a Segunda Guerra Mundial ainda estavam abertas. No Peru, a primeira metade do século XX havia sido marcada pela perda de monumentos e pelo desaparecimento de tesouros culturais devido à negligência ou permissividade do Estado. O próprio Rivet, para completar suas pesquisas, teve que fazer uma peregrinação por livrarias, museus e bibliotecas de toda a Europa e América Latina, onde

---

38. Boletín de la Biblioteca Nacional (1956-1957), p. 16.

havia materiais que se consideravam perdidos no país. Assim ficou registrado em sua rigorosa bibliografia, indicando com um asterisco os livros que viu e com dois asteriscos os livros que adquiriu para sua biblioteca pessoal.

Na exposição que foi inaugurada naquela manhã de dezembro de 1957, foram mostrados vocabulários, estudos linguísticos, panfletos e jornais. "No que diz respeito ao quéchua e ao Aymara, esta coleção supera o que foi reunido, durante o século XIX, sobre todas as línguas aborígenes americanas em geral, por Daniel G. Brinton, José Toribio Medina e Bartolomé Mitre", leu Jorge Basadre em seu discurso. Ele falava de homens que fundaram patrimônios para suas nações. Brinton, um dos pioneiros da antropologia estadunidense no século XIX, é célebre por ter compilado toda a literatura aborígine desde o extremo sul ao extremo norte da América;[39] Medina foi um bibliófilo e pesquisador chileno que compilou a maior quantidade de livros e documentos sul-americanos da época colonial; Mitre foi um estadista militar argentino, amante dos livros, cuja coleção deu origem a um museu com o seu nome. "Os três juntaram e estudaram documentos sobre as diferentes línguas do nosso continente numa época em que essas investigações interessavam apenas a alguns estudiosos", disse o ministro historiador. A biblioteca de Paul Rivet, acrescentou, "as supera do ponto de vista cronológico e especializado".

A coleção era mais do que uma soma de raridades. O *Quaderno de directorio espiritual* era apenas uma peça de um vasto quebra-cabeça de livros que permitia compreender dialetos perdidos e costumes extintos, como um complexo enigma para abrir a porta do tempo. "A aquisição da biblioteca Rivet tem uma importância, por assim dizer, ecumênica — disse o diretor Cristóbal de Losada em seu discurso —: ela torna a

---

39. Weeks, 2002.

Biblioteca Nacional peruana o primeiro centro do mundo para estudos quéchua e Aymara". Tanto Losada como Basadre a consideravam apenas comparável a outra coleção que anos antes havia chegado do exterior: a biblioteca de um ex-presidente argentino — um militar com mais livros do que troféus de guerra — que foi trazida ao Peru em uma operação secreta digna de uma história de diplomatas e espiões.

3.

Uma tarde, fui conhecer o antiquário de Buenos Aires que havia vendido o catecismo roubado da Coleção Rivet. Sua livraria estava em uma área que concentrava várias casas dedicadas a livros e documentos do passado, como se fosse a cidade mais antiga da América do Sul. A paixão argentina por coisas antigas combina com o estilo clássico de seus prédios. Há livrarias antigas que parecem lojas de móveis *vintage*, outras se assemelham às abarrotadas bibliotecas dos conventos, e não faltam as que parecem ser uma dessas butiques de perfumes, mas que oferecem impressos revestidos com couro cor de osso em vez de frascos brilhantes.

O antiquário que vendeu o *Quaderno de directorio espiritual* lembrava uma pequena loja das obras de Charles Dickens, com estantes cheias de livros antigos na entrada e uma porta de madeira vermelha com janelas de vidro que parecia levar a uma casa de bonecas. Na manhã da minha visita, uma das vitrines exibia um exemplar da *Historia de la Conquista del Perú*, de Guillermo H. Prescott. Também havia um livro de mapas e várias biografias. O interior da loja era uma estreita sala com paredes cobertas de livros, formando um corredor até o balcão de uma atendente. O livreiro estava no segundo andar, atendendo a um colecionador, quando a funcionária me anunciou como a pessoa que sabia sobre o manuscrito de Lima.

Poucos minutos depois, o livreiro despediu seu cliente e desceu para me receber. Era um homem grande, de pele pálida e traços grossos, que caminhava com a cadência de um gigante. Era o tipo de pessoa que domina uma cena com sua presença: a voz profunda, como a de um ator de teatro, e uma expressão que não permite saber se a pessoa está de bom ou mau humor até que o leve movimento de um músculo facial o denuncie. A maior parte do tempo, ele parecia amigável. Um bem-sucedido antiquário que havia trabalhado com ele por mais de uma década o descreveu como uma pessoa correta e com grande conhecimento bibliográfico. Havia começado seu negócio nos anos 1960 no Uruguai e, com o tempo, fez seu nome no mercado sul-americano de livros antigos. Algumas de suas peças haviam sido adquiridas pela Biblioteca Britânica, o que era um destaque nesse mercado de livros raros.

Agora, o homem conduzia o negócio com seu filho, um homem de meia-idade formado em Psicologia, que depois seguiu o caminho do pai e se especializou em materiais raros da América do Sul. "É uma família com uma longa tradição", disse um líder da associação de livreiros antigos da cidade. Sua reputação, que lhes valeu a confiança de importantes bibliotecas e centros de pesquisa, tornava ainda mais estranho o episódio do livro roubado que apareceu em seu catálogo.

Era nosso segundo contato. O anterior havia acontecido um ano antes, nos dias em que Mujica visitou a Casa Rosada com o tratado de quiromancia do general San Martín. Naquela ocasião, o filho do antiquário falou comigo por telefone e repetiu o que havia dito aos outros envolvidos no caso: que havia comprado o manuscrito de um colecionador amigo da casa, que considerava fora de suspeita. Disse que, apesar de confiar no proprietário, fez todas as verificações habituais ao adquirir o exemplar, especialmente porque conhecia os problemas com roubos de livros e documentos raros no Peru. Seus procedimentos incluíam uma minuciosa análise de cada volume que passava por suas mãos e uma investigação em catálogos que poderiam dar a referência de sua origem. Segundo ele, não encontrou nenhuma pista de que o catecismo fosse roubado.

Quando perguntei como ele o enviou de sua loja em Buenos Aires para a biblioteca em Washington, me contou que na verdade o manuscrito estava na Europa, onde tinha um local para guardar alguns materiais raros, e de lá o enviou para os Estados Unidos. Ele evitou dar mais detalhes sobre a rota ou os procedimentos. De qualquer forma, era uma informação valiosa: significava que a jornada do documento havia sido muito mais longa do que se pensava. Antes de encerrar a ligação, o filho do antiquário me assegurou que nunca tinham enfrentado algo parecido.

No dia de nosso encontro, um ano após aquela ligação, eles me receberam com uma atitude amigável, mas cautelosa. O filho estava preocupado com o assunto do catecismo roubado. "Decidimos não falar mais sobre esse assunto, considerá-lo encerrado", disse de repente, interrompendo qualquer pergunta. A razão principal era que o caso o havia afetado muito, ao ponto de se tornar um risco para sua saúde: ele era diabético e durante seis meses seus níveis de açúcar haviam ficado descontrolados devido ao impacto do episódio.

A segunda razão era que ambos desconfiavam dos jornalistas. "Todas as vezes que falamos com um deles, tivemos problemas", comentou o velho antiquário. Algo assim havia acontecido meses antes, quando um jornal publicou uma matéria aparentemente inofensiva sobre eles e descreveu sua loja como "a bonita loja de estilo inglês que guarda livros por um milhão de pesos". Essa única referência gerou um risco de segurança desnecessário para um mercado tão sensível. A terceira razão para o silêncio deles era a fragilidade do negócio diante de rumores. O filho do antiquário contou que recentemente um livreiro dinamarquês havia sido detido por vinte e quatro horas sob suspeita de possuir um livro de uma edição muito rara que acabou não sendo o exemplar reportado como roubado. Uma confusão desse tipo pode causar danos irreparáveis à reputação de um comerciante de antiguidades.

Embora suas explicações soassem razoáveis, havia um detalhe que ainda não se encaixava completamente em todo o episódio. No mesmo catálogo de 2011 em que o *Quaderno de directorio espiritual* foi oferecido, também havia um segundo título que ninguém havia notado na época. Tratava-se de uma primeira edição do *Tratado breve del dulcíssimo nombre de María repartido en cincuenta discursos*, uma compilação de discursos escritos pelo padre jesuíta Frei Francisco de Figueroa[40], impressa em 1642 pela oficina de Josef de Contreras[41] em Lima. O catálogo do antiquário destacava a raridade do exemplar com a frase: "os impressos limenhos do século XVII são raros no mercado, e as poucas cópias conhecidas são muito procuradas".

Essa resenha indicava que, de acordo com um catálogo global amplamente consultado por bibliotecários e livreiros, a única cópia localizável desse exemplar estava na Biblioteca Nacional de Madri. "Não há cópias na América deste trabalho de grande beleza tipográfica", apontava o guia para potenciais compradores. No entanto, esse dado não estava correto. Existiam pelo menos duas cópias na BNP. Uma delas havia sido roubada.[42] Quando perguntei ao filho do antiquário se

---

40. Em um estudo sobre a confusão de personagens com esse mesmo nome na época, é indicado que, para Tauro del Pino, o padre Figueroa era dominicano e natural de Huancavelica. Mais informações no artigo *Nota sobre el doctor Figueroa*, de Javier Chesman.

41. O livro foi registrado por Toribio Medina em *La imprenta de Lima (1584-1824)*.

42. A perda deste livro foi detectada na inspeção que deu origem ao chamado *Caso 30 libros*, que relatou o desaparecimento de dezenas de obras do acervo antigo da BNP. O título seria incluído no número 14 da lista *Se buscan*

era possível que aquela cópia que ele havia vendido fosse a que pertencia à BNP, ele negou de forma enfática. Lembrei-lhe que, segundo o seu próprio catálogo, era uma peça única. "Então deve haver outra". O fato de ser da mesma edição, da mesma impressora e do mesmo ano não significa que seja o mesmo livro", ele disse. De certa forma, ele tinha razão, e não era possível fazer uma comparação, pois já havia sido vendido. Parecia que essa explicação encerrava o assunto, até que dois dias depois do nosso encontro, um juiz argentino, que estava ciente da campanha de Mujica para encontrar livros perdidos, informou à embaixada peruana em Buenos Aires que sua alfândega havia apreendido seis livros antigos do filho do antiquário. Ele suspeitava que poderiam pertencer ao Peru. O exemplar mais raro era uma edição de 1599 de *Vera historia admirandae cuiusdam navigationis*..., as memórias de viagem do cronista e mercenário alemão Ulrico Schmidel sobre a Conquista do Rio da Prata, quando ainda era uma região desconhecida para os europeus. A edição apreendida – que não existe em nenhuma das principais bibliotecas de referência no Peru[43] – incluía um mapa da América Central e do Sul.[44]

Mas a atenção das autoridades peruanas se concentrou em dois títulos de Inca Garcilaso de la Vega: a edição de 1609 dos *Comentarios Reales*, da qual existem três cópias na Biblioteca

---

libros perdidos. Em agosto de 2013, a Direção-Geral do Centro de Serviços Bibliotecários Especializados (CSBE) relatou que o exemplar não tinha sido encontrado, mas que havia um exemplar adicional (Relatório N° 163-2013-BNP/CSBE). Em maio de 2016, a Direção Técnica informou que o livro tinha sido localizado e estava no cofre (Relatório N° 050-2016-BNP/DT-BNP). A existência de um segundo exemplar não foi mencionada novamente.

43. Biblioteca Nacional do Peru, Instituto Riva Agüero, Pontifícia Universidade Católica do Peru, Universidade Nacional Maior de San Marcos e Universidade Antonio Ruiz de Montoya.

44. Os dois exemplares que a BNP possui e que foram declarados Patrimônio Cultural da Nação são edições posteriores, de 1602 e 1612. Consultar a RDN N° 044-210-BNP e o Relatório N° 11-2014-BNP/CSBE/DEPDB/GTA.

Nacional, e uma edição de 1617 da *Historia General del Perú*, da qual só existem dois exemplares. Pelo menos uma cópia de cada título está oficialmente declarada como Patrimônio Cultural da Nação em Lima. Em Buenos Aires, por outro lado, dois peritos declararam que essas obras não eram de "interesse especial". O problema era que também não tinham selos nem rastros de sua origem.

4.

Há um catálogo da condição humana que se projeta nos livros. Nós os amamos ou destruímos por algo que vai além do seu conteúdo. "O bibliófilo não é alguém que adora a *Divina Comédia*, mas alguém que ama a data de edição e a data de impressão da *Divina Comédia*", escreveu Umberto Eco.[45] A diferença entre um bibliófilo e um bibliômano é a mesma entre um fiel e um fanático religioso: o profundo paradoxo do amor fervoroso que se torna fogo devastador. Em 1947, um agente do FBI publicou um ensaio intitulado *Notas sobre bibliocleptomania*, que alude ao impulso ancestral de roubar o único objeto capaz de capturar o tempo: desde as bibliotecas romanas formadas por exemplares saqueados das bibliotecas gregas até a prática medieval de acorrentar os volumes nas estantes para que ninguém os levasse.[46] O retrato dessa obsessão associa o tráfico de livros a três agentes: o ladrão, o colecionador e, às vezes, entre ambos, o especialista em antiguidades. A capital latino-americana dos antiquários atrai quase todas as variantes da espécie que aprecia o livro.

Uma tarde, visitei outra pessoa que sabia do roubo do *Quaderno de directorio espiritual para el probecho de las almas*. Alberto Casares, um homem de testa ampla e barba grisalha

---

45. Eco, 23 de maio de 2001.

46. Basbanes, 2012.

espessa que o faz parecer um missionário, era o líder da associação de livreiros antiquários da Argentina. Assim ele se apresentou há algum tempo na videoconferência entre Lima e Buenos Aires em que Ramón Mujica lançou a campanha internacional para procurar os livros perdidos. Nessa reunião virtual, ocorreu um leve incidente que passou despercebido devido aos problemas de áudio. Mujica contou a história do manuscrito que havia sido vendido exatamente por um livreiro argentino e, quando chegou sua vez de falar, Casares disse algo que não se ouviu bem, mas que foi transmitido com uma ênfase exagerada, como se ele tivesse se ofendido. Ele só se acalmou quando explicaram que o erudito peruano não havia feito uma acusação, mas um elogio.

"O que eu disse é que um livreiro não se dedica a comprar coisas roubadas para vender", contou-me Casares na tarde em que o encontrei em sua livraria na capital argentina, uma loja com ares de biblioteca pessoal, com estantes e mesa de madeira, uma lâmpada caseira e um aparador com chave para os exemplares mais antigos. Pouco antes, ele havia recebido um carregamento de livros que havia enviado para a sala dos fundos. "A profissão de livreiro é uma surpresa a cada dia", comentou. "Ao abrir a porta todos os dias, nunca se sabe o que pode aparecer, o que vai vender ou o que pode comprar".

Casares conhece como poucos esse universo livreiro. Antes de abrir seu negócio, ele trabalhou por vários anos em uma editora, onde aprendeu desde a manipulação da linotipo e a correção de provas até o tratamento com os escritores. Mais tarde, abriu uma loja de livros modernos. Seus próprios clientes o impulsionaram à caça de relíquias: frequentemente pediam títulos ou edições pouco comuns, que ele se encarregava de rastrear. Com o tempo, os pedidos se tornaram mais exigentes. "Buenos Aires é um depósito permanente de bons livros", disse-me enquanto arrumava alguns exemplares. "Havia várias explicações para isso. Muitos deles vinham de bibliotecas requintadas formadas por famílias ricas durante os períodos de bonança que a Argentina desfrutou nos últimos dois séculos.

O gosto bibliófilo também foi estimulado pela chegada de intelectuais e livreiros que fugiam da Guerra Civil Espanhola e da ditadura de Franco. E uma terceira explicação é a de uma longa tradição leitora que remonta, segundo Casares, à classe dirigente que gestou a Independência. "Temos livrarias antiquárias, livrarias modernas, livrarias especializadas ou de livro comum, ou de livro velho, que não é o mesmo que antigo, livrarias de saldos ou de livros modernos selecionados", explicou-me o presidente dos livreiros. Não é raro que aqueles que se dedicam exclusivamente ao livro antigo tenham formado uma associação. É um privilégio que não existe no Peru, o primeiro país da América do Sul a ter uma imprensa.

Também não é raro que em um lugar onde abundam livros cobiçados se concentrem também as forças obscuras que traficam com eles. "Houve denúncias de livros roubados, mas a Biblioteca Nacional da Argentina não soube demonstrar exatamente qual é o exemplar que roubaram", disse-me Casares. Ele não mencionou de forma explícita, mas devia estar pensando no que ele mesmo havia vivido anos atrás com um exemplar de Jorge Luis Borges. Foi no final dos anos 1990. Um dia, um homem chegou à sua livraria oferecendo uma primeira edição de *Fervor de Buenos Aires*, o primeiro livro publicado pelo escritor argentino mais célebre da história. Casares percebeu que era um exemplar roubado da Biblioteca Nacional de seu país e o recusou. Pouco depois, denunciou o roubo.

O caso ficou em um limbo até que, em 2003, um colecionador argentino denunciou em um jornal de Buenos Aires que o livro seria leiloado em Londres, durante um leilão de vários exemplares anotados ou autografados por Borges.[47] Os organizadores esperavam obter 4 milhões de dólares pelo lote. A notícia causou um escândalo no país. O detalhe estranho é que o catálogo desse leilão tinha um prólogo do próprio Alberto Casares. Poucos acreditaram quando o livreiro disse na época que tinha sido um erro, que era outro exemplar. O livro foi apreendido pela polícia e entregue à Biblioteca. O promotor dessa venda era o mesmo que anos depois cairia em desgraça ao se envolver no tráfico dos mapas de Ptolomeu roubados na Espanha. Casares havia passado de herói a suspeito. Nunca se recuperou completamente dessa experiência. "Da próxima vez que alguém me trouxer um livro roubado, eu vou ficar calado", disse ele à escritora Graciela Mochkofsky ao recordar o episódio muito tempo depois, em sua própria livraria.[48] Isso era o que ele havia feito quando soube da campanha de Ramón Mujica.

"Para mim, quando se perde uma peça de uma biblioteca, é preciso acusar o responsável que não soube cuidar de seu patrimônio", disse ele com um tom endurecido, pouco antes de nos despedirmos.

5.

Todo comerciante de livros antigos assegura agir de boa-fé, a menos que se prove o contrário. Uma prova, diz-se, está no próprio fato de colocar seus troféus em um catálogo em vez de vendê-los às escondidas. O catálogo é um documento sagrado no mundo dos antiquários. Não é um mostruário de mercadorias ou ofertas, como os das lojas de departamentos, mas uma obra tão pessoal quanto os exemplares que contém: evidencia as conquistas de uma vida dedicada à profissão. Nele constam

---

47. *Venderían en Londres un libro robado de la Biblioteca Nacional*, 29 de outubro de 2003.

48. Mochkofsky, 2014, pp. 56-61.

as melhores edições que o antiquário conseguiu, pesquisou e descreveu em detalhes, para imortalizá-las antes de enviá-las ao seu destino final, uma casa onde espera que sejam apreciadas e cuidadas como os tesouros que são.[49] É uma demonstração de sua paixão mais profunda.

"O amor pelos livros é pelo papel, pela encadernação, pela tinta, pela edição, pelo ilustrador", explicou-me naquela tarde Lucio Aquilanti, um jovem antiquário que é proprietário da livraria especializada mais antiga de Buenos Aires. "Se essas coisas se perdem, vamos direto para os e-books e tablets", ironizou em seu escritório revestido de volumes antigos, peças com encadernações escuras, amareladas e avermelhadas que lhe davam uma aparência semelhante a uma fortaleza.

Aquilanti é um bibliófilo que também vende livros. O antiquário e o colecionador costumam ser dois perfis separados, mas, em seu caso, são traços de uma condição anfíbia: em um meio que privilegia a raridade, o anômalo se torna um sinal de coerência. Além de manter uma loja fundada em 1939, muito antes de ele próprio nascer, Aquilanti é famoso por possuir a maior coleção do mundo de livros e primeiras edições de Julio Cortázar. Há alguns anos, ele se destacou por outra descoberta: um exemplar do *Manuale ad usum Patrum Societatis*, um livro de ritos e exortações religiosas em latim e Guarani, publicado pelo padre Paulo Restivo em 1721, nas missões jesuíticas do Rio da Prata. Era um documento posterior ao *Quaderno de directorio espiritual*, mas de valor inestimável: é considerado um incunábulo argentino.

Quando a imprensa ainda não havia chegado oficialmente a essa região, um grupo de missionários deu um jeito de construir uma máquina para imprimir livros que ajudassem a evangelizar os nativos. Os exemplares que fizeram, rústicos e

---

49. Basbanes, Nicholas A., *op. cit.*

frágeis⁵⁰, são como o Santo Graal do colecionismo do sul. "Existem apenas oito exemplares no mundo", contou-me Aquilanti com orgulho de explorador. Ele o manteve em segredo por quatro anos. Apenas sua família e quatro livreiros antiquários, incluindo Alberto Casares, sabiam que estava em seu poder. "Eu o apreciei, fiz um estudo, publiquei um livro sobre isso e disse a mim mesmo: ok, prazer suficiente. É hora de vendê--lo", contou-me naquela tarde. No começo, ele o ofereceu à Biblioteca Nacional da Argentina, mas não obteve a resposta que esperava. Pouco depois, o vendeu a um colecionador por 100 mil dólares.⁵¹

Buenos Aires é um mercado voraz de impressos e manuscritos sul-americanos. Muitos colecionadores argentinos começam comprando material de seu próprio país, mas depois precisam ampliar suas buscas para obras e documentos chilenos ou peruanos, impulsionados por uma história em que se cruzam os mesmos personagens desde a época colonial, os mesmos líderes da Independência, muitos heróis de ambos os lados. Aquilanti me contou que, pouco antes de nossa conversa, havia adquirido um livro do Libertador San Martín. Ele o colocou em um catálogo e foi vendido imediatamente. "Você acaba tendo em mãos o ex-libris que provavelmente o próprio San Martín colou", disse para explicar essa sutil cobiça que apenas os bibliófilos conhecem.

Quando alguma joia aparece, o livreiro consulta seus repertórios bibliográficos, uma espécie de dicionários de peças antigas que contêm a descrição dos exemplares saídos das primeiras impressoras ou que integraram coleções famosas. "Tenho uma vasta bibliografia para investigar cada peça, especialmente as peças raras, difíceis, curiosas", contou-me Aquilanti. Um

---

50. Saranyana e Alejos, 2005, p. 961.

51. *Incunables jesuíticos, una historia latinoamericana*, 9 de dezembro de 2007.

dia, pode chegar até ele uma carta assinada por um herói da Independência. Então, o livreiro começa uma investigação de detalhes: para quem foi direcionada, onde a coleção original do personagem está, e se o documento está no arquivo original ou se desapareceu. "Só então posso ter certeza se esse livro ou documento pode ser vendido, porque muitas vezes tem um selo e muitas vezes não tem".

Essa pesquisa permite que ele se proteja do que os vendedores informais trazem, pessoas que vão de um lado para o outro com livros na bolsa, a quem Aquilanti chama de *runners*. No dia em que o visitei, um *runner* havia chegado oferecendo algo. O livreiro rejeitou com o argumento de que vinha de alguém com quem não era apropriado se envolver. Mais tarde, ele me contaria, com um certo cuidado, que um *runner* boliviano e outro peruano costumam passar por sua loja com coisas relacionadas à Argentina. "Eles nunca me trouxeram nada estranho, nada que tivesse selos. Simplesmente lá têm menos mercado e trazem para cá", explicou.

O indivíduo que vendeu o *Quaderno de directorio espiritual para el probecho de las almas* a um antiquário argentino e a seu filho não era um *runner*, mas um suposto colecionador. Se isso é verdade ou não, é quase impossível saber. Sua identidade foi protegida pela discrição de ambos os comerciantes, a qual, no mercado de antiguidades, é tão inviolável quanto um segredo de confissão. A biblioteca estadunidense que comprou o catecismo roubado também manteve silêncio. São as barreiras que, por cumplicidade ou negligência, acabam cobrindo de impunidade os maiores casos de tráfico de livros e documentos antigos.

Aconteceu com o ladrão dos mapas de Ptolomeu, com o ladrão do livro de Borges e não era estranho que acontecesse novamente com um exemplar que os bibliotecários em Lima praticamente desconheciam até que o roubo foi descoberto.

"Não é que os argentinos sejam tolos ou os peruanos sejam corruptos. Isso acontece em todo lugar", disse-me o livreiro antiquário apaixonado por Cortázar. Embora ele dissesse não estar muito a par do caso, afirmou que seu colega havia perdido dinheiro ao devolver o manuscrito. "Se me trouxessem o testamento do general José de San Martín, roubado de tal instituição, e me oferecessem por 50 pesos, o que eu faria? Deixaria passar? Não, eu compraria. E agora, o que faço? Queima minhas mãos, não quero. Tenho que enviá-lo de volta em um envelope?", especulou.

O argumento de Aquilanti era que o sacrifício pessoal exigido dos antiquários de Buenos Aires era maior do que o próprio Estado argentino havia feito em momentos-chave da história para proteger seu patrimônio bibliográfico. Existem dois exemplos claros que qualquer amante de livros nesse país tem na ponta da língua. O primeiro é a fabulosa coleção de Pedro de Angelis, um polêmico patriarca da história argentina, que após sua morte foi oferecida ao governo de turno e rejeitada por rivalidades políticas; no final, foi comprada pelo imperador do Brasil e hoje figura entre os principais materiais da Biblioteca Nacional brasileira.

O segundo caso é ainda mais doloroso: o governo poderia ter adquirido a extraordinária coleção reunida pelo ex-presidente argentino Agustín Justo, mas seus inimigos a mantiveram em um limbo, e, quando perceberam seu valor, já havia sido adquirida pelo governo peruano. "Para nós (ainda) é uma pedra no sapato", disse-me Lucio Aquilanti. Outro prestigiado antiquário me disse que, se havia algum consolo, era que esse tesouro estava bem protegido na Biblioteca Nacional de uma nação irmã. Nenhum deles sabia — não tinham como saber — o destino dramático que os livros de Justo tiveram no Peru.

6.

O general Agustín Justo foi um bibliófilo tardio. Até os cinquenta e cinco anos, não tinha uma biblioteca pessoal; o que ele mantinha em casa eram cerca de cem livros de engenharia ou estratégia militar.[52] Grande parte deles havia chegado até suas mãos como presentes de seus autores. A paixão por livros o capturou à medida que acompanhava seu filho em visitas a livrarias antigas, onde quase sempre acabava pagando pelas compras. Em meados dos anos 1930, ambos participaram de um leilão que entusiasmou a comunidade de bibliófilos de Buenos Aires: a venda da coleção de Estanislao S. Zevallos, um importante intelectual e político que ocupou por três vezes o cargo de chanceler de seu país. Esse leilão foi crucial não apenas pelo que ele pôde adquirir, mas também porque nesse dia conheceu Julio Suárez, um bibliógrafo especializado que logo se tornaria seu livreiro pessoal.

Em menos de uma década, e com a ajuda de Suárez, o general Justo construiu uma coleção de 28 mil volumes que chegou a ser considerada uma das mais completas e valiosas da Argentina. Quando o ex-presidente faleceu, no início de 1943, seus filhos a ofereceram à venda ao Estado, com a ideia de que se transformasse em uma grande biblioteca pública com um espírito americanista. Seus rivais políticos bloquearam a compra. Já haviam se passado vários meses quando o padre jesuíta e historiador peruano Rubén Vargas Ugarte passou por Buenos Aires. Ele percebeu imediatamente a oportunidade e escreveu uma carta para Jorge Basadre, o estudioso que tentava recuperar a Biblioteca de Lima, destruída pelo incêndio.[53]

Basadre também viu nessa venda uma oportunidade excepcional: ele próprio havia conhecido a coleção durante

---

52. Buonocore, 1963.

53. Carta de resposta de Jorge Basadre, diretor da Biblioteca Nacional, a Rubén Vargas Ugarte, S. J. Lima, 26 de janeiro de 1945. Arquivo Central da BNP.

uma visita que havia feito ao general Justo um ano antes. O ex-presidente o havia guiado pelas quatro salas que abrigavam seus livros.[54] Talvez incrédulo diante da repentina oportunidade, o historiador pediu ao padre que visitasse a biblioteca para ter uma ideia mais precisa. "Considero que a sua avaliação seria suficiente para determinar o valor intrínseco exato da biblioteca em questão e a importância de sua aquisição para fortalecer os recursos da nova Biblioteca", escreveu Basadre ao colega jesuíta.[55] Ao mesmo tempo, enviou outra carta ao livreiro Julio Suárez para pedir detalhes sobre a coleção e o preço que a família havia estabelecido. "A biblioteca do General Justo é possivelmente, no âmbito americano, a mais valiosa do país e, em certos aspectos, mais completa do que a do General Mitre", respondeu Suárez.[56] Ele se referia a Bartolomé Mitre, o presidente argentino mais importante do século XIX e um autor fundamental nos estudos históricos desse país.

Nessa carta de resposta, o livreiro relatou que a oferta inicial ao governo argentino havia obtido a aprovação do diretor da Biblioteca Nacional de Buenos Aires e do presidente da Academia Argentina de Letras, mas que não havia progredido por motivos políticos. Portanto, a família havia feito a mesma proposta à Universidade do Texas, que na época estava em uma corrida frenética para adquirir coleções de livros em todo o continente.[57] O interesse foi imediato. Parecia uma concorrência difícil de superar, já que as universidades estadunidenses pagavam

---

54. Basadre, 1945.

55. Carta de resposta de Jorge Basadre, diretor da Biblioteca Nacional, a Rubén Vargas Ugarte, S. J. Lima, 26 de janeiro de 1945. Arquivo Central da BNP.

56. Carta de Julio Suárez a Jorge Basadre. Buenos Aires, 1 de fevereiro de 1945. Arquivo Central da BNP.Carta de Julio Suárez a Jorge Basadre. Buenos Aires, 1 de fevereiro de 1945. Arquivo Central da BNP.

57. Basbanes, Nicholas A., *op. cit.*

fortunas por coleções privadas que lhes interessavam, mas Suárez permitiu-se uma confissão que encorajou Basadre: "Tanto os herdeiros do Sr. General quanto eu, que tenho um envolvimento moral, preferiríamos que, se não permanecer no país, fosse para a biblioteca de Lima fundada por San Martín. Por isso, retive a resposta aos Estados Unidos aguardando a sua decisão".

Em Lima, Basadre obteve o apoio do presidente Manuel Prado para comprar a coleção. Ele também conseguiu organizar uma coleta pública para complementar os fundos: quatro bancos, duas companhias de seguros, uma empresa elétrica e três empresários contribuíram com mais de 300 mil soles da época. Enquanto isso, na embaixada peruana em Buenos Aires, uma operação sigilosa estava sendo iniciada para garantir a compra. O ministro conselheiro José Jacinto Rada conseguiu, secretamente, todos os documentos oficiais sobre o caso. Assim que confirmou que uma primeira abordagem da família Justo com o governo argentino havia fracassado, ele entrou em ação. Em uma sexta-feira de fevereiro de 1945, Rada apareceu sem aviso prévio na livraria de Julio Suárez para expressar o interesse do governo peruano na coleção. Lá, ele se encontrou com Liborio Justo, o filho do general bibliófilo. Rada disse pessoalmente a ele que tinha autorização oficial para fazer uma oferta.

Então, uma reunião foi organizada imediatamente com os outros filhos do falecido governante. A família apresentou uma condição: pediu para ficar com uma parte dos livros, que seria descontada do preço. Além disso, o acordo verbal era definitivo. Restava apenas obter a permissão das autoridades para retirar os livros da Argentina. "A negociação estava se tornando difícil, dada a nossa conveniente intenção de mantê-la dentro das normas de absoluta discrição", informou o diplomata a Lima.[58] O clima político em Buenos Aires estava tão polarizado

---

58. Relatório Reservado N° (D)-0-0-Y/30 do Ministério das Relações Exteriores ao diretor da BNP, de 20 de abril de 1945. Arquivo Central da BNP.

que qualquer escândalo poderia prejudicar as negociações sobre um assunto que comprometia o orgulho nacional.

Dias antes, o ministro Rada havia discutido abertamente o assunto com o subsecretário de Relações Exteriores argentino, que confessou estar chateado com a possível saída da coleção para o exterior. O alto funcionário disse que levaria a consulta sobre a permissão aos seus superiores. Passados alguns dias, ele não respondeu mais às mensagens de Rada. "Suspeitei imediatamente que se tratava de adiar a apresentação da situação e ganhar tempo para estudar uma fórmula que permitisse ao governo (argentino) voltar atrás e comprar a biblioteca", observou o representante peruano. Rada antecipou-se e nos dias seguintes assinou o contrato de compra e venda com os herdeiros do general. Em seguida, organizou a discreta transferência dos livros para a embaixada. Ele queria garantir que a coleção entrasse no território peruano.

A mudança levou um pouco mais de um mês.[59] Todos os dias, uma equipe composta por funcionários da embaixada e técnicos contratados se dedicava a comparar o carregamento com o inventário judicial da coleção na própria casa do general, localizada a uma hora do centro da cidade.[60] Havia 19.204 livros identificados e outros 4 mil exemplares não identificados. O grupo tinha instruções precisas de trabalhar até catorze horas por dia para acelerar o processo. "Era essencial levar o mais rápido possível todos os volumes para as instalações da embaixada", indicou o relatório apresentado pelos funcionários que supervisionaram a operação.[61]

---

59. De acordo com os documentos do caso, ocorreu entre 4 de maio e 9 de junho de 1945.

60. Relatório ao ministro encarregado de Negócios *ad interim* da Embaixada Peruana em Buenos Aires, de 25 de junho de 1945. Arquivo Histórico da BNP.

61. O filho do general Justo, Liborio Justo, contou assim em uma carta à revista *De Frente* de Buenos Aires, publicada em 22 de agosto de 1955: "E

Cada exemplar foi embalado e acomodado em uma caixa de madeira cheia de serragem. A coleção completa ocupou 330 caixas. Em cada uma foi colocada uma etiqueta e um selo lacrado com a imagem do Brasão Nacional e a inscrição: "Embaixada do Peru na República Argentina". Agora, o carregamento de livros estava sob proteção diplomática. "Temos a intenção de monitorar o transporte das caixas da sede da embaixada até o navio peruano que os levará", informaram os funcionários.

Basadre estava ansioso pela chegada dos primeiros volumes. Ele até pediu que uma parte da biblioteca fosse enviada adiantadamente para Lima, por mala diplomática, enquanto se terminava de embalar o restante da coleção. "Isso economizaria tempo e eliminaria a possibilidade de futuros problemas em sua exportação", escreveu em um ofício ao Ministério das Relações Exteriores.[62] O ministro Rada, que se comunicava quase diariamente por telefone com Basadre, fez os arranjos necessários.

O primeiro envio a Lima continha um exemplar da *Relación y comentarios del gobernador Alvar Núñez Cabeza de Vaca de lo acaecido en las dos jornadas que hizo a las Indias*, o relato das aventuras do conquistador na Flórida e no Rio da Prata, impresso em Valladolid em 1555; um volume em letras góticas do raro *Tratado comprobatorio del Imperio Soberano y Principado Universal de los Reyes de Castilla*, de 1552, a análise de Bartolomé de las Casas sobre a bula papal que deu aos reis da Espanha o domínio absoluto sobre o Novo Mundo; uma edição do *Vocabulario de la lengua general de todo el Perú, llamada lengua quechua o del Inca*, o famoso dicionário para

---

essa hostilidade chegou a um ponto em que, após os detalhes de sua venda terem sido acordados através de membros da Embaixada do Peru, tentaram impedir a saída dos livros. Portanto, o Encarregado de Negócios, doutor Rada, que foi alertado, apressou-se em transferi-los, em várias caixas, para a sede da Delegação, aproveitando as vantagens da extraterritorialidade".

62. Carta de Jorge Basadre, diretor da Biblioteca Nacional, ao secretário-geral de Relações Exteriores, de 18 de maio de 1945. Arquivo Central da BNP.

evangelizadores do padre e linguista Diego González Holguín; e dois exemplares de *Arte de la lengua moxa*, publicado em 1701 pelo padre Pedro Marbán, que foi o primeiro estudo sobre esse idioma e o único até o final do século XIX. Pelo mesmo canal diplomático, algumas semanas depois chegaram quatro pacotes contendo manuscritos muito valiosos do exército realista e das tropas patriotas que lutaram pela Independência. Muitos eram documentos que nunca deveriam ter deixado o Peru. Agora, eles retornavam ao país como uma espécie de justiça literária. O grosso da biblioteca do general Justo saiu de Buenos Aires somente em agosto de 1945. Os 330 caixotes foram embarcados no navio Rímac, da Marinha Peruana. Momentos antes da partida, o ministro conselheiro José Jacinto Rada, que havia participado desde o primeiro dia nas negociações secretas para assegurar a coleção, entregou nas mãos do capitão do navio um grupo de peças especialmente valiosas: os treze volumes manuscritos da *Historia del Perú*, do prócer Juan Basilio Cortegana, um dos vencedores das batalhas de Junín e Ayacucho.[63] Incluía dois planos dessas batalhas traçados pelo autor.

Era como entregar os originais de um evangelho: Cortegana, um tenente-coronel que entrou em Lima com o Exército Libertador de San Martín, propôs-se a elaborar o grande relato histórico da nação que havia ajudado a libertar. Seu ambicioso relato abrangeu desde o tempo dos Incas até a guerra de Independência. O conjunto, escrito com uma caligrafia serena e o tom de um cronista, saiu do Peru em circunstâncias pouco claras. Não se soube de seu destino até que apareceu entre as peças da coleção do general Justo que havia sido comprada para a BNP. Talvez como um detalhe metafórico, junto a esse

---

63. Transcrição do Ofício 5-1-A/195 sobre o envio de livros para a Biblioteca Nacional do Ministério das Relações Exteriores, de 14 de agosto de 1945. Arquivo Central da BNP.

pacote o diplomata entregou ao capitão uma luxuosa edição em francês da *Odisseia*.

O navio chegou a Lima nos primeiros dias de setembro. Era a primeira vez que o Peru fazia uma importação tão maciça de joias bibliográficas. No conjunto, vinha uma primeira edição dos *Comentarios Reales* de Inca Garcilaso de la Vega; um manuscrito sobre o vice-rei Blasco Núñez de Vela, que em algum momento esteve na Biblioteca Nacional de Paris; e um confessionário do século XVI, que era desconhecido até ser descoberto pelo bibliógrafo chileno José Toribio Medina. Havia primeiros relatos de viajantes europeus que reconstruíam a história da América, crônicas religiosas, manuais de exercícios espirituais, estudos sobre as línguas indígenas, mapas, planos, álbuns de gravuras e aquarelas, coleções de jornais e revistas, e algumas curiosidades bibliográficas.

Uma das mais notórias era um exemplar da *Lettera Apologética* (*Carta Apologética*), um livro incomum escrito por um alquimista e inventor italiano chamado Raimondo di Sangro, príncipe de Sansevero, que, por volta do século XVIII, anunciou que havia decifrado a linguagem dos quipus. O exemplar, impresso em Nápoles em 1750, apresentava a teoria de que o sistema mnemônico inca correspondia a uma escrita silábica, e que esta era superior ao sistema fonético europeu. Como evidência, incluía belas lâminas com ilustrações dos supostos quipus[64] que lhe serviram de base. A tese foi considerada herética, pois as Sagradas Escrituras estavam nesse sistema, e dois anos depois de sua publicação o livro foi incorporado ao Index.[65] A comunidade científica peruana da época o considerou uma fraude. Por tais vicissitudes, era o tipo de peça que cativa os bibliófilos.

---

64. Quipu é um sistema de armazenamento de informações das civilizações andinas através de cordas e sequências de nós. [N. do E.]

65. Porras Barrenechea, 1999.

"A maioria das encadernações é muito luxuosa e realmente bela, contrastando com a pobreza de nossas atuais encadernações nacionais", escreveu a bibliotecária Odile Rodríguez, no boletim da BNP.[66] No artigo que descreve a coleção, a discípula de Basadre toma nota de que vários dos títulos do general Justo já haviam sido adquiridos por outras vias como parte da reconstrução da Biblioteca que levava adiante o bibliotecário historiador. "[...] temos, em certos casos, material suficiente para duas bibliotecas", apontou. Meio século depois, quando Mujica lançou sua campanha para buscar livros perdidos, as anotações de Rodríguez serviriam para seguir a pista de alguns livros que retornaram de maneira providencial e outros que se haviam perdido para sempre. Pouco depois, grande parte da coleção foi declarada não localizável.

7.

O primeiro indício do saqueio à Coleção Justo surgiu no dia em que Ramón Mujica deveria viajar para Buenos Aires com o livro de quiromancia de San Martín para uma cúpula entre os presidentes do Peru e da Argentina. Nas semanas anteriores, além de solicitar uma réplica exata daquele livro, Mujica havia pedido detalhes de todas as cópias e documentos que mostrassem as conexões entre os dois países. Ele queria estar informado sobre o que havia de melhor, mais valioso ou mais surpreendente. Uma funcionária mencionou a extraordinária coleção que permitiu o renascimento da Biblioteca Nacional em meados do século XX. O bibliotecário detetive teve um pressentimento ruim sobre isso. No mesmo dia, ordenou uma verificação de estoque. Para ter certeza, ele chamou a pessoa que lhe parecia mais confiável: Martha Uriarte, a especialista

---

66. Rodríguez, 1945, pp. 412-421.

em arquivos que havia impedido anteriormente o roubo das cartas do Arquivo Presidencial Cáceres.

Uriarte era a pessoa mais qualificada para reconstruir o caso. Além de conhecer o arquivo da BNP como ninguém, ela possuía um instinto de investigadora desenvolvido. Muito antes de trabalhar com livros e documentos antigos, havia sido casada com um policial e, por alguns anos, o ajudou a estudar criminologia na Argentina. Nesse ambiente de pessoas acostumadas a perseguir criminosos, ela aprendeu a ler as expressões dos suspeitos, avaliar seus movimentos, reunir evidências e se proteger de emboscadas. Essas habilidades agora a ajudariam a investigar as perdas na Biblioteca.

Martha Uriarte tinha uma vantagem adicional: seu caráter amigável havia conquistado o respeito de muitos trabalhadores que não estavam envolvidos com os traficantes. Vários estavam dispostos a fornecer pistas com a condição de manter sua identidade em sigilo. Dessa forma, pouco depois de começar suas investigações, uma especialista lhe disse que havia um catálogo da Coleção Justo. A informante estava certa porque havia verificado anos antes. No entanto, quando Uriarte solicitou o documento aos responsáveis, disseram que não o encontravam.

Uriarte, uma mulher metódica com um caráter persistente, foi ao escritório da Área de Patrimônio, localizado no primeiro andar do prédio com paredes de vidro. "Comecei a revisar, na presença da equipe, as vitrines onde suspeitava que o documento estava, e naquele dia não encontrei nada", ela me disse. No entanto, na manhã seguinte, lhe enviaram uma cópia, alegando que tinha aparecido subitamente em uma caixa sob posse de um membro do sindicato que estava em conflito com Mujica devido às suas alegações sobre o roubo de livros. Uriarte relatou a descoberta e imediatamente recebeu a ordem de fazer uma cópia digital como medida de precaução. "O doutor Mujica queria mostrar isso ao Presidente", me disse alguns meses depois, como se relembrasse a sequência de um filme, em meio a um escritório cheio de documentos. Logo em seguida, começou uma verificação de estoque na principal sala de cofres. A comparação inicial entre o inventário de 2011 e o documento de avaliação de 1945 revelou que vinte e quatro dos títulos ausentes haviam pertencido à biblioteca do general Justo. Entre os mais antigos estava um volume de sermões sobre o sacramento do matrimônio, publicado em 1518 por Jean Raulin, um famoso pregador beneditino contemporâneo de Erasmo; também faltava um estudo sobre as leis e princípios da Física, publicado em 1549 por Phillip Melanchton, o reformador alemão discípulo de Lutero[67]; e a edição de 1553 de um tratado astronômico de Claudio Ptolomeu, o sábio egípcio cujos mapas inspiraram a viagem de Colombo às Américas. Entre os outros vinte e um livros da lista, havia títulos de religião, história, filosofia e política dos séculos XVI a XIX.

Embora a coleção devesse permanecer unida, os especialistas descobriram que, ao longo do tempo, em um ou vários momentos que ninguém pôde estabelecer com certeza, os livros haviam sido separados e levados para diferentes seções, misturados com outras coleções e até mesmo abandonados em depósitos onde também eram guardados utensílios de manutenção. Certa vez, um grupo desses livros foi encontrado no quinto andar do prédio antigo, onde ninguém havia verificado antes. Em quatro exemplares, as gravuras foram arrancadas. No andar de cima, nove exemplares de Justo foram encontrados, dos quais dois haviam sido adquiridos pelo general no famoso leilão de Estanislao S. Zevallos, no dia em que começou sua bibliofilia.

Logo começaram a chegar relatórios de centenas de títulos ausentes. Em uma tarde de junho de 2013, dois anos

---

67. Não está na lista de livros perdidos de 2011.

após a denúncia pública em que revelou o desaparecimento de quase mil impressos e manuscritos, Mujica recebeu um relatório que mostra as dimensões do suposto roubo: da Coleção Justo, mais de 3.700 livros foram relatados como não localizados.[68] "Isso foi um saqueio", ele me disse naquela tarde em seu escritório, como se tivesse acabado de ler a notícia de um terremoto.

Martha Uriarte, que naquela época havia rastreado o caso até a compra de 1945, descobriria que a desordem caótica não era um erro nem um descuido. Era parte de uma estratégia para facilitar o roubo. A pista remontava a um episódio de julho de 2007, apenas um ano após a mudança da antiga para a moderna sede da Biblioteca Nacional. Em uma segunda-feira ao meio-dia, ocorreu uma inundação devido à ruptura de um cano no telhado do novo prédio. A água correu por meia hora por vários setores antes que a equipe de segurança conseguisse reparar o dano. As áreas mais afetadas foram o quarto e quinto andar, onde havia caixas de livros que deveriam ser inventariados antes de serem enviados para as bibliotecas periféricas da BNP em diversos pontos da cidade. A essas filiais eram enviadas apenas publicações recentes.

Nos dias seguintes, a BNP relatou que cerca de 500 livros haviam sido danificados.[69] Um jornal publicou uma foto mostrando um trabalhador pendurando vários exemplares como roupas molhadas em um varal. O diretor da época, o historiador Hugo Neira, disse que iria solicitar a intervenção da Controladoria porque suspeitava que o acidente poderia ser devido a um problema na construção do recém-inaugurado prédio. As pistas nos corredores apontavam para outra direção.

Uma funcionária de alto escalão da época me contou que, um dia, foi supervisionar os trabalhos de secagem e detectou um

---

68. Relatório Nº 030-2013-BNP/DT-BNP, de 6 de junho de 2013.
69. *500 libros dañados en inundación de la Biblioteca Nacional*, 5 de agosto de 2007.

detalhe suspeito nos materiais que seriam descartados devido aos danos causados pela água. "Quando abri uma das caixas, fiquei surpresa ao ver livros da coleção antiga, que estavam intactos", disse em uma entrevista telefônica sob sigilo.[70] Ficou claro para ela que esses livros estavam sendo retirados da Biblioteca sob o pretexto da inundação. Ela ordenou que o material fosse recuperado e que as outras caixas fossem examinadas, mas pouco depois ela renunciou ao cargo por outros motivos e a pista do caso se perdeu. O único vestígio do que havia ocorrido foi um lote de vinte e quatro caixas com livros deteriorados que foram lacradas e deixadas em uma área de depósito, aguardando descarte. E lá permaneceram por quase cinco anos.

Ninguém prestou muita atenção nelas até que Martha Uriarte solicitou informações precisas para finalmente decidir o destino final desses livros danificados. Os responsáveis da área técnica se recusaram a fazer o relatório. "Diziam que ninguém podia abrir as caixas porque com o passar do tempo elas haviam sido infestadas por fungos que eram perigosos para a saúde dos trabalhadores", lembrou ela. Enquanto especialista em arquivos que conhece os riscos relacionados ao papel antigo, Martha sabia que isso não era verdade. Então, recorreu aos seus antigos contatos para superar as resistências: conseguiu que um especialista em biologia forense do Necrotério Central de Lima aceitasse fazer testes para determinar se havia risco de contaminação.

No dia do exame, por volta das dez da manhã, um grupo de bibliotecários se reuniu ao redor das caixas, vestidos como se fossem participar de uma autópsia: usando jalecos, luvas de látex, máscaras e óculos de proteção. Ao lado, também protegido, havia um notário. Todos prenderam a respiração quando o perito abriu a primeira caixa com um bisturi. Nada aconteceu. Dentro dela, havia livros antigos intactos cercados por algumas revistas que

---

70. A entrevista foi realizada em 2009, quando o autor estava pesquisando para uma reportagem para o jornal *El Comercio*.

estavam danificadas pela água. O mesmo padrão foi observado nas outras caixas que haviam sido lacradas. O biólogo forense coletou algumas amostras. O notário observou que o conteúdo das caixas não correspondia ao da lista fornecida pelos responsáveis: havia livros faltando e outros que não constavam na relação. Os resultados do laboratório confirmaram as suspeitas de Martha Uriarte: não era verdade que os livros estavam danificados ou perigosamente contaminados. Todos poderiam ser recuperados com o tratamento adequado. Os únicos danos foram causados pela forma como haviam sido embalados e abandonados em um canto.[71] De qualquer forma, nesse conjunto foram encontrados trinta e seis exemplares importantes devido à sua antiguidade ou por pertencerem a coleções especiais da BNP. Quatro desses volumes eram provenientes da coleção do General Justo.

8.

O bibliógrafo estadunidense Max Sander afirmava que, em certas pessoas, os livros podem desencadear tendências devastadoras capazes de levar à perdição. "Estamos diante de uma compulsão mental irresistível e patológica que resultou em mais de um crime suficientemente interessante para ser lembrado", escreveu em um artigo sobre personagens históricos que roubavam livros.[72] Toda biblioteca é um campo de batalha entre as forças do bem e do mal. "Existe a mente criminosa?", questionava em 2006 o arqueólogo peruano Hugo Ludeña, famoso por ter identificado o verdadeiro crânio de Francisco Pizarro encontrado em uma cripta da Catedral de Lima no

---

71. Relatório N° 003-2015-BNP/DT-BNP, de 12 de janeiro de 2015.
72. Sander, 1943, p. 155-161.

final dos anos 1970. Sua investigação revelou uma fraude de cinco séculos. A pergunta abria um ensaio sobre as razões que impulsionavam os ladrões de livros e documentos antigos. De forma irônica, Ludeña sugeria que a gravidade do saqueio de arquivos e bibliotecas do Peru fazia com que pensássemos nos critérios de Cesare Lombroso, o famoso médico e criminólogo do século XIX que concebia o crime como um impulso genético. "Quais motivos uma pessoa poderia ter para passar de conservador a predador? De honesto a desonesto? Os leais podem se tornar traidores? O que acontece na mente de quem decide trair a confiança depositada neles? É possível que aqueles que estão cuidando dos tesouros da Nação sejam aqueles que os roubem? Aqueles em quem o Estado confiou, o defraudam sabendo que estão cometendo um crime? Quais motivos pode haver para que alguém encarregado do cuidado de bens culturais mude seus princípios e se torne um predador?". Essa interpelação antecipou em vários anos os roubos detectados por Ramón Mujica na Biblioteca Nacional, mas estava relacionada com seu patrimônio. Referia-se às duas maiores perdas de documentos na história do Peru: as coleções de Jorge M. Corbacho e Emilio Gutiérrez de Quintanilla.[73]

O caso de Gutiérrez de Quintanilla tornou-se conhecido em meio a um escândalo. No início de agosto de 1940, o jornal *La Nación*, de Buenos Aires, publicou um extenso artigo destacando a compra de pelo menos quatro cartas trocadas pelos Libertadores San Martín e Bolívar antes e depois de seu famoso encontro em Guayaquil, um episódio que inspirou livros e romances históricos. O lote havia sido oferecido um ano antes ao governo argentino, cujas autoridades encarregaram uma comissão de especialistas de avaliá-lo. No relatório dessa

---

73. Ludeña, 2006, pp. 103-133.

comissão, recomendou-se a compra e elogiou-se a participação do embaixador argentino em Lima, "que, no desempenho de seu cargo [...], iniciou as negociações para a proteção dos documentos e seu envio ao país", conforme o artigo.[74] Esse foi o primeiro passo de uma discreta disputa diplomática por esses papéis históricos.

A embaixada peruana logo informou Lima sobre os resultados de suas primeiras investigações sobre o caso. "Embora o nome do vendedor não tenha sido revelado, a partir de certas informações publicadas parece que esses documentos pertencem à coleção de Emilio Gutiérrez de Quintanilla, hoje nas mãos de seus filhos e herdeiros", observou o relatório enviado pelo cônsul ao secretário-geral de Relações Exteriores.[75] O historiador havia falecido quatro anos antes. Nesse ínterim, outras perdas de documentos que acabaram em coleções estrangeiras já haviam ocorrido.[76] A diplomacia peruana estava alerta. "Como, se não me engano, o arquivo do senhor Gutiérrez de Quintanilla é de fato propriedade do Estado, tendo sido adquirido pelo mencionado historiador com dinheiro do Tesouro, permito-me informar que ocorreu a venda de tão interessantes documentos, retirados do Patrimônio Nacional", registrou o cônsul.

Gutiérrez de Quintanilla era um erudito de cabelos brancos, óculos finos e um cavanhaque branco bem cuidado

---

74. *La entrevista de Guayaquil aclárose [sic] con valiosas cartas*, 3 de agosto de 1940.

75. Ofício N° 2-8-A/32 da Secretaria Geral do Ministério das Relações Exteriores ao diretor-geral de Ensino do Ministério da Educação Pública. Lima, 2 de setembro de 1940. Arquivo Central da BNP.

76. Guillermo Lohmann Villena estabeleceu que o historiador norte-americano Frank Linden Crone, que foi diretor-geral de Educação do Peru entre 1922 e 1924, levou de forma irregular para seu país 275 protocolos notariais. O mesmo fez seu colega e compatriota Bertram Tamblyn Lee, que chegou em 1906 e até 1927 já havia vendido valiosas coleções ao comerciante A. S. W. Rosenbach, considerado o livreiro antiquário norte-americano mais importante do século XX. Mais informações em *Francisco Pizarro. Testimonio, documentos oficiales, cartas y escritos varios*.

que evidenciava seu caráter conservador. Contemporâneo de Ricardo Palma, era conhecido por suas ideias firmes sobre a proteção de bens e monumentos históricos. "Ele era um ressuscitado do século XVII", disse Riva Agüero[77] sobre Quintanilla. No início do século, ele havia realizado o primeiro inventário dos museus peruanos. Mais tarde, envolveu-se em disputas públicas em defesa do patrimônio: criticou o explorador americano Hiram Bingham e a Universidade de Yale pela exportação das peças encontradas em Machu Picchu e, posteriormente, envolveu-se em uma longa disputa com o sábio Julio C. Tello sobre a direção e o foco do Museu Nacional.

Tinha a reputação de ser um defensor da história e da arte quando começou a coletar documentos para criar um grande inventário dos arquivos nacionais: desde manuscritos do período colonial até documentos sobre a fundação da República. Esses papéis nunca voltaram aos seus depósitos oficiais. Quando Gutiérrez de Quintanilla faleceu em 1935, ele ainda os mantinha consigo. Quatro anos depois, um de seus filhos secretamente negociou a venda de 6 mil documentos ao embaixador da Argentina, Colombrés Marmol. Trinta desses documentos estavam relacionados à entrevista de Guayaquil, como os mencionados no artigo do *La Nación*. "Infelizmente, o Sr. Colombrés, vítima de um traficante sem escrúpulos, concordou em ajudar a retirar do país a valiosa documentação, propriedade do Estado", escreveria o padre historiador Rubén Vargas Ugarte, que três anos depois, durante uma passagem por Buenos Aires, alertaria sobre a possibilidade de adquirir a Coleção Justo. Parte dos documentos peruanos perdidos foi adquirida justamente pelo general bibliófilo. Entre os itens mais valiosos estava a *Historia del Perú* manuscrita pelo prócer Juan Basilio de Cortegana.

---

77. Ludeña, Hugo, *op. cit.*

Durante esses mesmos anos, o governo peruano tentava recuperar outra coleção igualmente valiosa que estava retida nos Estados Unidos. Tratavam-se dos documentos de Jorge M. Corbacho, um ex-deputado e presidente da Sociedade de Antiquários Peruanos, que afirmava ser neto de um dos fundadores da Independência do Peru. A história de Corbacho era quase romanesca. Uma tarde de maio de 1909, aos 28 anos, ele estava caminhando pelo centro de Lima quando se deparou com uma cena que mudaria sua vida: o exato momento em que o presidente da República, Augusto B. Leguía, estava sendo retirado do Palácio do Governo por uma multidão golpista do Partido Democrata. O presidente foi espancado pelas ruas enquanto recebia ameaças de morte para obrigá-lo a renunciar. Corbacho correu para um quartel do Exército em busca de ajuda. Quando Leguía estava encurralado na antiga Praça da Inquisição (hoje Praça do Congresso), um destacamento de cavalaria chegou para resgatá-lo a tiros. A revelação do motim resultou em cem mortos.

Logo após o incidente, o presidente convocou Corbacho para agradecer por sua ajuda. Era uma oportunidade única que o colecionador de antiguidades não desperdiçaria: naquele dia, ele contou a Leguía a história de seu antepassado herói e, em vez de recompensa, pediu autorização para pesquisar documentos nos arquivos mais importantes do país. Afirmou que pretendia escrever uma história sobre os Libertadores San Martín e Bolívar. O presidente compensou sem hesitação o homem que lhe havia salvo a vida, determinando que lhe fosse concedida uma credencial especial que dava acesso irrestrito a todos os repositórios que ele desejasse. "Assim como outros buscaram tesouros cavando no solo, ele se dedicou à tarefa, única na época no Peru, de reunir papéis antigos", escreveu o historiador Jorge Basadre.[78]

No mesmo ano em que Augusto B. Leguía iniciou seu segundo e mais longo governo – o *Oncenio* – Corbacho montou uma exposição em Nova Iorque, convidado pela Sociedade Hispânica da América. Na época, ele afirmava possuir em sua casa em Lima mais de 300 mil documentos históricos.[79] "É, sem dúvida, a coleção mais extensa e rica de sua classe em mãos privadas que pode ser encontrada nas Américas", afirmou William R. Shepherd, professor de História da Universidade de Columbia, no catálogo da exposição. De acordo com Shepherd, a qualidade dos documentos permitia uma visão única de uma história distante para os estadunidenses, mas que "devido a sua obscuridade, possui todos os elementos de mistério que despertam e mantêm o interesse humano".

Corbacho possuía documentos assinados pelo conquistador Francisco Pizarro, seus sócios e todos os cronistas que registraram a chegada dos espanhóis ao Peru; também de São Toríbio de Mogrovejo, o arcebispo santo, e da princesa inca Beatriz Coya, neta do imperador Huayna Cápac; papéis de Sebastián Benalcázar, o conquistador de Quito; e de Pedro de Valdivia, o fundador do Chile; relatórios sobre a revolução de Túpac Amaru, a proclamação de San Martín após o desembarque do Exército Libertador na costa peruana, o primeiro relatório da Batalha de Ayacucho, e até a famosa carta de Bolívar a seu professor, Simón Rodríguez, na qual ele lembra o juramento que fizeram em uma colina de Roma para libertar a América. "Como o Sr. Corbacho descobriu os esconderijos dos manuscritos que reuniu, é uma história que nos dá uma

---

78. Basadre, 1968-1970, 6 vol.

79. Sheperd, 1919.

visão das pitorescas tradições dos tempos coloniais que ainda sobrevivem em muitas partes do Peru", escreveu Shepherd.

O antiquário peruano havia feito os organizadores da exposição acreditar que muitos desses papéis valiosos vinham de sua família, cuja árvore genealógica remontava ao período vice-real. Ele os convenceu de que havia começado sua tarefa de colecionador desde a adolescência, na idade em que outros meninos se envolviam em passatempos insignificantes. Dessa forma, de acordo com a crença de Shepherd, Corbacho até mesmo comprou documentos de famílias indígenas que os mantiveram de forma quase intuitiva, embora não pudessem nem mesmo lê-los. O texto de apresentação nunca mencionou a circunstância extraordinária que lhe abriu as portas para os tesouros nacionais.

 O novo mandato de Leguía ainda beneficiaria Corbacho e Gutiérrez de Quintanilla, considerados na época defensores do patrimônio: o governante os encarregou de preparar uma obra documental para o centenário da Batalha de Ayacucho. Ambos se lançaram em busca das melhores peças. O material obtido por Corbacho era tão interessante que, em 1926, o Governo o comissionou para exibi-lo em uma exposição itinerante por vários países sul-americanos. Ele nunca trouxe os documentos de volta. Em vez disso, levou-os permanentemente para Nova Iorque, onde viveria por quase vinte anos. Lá, ele frequentava círculos de colecionadores, especialistas e instituições como a Sociedade Antiquária Americana, da qual era membro estrangeiro desde o início dos anos 1920.[80] Com o tempo, ele seria convidado a exibir essas mesmas joias em Washington e em Havana.

 No mesmo ano em que a Biblioteca Nacional sofreu o incêndio que a deixou em ruínas, Corbacho estava preparando uma nova exposição em Nova Iorque, maior do que a

---

80. Proceedings. Annual Meeting of The American Antiquarian Society, 20 de outubro de 1920.

anterior.[81] O lote ocupou 28 vitrines. Nem mesmo a terrível tragédia convenceu o compilador a enviar de volta o valioso arquivo. Corbacho vivia dos documentos. Quando o governo peruano pediu que os devolvesse, o antigo comissionado exigiu que antes pagassem algumas dívidas pessoais que ele havia contraído com indivíduos particulares. Em todos os casos, ele havia deixado parte da coleção como garantia.[82]

Na década de 1940, quando já estava com sessenta anos, Corbacho começou a enfrentar problemas de saúde que preocuparam o consulado peruano. O governo teve que pagar por seu tratamento e até por uma operação em um hospital do Brooklyn. Durante uma das visitas, o cônsul insistiu que era necessário regularizar seus documentos e preparar a devolução do arquivo ao Peru. "Ele diz que voltará a Lima em março do próximo ano, que a coleção está guardada e livre de qualquer risco no armazenamento, e que prefere proceder com a maior tranquilidade em relação à disposição final desses documentos", escreveu o diplomata em uma carta para Jorge Basadre, que estava acompanhando o caso em nome da Biblioteca Nacional.[83] Corbacho retornou para morrer em Lima, mas os documentos nunca voltaram ao Peru. Seu testamento nomeou um único herdeiro, um cidadão peruano que havia sido seu mecenas e lhe havia emprestado dinheiro várias vezes. O governo peruano contratou um escritório de advocacia nos Estados Unidos para reivindicar os documentos, mas não teve sucesso. As crises políticas daquela época diluíram a atenção no caso. Os maiores

---

81. *Documents from The Corbacho Collection on Exhibition in the Low Memorial Library of Columbia University*, lista enviada pelo embaixador Juan Mendoza, do consulado peruano em Nova Iorque a Jorge Basadre, diretor da Biblioteca Nacional. Nova Iorque, 27 de outubro de 1945. Arquivo Central da BNP.

82. Ludeña, Hugo, *op. cit.*

83. Carta do cônsul peruano em Nova Iorque a Jorge Basadre, diretor da Biblioteca Nacional. Nova Iorque, 27 de dezembro de 1945. Arquivo Histórico da BNP.

danos aos arquivos nacionais haviam sido causados por duas pessoas que deveriam protegê-los.

O caso ainda estava pendente quando, em um certo dia de outubro, duas senhoras com sobrenome ligado a livros, espírito prático e ouro nas mãos se apresentaram no escritório de Basadre: as filhas de Ricardo Palma. Elas estavam colocando à venda uma coleção de aquarelas de Pancho Fierro que tinham anotações do bibliotecário mendigo. Pediram meio milhão de soles, cerca de 70 mil dólares naquela época. Basadre não tinha orçamento para comprá-las e temia que as irmãs Augusta e René Palma acabassem oferecendo-as a instituições acadêmicas estadunidenses. "Vamos ter um novo caso como o da Coleção Pérez de Velasco, o dos documentos Gutiérrez de Quintanilla ou o dos papéis de Jorge Corbacho, de passividade inicial para depois chegar à lamentação tardia ou à gestão infrutífera?", escreveu em uma carta urgente ao ministro das Finanças.[84]

O pior drama de um bibliotecário era proteger um patrimônio que, aos olhos do público, valia menos que as pedras: enquanto a perda de livros ou documentos antigos era vista com indiferença, o roubo de artefatos arqueológicos podia paralisar uma sessão no Congresso da República. Jorge Basadre estava tão abalado com outra possível perda que perguntava ao ministro se as leis só protegiam o patrimônio com data anterior a 1532. Ele até lançou uma sugestão que era uma triste ironia: "Seria possível contemplar a possibilidade de uma espécie de expropriação que, sem prejudicar os interesses legítimos das Srtas. Palma, permitisse preservar esse tesouro no Peru?". Sabia que, uma vez fora, seria impossível recuperá-lo.

Seu medo se confirmou quando a chamada Coleção Corbacho foi vendida em um leilão realizado em Nova Iorque

---

84. Carta de Jorge Basadre, diretor da Biblioteca Nacional, a Luis Echecopar García, ministro da Fazenda. Lima, 28 de outubro de 1947. Arquivo Histórico da BNP.

em 1948, apenas cinco anos após o incêndio da Biblioteca Nacional. Parte dela foi adquirida por um colecionador austríaco que morava em Bogotá, e outra por um rico bibliófilo colombiano.[85] A coleção mudaria de mãos pelo menos mais uma vez, até acabar na biblioteca de uma universidade nos Estados Unidos. O mesmo aconteceu com a documentação compilada por Emilio Gutiérrez de Quintanilla, que foi comprada pelo governo argentino. Parte dela voltou ao Peru, de forma surpreendente, entre os livros do general Justo que chegaram à Biblioteca Nacional.

Outra parte foi para o Arquivo Geral do Exército Argentino, onde permaneceu praticamente despercebida, até que no início dos anos 1970 uma equipe de pesquisadores militares e civis desse país, liderados por um coronel, a encontrou enquanto revisava os arquivos da Direção de Estudos Históricos.[86] A equipe publicou três volumes com documentos relacionados às Guerras de Independência. Não se teve mais notícias por quase trinta anos. Em 2006, um livreiro peruano encontrou um grupo dos papéis perdidos na loja de um antiquário em Buenos Aires, contendo algumas das cartas de Bolívar e Sucre que detalhavam as expedições do Exército Libertador no sul do Peru, documentos de Hipólito Unanue e informações sobre a participação da população *criolla* na luta pela Independência. O livreiro peruano só pôde comprar uma parte. Ele lembra que no conjunto que viu havia cerca de 5 mil documentos.

---

85. Lohmann, Guillermo, *op. cit.*
86. Mais informações na *Colección documental Emilio Gutiérrez de Quintanilla: Guerras de la Independencia*, no Catálogo Coletivo da Universidade de Buenos Aires. Pode ser consultado em http://catalogovirtual.bibliotecaep.mil.pe/cgi-bin/koha/opac-detail.pl?biblionumber=5123

9.

Uma manhã, Ramón Mujica recebeu o pintor Fernando de Szyszlo em seu escritório. O homem que convenceu os peruanos de que a beleza não tem forma ia dar uma palestra sobre o nascimento da arte moderna. O bibliotecário detetive aproveitou a oportunidade para mostrar-lhe uma obra-prima. Era uma pintura que retratava uma mulher sentada em um trono de pedra, semelhante ao dos imperadores incas, e cercada por oito mulheres armadas com espadas e lanças. Mujica convidou Szyszlo a examiná-la de perto e, por um momento, fez uma descrição impressionante de seus personagens e dos símbolos que os cercam, explicando que cada mulher representava uma República: Argentina, com uma túnica celeste e branca; Chile, com uma estrela em seu diadema; Peru usando um peitoral e uma coroa imperial; e ao seu lado, a Bolívia aparece furiosa, segurando uma adaga. Do outro lado, vemos o México no chão, atacado por uma águia; a Venezuela observa o ataque de lado e cerra o punho; a Colômbia tem uma concha *spondylus* na cabeça e uma lança na mão, assim como o Equador, que usa um adorno com o signo de Libra do Zodíaco. A figura central, que já foi confundida com o deus Apolo, é na verdade a América, a mãe indígena entronizada. Nos extremos, com expressões de mistério, aparecem Bolívar e San Martín.[87] Enquanto explicava esses detalhes, Mujica adotava o tom de alguém que interpreta um hieróglifo.

"É um quadro de Francisco Laso", disse o bibliotecário a seu convidado. Tratava-se de uma obra pouco estudada de um dos pintores mais importantes do período republicano. Szyszlo ficou encantado com a peça, então Mujica lhe contou como ela chegou: o quadro foi entregue em custódia à BNP pela família proprietária há mais de meio século, e permaneceu por muitos

---

87. Mujica, 2016.

anos no antigo escritório da direção, no prédio do centro de Lima. Ele disse que o encontrou lá desde os primeiros dias de sua gestão e que tinha a ideia de colocá-lo em um lugar mais visível para o público, até que as coisas se precipitaram: um dia, informaram-lhe que alguns trabalhadores haviam perfurado acidentalmente a tela enquanto realizavam trabalhos de rotina.

Diante de tal desastre, teve que tomar medidas urgentes: mandou restaurar o quadro em um dos museus mais importantes de Lima e, em seguida, o pendurou em seu escritório na sede moderna. Em nenhum outro lugar teria melhores condições de segurança, observou. Szyszlo concordou que tinha sido a melhor decisão.

A conversa transformou-se no relato de uma obsessão. Mujica contou que queria demonstrar as ideias que Laso havia escondido nos detalhes da imagem. A pintura havia sido uma encomenda que adornaria o Salão de Sessões do Segundo Congresso Americano, reunido em Lima em novembro de 1864. Nessa assembleia, convocada pelo governo peruano, as novas Repúblicas latino-americanas deveriam discutir a conveniência de uma aliança defensiva contra as recentes incursões das potências europeias da época. Pouco antes da cúpula, o governo espanhol havia enviado uma poderosa esquadra que, sob o pretexto de uma comissão científica para estudar a região, acabou ocupando as ilhas Chincha, em frente à cidade de Pisco. A águia que ataca o México na pintura, explicou Mujica, era o símbolo imperial das tropas napoleônicas que naqueles dias invadiam o país de Benito Juárez.

A reunião em Lima ocorreu em um clima de perigo iminente para a Independência conquistada há apenas meio século. O quadro que serviu como pano de fundo era ao mesmo tempo uma obra de arte e um poderoso emblema de identidade. Agora que o guardava em seu escritório, o bibliotecário havia chegado à conclusão de que a imagem das mulheres guerreiras ao redor de um trono inca também era um "programa político": apresentava a Pátria como uma nova ordem de Repúblicas mães erguidas com o grande suporte da cultura andina.

Szyszlo ia mencionar a influência da cerâmica pré-colombiana em Gauguin, mas naquele momento trouxe uma lembrança mais pessoal: o imaginário andino era um tema central das preocupações que, por volta dos anos 1950, o levaram a participar da fundação do Instituto de Arte Contemporânea (IAC), uma organização cultural emblemática de Lima que reuniu os intelectuais e criadores mais importantes de sua época. "Antes de você nascer, o IAC já existia", disse o pintor ao bibliotecário em um tom familiar: o instituto havia sido promovido pelo escritor e filantropo Manuel Mujica Gallo, o pai de Ramón Mujica, e por um tempo funcionou em sua antiga mansão no centro de Lima. Os fundadores do IAC pretendiam estudar e difundir a arte peruana de todas as épocas com um olhar cosmopolita: promoviam a ideia de que as relíquias pré-colombianas deveriam ser valorizadas por suas conquistas estéticas, à margem de sua importância arqueológica.

Naquela época, Mujica Gallo também transmitiria sua admiração pela arte do antigo Peru a Pablo Picasso. "Meu pai enviou uma coruja Mochica[88] como presente para ele, e ele copiou e enviou sua versão", comentou o bibliotecário. Sobre a mesa havia algumas fotos dos cerâmicos reinventados por Picasso: o gênio espanhol usou elementos pré-colombianos peruanos para buscar a beleza universal. Agora, Mujica pretendia demonstrar como um pintor peruano havia utilizado a cultura dos artesãos andinos como fonte de um vocabulário político americano.

Minutos após essa conversa, o bibliotecário apresentou a conferência de Szyszlo com uma frase que poderia ser um

---

88. Os Mochica foram uma civilização que habitou a costa Norte do atual território peruano aproximadamente de 100 a 700 d.C. [N. do E.]

enigma: "A vida do pintor nada mais é do que a busca pela obra-prima, que nunca é alcançada, pois na realidade está fragmentada em todas as suas obras". Nesse momento, ele já sabia que um estudo de arte poderia se transformar em uma investigação de roubo.

A pista havia surgido enquanto ele estudava o quadro de Laso pendurado em seu escritório. O novo informante era um jovem historiador de arte chamado Fernando Villegas, que Mujica havia incorporado à BNP alguns meses antes para promover o estudo e a recuperação de acervos antigos. Villegas, de voz amigável e modos respeitosos, tinha o perfil ideal: era um meticuloso pesquisador de dados sobre autores quase esquecidos e havia acabado de retornar de um doutorado na Espanha, onde havia avançado em um estudo acadêmico sobre as conexões entre política e arte popular.[89] Sua especialidade era o costumbrismo, a arte que retrata personagens comuns, que estava em ascensão na época de Francisco Laso.

Quando soube do quadro, Villegas ficou empolgado: na Biblioteca Nacional de Madri, havia ficado fascinado pela Sala Goya – especializada em gravuras, fotos e mapas antigos – e sugeriu que a BNP também pudesse ter uma sala dedicada a um dos artistas peruanos fundamentais. Seria a Sala Laso. Mujica pediu que ele revisasse os arquivos para começar uma exposição. Um dos acervos que ele deveria verificar era a Coleção Justo.

Villegas começou a visitar os repositórios com a orientação de uma especialista em patrimônio artístico. Não demorou a identificar problemas. Muitas peças estavam mal registradas: faltavam informações importantes sobre o autor, estilo, técnica utilizada ou numeração das cópias em série. Revisar uma coleção sem registros é como tentar se orientar em ruas sem nome. Nas prateleiras, gravuras originais começaram a

---

89. Villegas, 2013.

aparecer misturadas com recortes de revistas. O historiador percebeu que algo grave estava acontecendo. Em um desses dias, a especialista pegou uma pasta de capa dura que continha gravuras litográficas provenientes da maravilhosa coleção do general argentino. Quando abriram a pasta, quase todas as folhas estavam cortadas. "Supostamente, a pasta deveria conter trinta gravuras costumbristas", disse-me Villegas pouco depois. "Restou apenas uma". No verso, a gravura sobrevivente tinha um selo e a numeração com a qual foi registrada. Era a última de sua série. "Eles nem se deram ao trabalho de cortá-la com cuidado", contou o jovem doutor em História da Arte. Quando perguntou o que havia acontecido, disseram-lhe que a Coleção Justo havia sido uma das mais depredadas.[90]

Na época, não era possível saber quem havia roubado essas obras, mas a descoberta aumentou as tensões dentro da Biblioteca. Villegas logo começou a se sentir desconfortável. Mujica o havia nomeado para um cargo de confiança na direção-geral do Centro de Pesquisa e Desenvolvimento Biblioteconômico da BNP, uma área sensível relacionada diretamente com as coleções especiais. O bibliotecário pediu a ele para trabalhar com o olhar de um acadêmico e a perspectiva de um guardião. Quase imediatamente, ele já tinha vários projetos, mas os próprios funcionários sob sua supervisão começaram a criar obstáculos desde o início: sua secretária pedia licença médica e ninguém assumia suas tarefas pendentes, atrasavam a execução de suas instruções.

As funcionárias mais antigas, experientes nos meandros da administração pública, disseram a ele – primeiro amigavelmente e depois de maneira obsessiva – que seu trabalho era estudar os livros como objetos e não por seu conteúdo, e que se ele continuasse se intrometendo para investigar os materiais

---

90. Entrevista pessoal com Fernando Villegas.

no cofre, poderia se meter em problemas por suposta usurpação de funções. "Diziam que eu podia acabar na prisão", contou o jovem pesquisador. Sua resposta foi que as coleções deveriam ser estudadas com uma abordagem acadêmica e não apenas técnica: para entender o valor de um livro histórico sobre arte, era necessário consultar um especialista em arte e não apenas um bibliotecário. Esse argumento lhe deu um respiro, mas em breve Mujica descobriria que "estavam armando" para ele: inundaram-no de regulamentos que supostamente impediam suas investigações sob ameaça de severas consequências.

Villegas percebeu que havia algo mais profundo acontecendo em um dia em que voltou de uma imponente exposição de livros antigos que Mujica havia acabado de apresentar na galeria da Biblioteca. Eram peças únicas. Ele mencionou isso a uma de suas funcionárias, uma especialista em patrimônio bibliográfico. Ela respondeu que não tinha a menor intenção de sequer dar uma olhada na exposição porque discordava completamente da gestão do bibliotecário detetive. Ela disse isso em um tom irreconciliável. Foi um divisor de águas. A partir desse momento, Villegas começou a tomar cuidado para não revelar detalhes específicos de seus projetos ou qualquer assunto sensível a ela. Logo percebeu que sua própria equipe estava mais inclinada a trabalhar com ela e a formar um círculo de lealdades. Não era apenas uma impressão.

A funcionária tinha mais de vinte anos de experiência na Biblioteca, passara por diversos cargos e fazia parte de um dos sindicatos mais influentes. E também era uma das pessoas investigadas pelo roubo frustrado dos manuscritos do Arquivo Presidencial Cáceres.[91] Uma comissão interna a considerou negligente por não haver tomado as medidas necessárias para proteger esses documentos históricos e, o que era mais grave,

---

91. Relatório da Comissão Especial de Processos Administrativos Disciplinares N° 002-2011-BNP-CEPAD (F-5).

por ter colaborado com a tentativa de encobrir os fatos. O relatório da investigação administrativa recomendou suspender sua remuneração por três meses. Ao retornar, Mujica a transferiu para outra função enquanto durasse a investigação criminal. Foi lá que Fernando Villegas a encontrou quando foi nomeado diretor da área. Era uma medida devastadora contra alguém que, até alguns dias antes da chegada do especialista em anjos, ocupava a posição máxima na Biblioteca. Chamava-se Nancy Herrera, nome que inspirava medo em várias áreas e suspeitas em outros grupos de trabalhadores.[92]

Villegas tentou continuar suas investigações confiando no apoio do Diretor Nacional. Ele até se animou a participar como palestrante no mesmo seminário onde Fernando de Szyszlo daria sua palestra sobre arte moderna. Nesse ponto, Villegas não tinha nem meio ano de trabalho, mas o assédio havia se tornado insustentável. Um mês após a visita de Szyszlo, sobrecarregado por essa névoa que intoxica os bem-intencionados nos escritórios públicos, o jovem doutor em história da arte renunciou.

---

92. A percepção interna sobre Herrera foi coletada em entrevistas com trabalhadores e funcionários da época que pediram para manter seus nomes em sigilo, mas cujos depoimentos gravados em áudio estão arquivados com o autor. Mais informações no artigo *Biblioteca está en crisis desde Fujimori*, do jornal *La Primera*.

III

A primeira prova dos roubos surgiu muito antes de Ramón Mujica chegar à Biblioteca Nacional. Em janeiro de 2009, o jornal *El Comercio*, o maior e mais antigo do Peru, publicou na capa a foto de quatro livros antigos que haviam sido vendidos a um colecionador. Todos pertenciam às coleções guardadas no cofre. O comprador havia rejeitado esses exemplares numa primeira oportunidade, mas semanas depois soube que eles continuavam circulando no mercado clandestino e decidiu adquiri-los com a ideia de devolver. Imediatamente entregou ao jornal as evidências com a condição de que seu anonimato fosse respeitado e que os exemplares fossem restituídos ao lugar de onde nunca deveriam ter saído.

Um dos mais valiosos se intitulava *Instrucción de confessores, y penitentes, desengaño universal que con toda claridad manifiesta el seguro camino del cielo*. Era um manual para sacerdotes sobre o ato de contrição, escrito por Daniel Concina, um famoso teólogo italiano do século XVIII. Apenas três anos antes do caso se tornar público, esse mesmo título tinha sido declarado Patrimônio Bibliográfico da Nação, ou seja, um artefato tão valioso quanto aqueles guardados em um museu ou na caixa-forte de um banco. No grupo também havia um livro de memórias escrito por um soldado do imperador Maximiliano do México, publicado em 1869, e um tratado sobre as monarquias europeias de 1769.

A evidência de que eram roubados residia no fato de que os três exemplares apresentavam descolorações ou manchas nas páginas onde estavam os selos originais. Mas a prova flagrante do roubo, algo que nunca havia sido visto antes, estava em uma edição luxuosa do *Papiri Massoni Analium*, um anuário publicado em 1578 pelo eminente historiador e jurista francês Jean Papire Masson. Na última página desse exemplar podia-se ver uma etiqueta branca com o código de barras da BNP. Os traficantes nem se deram ao trabalho de retirá-la para vender o volume. O colecionador que havia recuperado esses livros era um empresário jovem, sério e muito culto. Estava indignado com os roubos. "O que vi, gostaria de não ter visto", ele me disse uma manhã em uma cafeteria de Barranco, um antigo bairro de poetas. Naquele dia, ele concordou em falar pessoalmente sobre o assunto pela primeira e única vez. Disse que sabia, como muitos outros, sobre o tráfico na Biblioteca Nacional, mas nunca teve como provar até que esses livros chegaram às suas mãos. Até mesmo outros livros lhe foram oferecidos, como um raro tratado sobre o manuseio de armas publicado em Lima em 1712, que ninguém sabia que estava perdido.[93] "Eu não quero recuperar meu dinheiro. Só peço que você investigue", disse o salvador desses tesouros. Ele enfatizou a importância do detalhe da etiqueta com o código de barras: significava que finalmente poderia ser estabelecida uma linha do tempo para rastrear os ladrões.

Até aquele momento, qualquer denúncia ou suspeita sobre um exemplar em falta acabava afundando em um pântano de datas imprecisas. Os bibliotecários diziam que as perdas vinham de muito tempo atrás e que estabelecer o momento exato de cada uma era quase impossível. Nas coleções das áreas especializadas, havia listas de livros não localizados que remontavam aos anos 1970.[94] Este caso derrubava qualquer argumento semelhante: o código de barras do *Papiri Massoni*

---

93. Tratava-se de *Ilustración de la destreza indiana*, de Francisco Santos de la Paz. O exemplar só seria relatado como roubada anos depois, no inventário de 2011.

94. Antes da administração de Ramón Mujica, os documentos oficiais usavam a expressão "não localizados" para se referir a materiais perdidos ou roubados.

Analium correspondia ao que foi colocado em todos os livros que foram transferidos do antigo para o novo local na mudança de 2006. Já naquela época, havia especulações de que algumas peças não haviam chegado à Biblioteca Nacional, embora não houvesse evidências sólidas. A informação oficial era que a transferência tinha sido feita de forma impecável, em caminhões especiais e com escolta policial. A pessoa encarregada da área que executou a operação foi Nancy Herrera.

Herrera, uma mulher de cerca de cinquenta anos, cabelos cacheados e expressão suspeita, também foi a primeira funcionária a receber a informação dos quatro livros roubados em 2009. Na época, ela era a diretora-executiva da Direção de Patrimônio Documental Bibliográfico (DPDB), responsável pelas coleções mais importantes. Uma manhã, em seu escritório no edifício moderno, mostrei-lhe as fotos dos exemplares com os detalhes das manchas e o código de barras. Herrera ficou surpresa. Imediatamente, chamou sua equipe, colocou as fotos em uma mesa de trabalho, repetiu os detalhes do caso e os enviou para verificar o cofre a fim de confirmar a informação.

Houve uma agitação de pessoas em uniformes que entraram e saíram das salas do primeiro andar do edifício moderno. Poucos minutos depois, uma especialista voltou com a notícia de que, de fato, um dos exemplares tinha desaparecido e o outro não podia ser encontrado.[95] Dois dias depois, o administrador da Biblioteca Nacional apresentou uma denúncia na delegacia pelo roubo desses livros. No documento, confirmava-se que a responsável pelos depósitos era Nancy Herrera.

O escândalo estourou na segunda-feira. Junto à foto das obras roubadas na capa do jornal, dizia-se: "Tesouros da Biblioteca Nacional à venda no mercado negro". A publicação

---

95. Os detalhes dessa reunião estão registrados no Relatório Nº 0028-2009-BNP/CSBE-DPDB, enviado por Nancy Herrera, diretora-executiva da DPDB, a Eduardo Caparó, diretor-geral do CSBE, em 23 de janeiro de 2009.

provocou uma agitação interna: a administração da BNP não esperou nem dois dias e apresentou uma segunda denúncia pelos mesmos fatos, desta vez ao Ministério Público; com poucas horas de diferença, o Escritório de Auditoria Interna recomendou oficialmente que fosse apresentada uma terceira denúncia à Direção Nacional de Investigação Criminal do Ministério do Interior, uma divisão especializada no combate ao crime organizado.[96] Pela primeira vez em muitos anos, os principais órgãos de controle do Estado estavam de olho na antiga Biblioteca.

Nas semanas seguintes, os cofres foram revisados de forma mais minuciosa. A historiadora Nelly Bobbio, membra do mesmo sindicato de Herrera, ficou encarregada dessa tarefa. Bobbio e uma equipe de técnicos compararam os registros de localização exata das coleções, os cadernos de serviço aos usuários, os registros de empréstimos para outras áreas da Biblioteca e todas as estantes, prateleira por prateleira. Apenas a primeira parte desse trabalho levou cerca de seis semanas. Bobbio apresentou então um breve relatório de duas páginas com uma descoberta mais grave: de acordo com essa análise preliminar, as obras em falta nas coleções especiais não eram apenas quatro, mas trinta. No entanto, em vez de listar os títulos, a historiadora apresentou uma lista de códigos de barras.[97] Parecia uma lista de produtos de uma loja de ferragens, nada que chamasse a atenção de um leitor desatento. Ainda não se sabia, mas esse documento era a primeira peça de uma operação interna para encobrir os acontecimentos.

---

96. Ofício N° 031-2009-BNP/OAI de Merici Huertas Navarro, diretora do Escritório de Auditoria Interna, para Hugo Neira, diretor nacional da BNP, de 28 de janeiro de 2009.

97. Relatório S/N de Nelly Bobbio Labarthe, historiadora I, para Nancy Herrera C., diretora-executiva de Patrimônio Documental Bibliográfico, de 2 de março de 2009.

A segunda peça, mais específica, saiu no mesmo dia do escritório de Nancy Herrera: era um relatório para seu superior, no qual pedia que todos os detalhes do caso fossem considerados "informação classificada".[98] Herrera argumentou que todos os funcionários da Biblioteca Nacional deveriam ser obrigados a manter silêncio, sob pena de serem denunciados por violação do sigilo profissional, uma acusação passível de uma pena de até dois anos de prisão. O documento foi encaminhado para várias instâncias da BNP. O último funcionário a recebê-lo foi o próprio diretor nacional da época, o historiador Hugo Neira, um acadêmico conhecido por seu temperamento.[99] A terceira peça da operação de ocultação chegou diretamente a Neira duas semanas após o primeiro aviso: a pessoa encarregada da área jurídica, que havia assumido o cargo há pouco mais de um mês, orientou-o a não seguir as recomendações da auditoria interna e não informar o Ministério do Interior.[100] O diretor Neira acatou todas as solicitações.

A estratégia de controle de danos funcionou, pois ninguém na Biblioteca investigou mais a fundo e não houve punição, processo administrativo ou legal contra os envolvidos.[101] A polícia também não aprofundou as investigações e o

---

98. Relatório Nº 108-2009-BNP/CSBE/DPDB de Nancy Herrera C., diretora-executiva de Patrimônio Documental Bibliográfico, para a Direção-Geral do CSBE, datado de 2 de março de 2009.

99. Relatório Nº 021-2009-BNP/DT-BNP de Ruth Alejos Aranda, diretora técnica, para Hugo Neira, diretor nacional da BNP, datado de 11 de março de 2009. O documento foi revisado por Neira com seu selo pessoal e a anotação: "Ok".

100. Relatório Nº 064-2009-BNP/OAL de Martha Blondet Cepero, diretora-geral do Escritório de Assessoria Jurídica, para Hugo Neira, diretor nacional da BNP, datado de 16 de março de 2009.

101. O Relatório Nº 043-2012-BNP/CSBE de Ana Cecilia Carrillo, diretora-executiva do CSBE, para Silvana Salazar, diretora técnica, indica que, de acordo com o relatório do Departamento de Recursos Humanos, os funcionários envolvidos foram Nelly Bobbio, Nancy Herrera, Ruth Alejos e Rosa Dorival.

Ministério Público arquivou rapidamente a denúncia do roubo do primeiro grupo de livros.

O caso dos outros trinta exemplares desaparecidos foi esquecido por quase dois anos, até que se descobriu uma nova tentativa de roubo, desta vez de um arquivo presidencial, no mesmo dia em que o nome de Ramón Mujica foi publicado como diretor da Biblioteca Nacional. No meio das investigações internas e do inventário para determinar o número real de perdas, seus funcionários encontraram os relatórios de Bobbio e Herrera perdidos entre a volumosa documentação herdada da administração anterior.[102]

Mujica pediu um relatório com a versão decifrada dessa lista aparentemente insignificante. Então se soube que os códigos correspondiam a três títulos do século XVI, treze do século XVII e mais treze do século XVIII. Nesse grupo estava *Problemi naturali e morali de Hieronimo Garimberto...* (1550), *El Testamento Nuevo de Nuestro Señor Jesu Christo* (1596) e *Rosa Limensis* (1711), o livro que alguns anos antes havia servido para que Mujica realizasse o estudo acadêmico mais completo feito até agora sobre Santa Rosa de Lima.

2.

O erudito e bibliófilo argentino Alberto Manguel escreveu que, se reuníssemos todos os livros roubados, perdidos, queimados, mutilados ou censurados ao longo da história, poderíamos formar uma grande biblioteca fantasma. Seria uma coleção infinita, cujos exemplares teriam uma existência mais notável e duradoura exatamente por terem sofrido um atentado. "É possível que já ninguém possa consultá-los, é possível que só

---

102. Relatório N° 052-2011-BNP/DT-BNP de Silvana Salazar, diretora técnica, para Ramón Mujica, diretor nacional da BNP, datado de 21 de julho de 2011.

> ...se reuníssemos todos os livros roubados, perdidos, queimados, mutilados ou censurados ao longo da história, poderíamos formar uma grande biblioteca fantasma.

existam na memória imprecisa de um leitor ou na memória ainda mais imprecisa da tradição e da lenda, mas terão adquirido uma espécie de imortalidade", disse Manguel em um famoso ensaio sobre a paixão por colecionar livros. Essa biblioteca fantasma existe no Peru. É uma coleção de títulos desaparecidos em uma espécie de maldição bíblica que inclui pilhagens, roubos e catástrofes.

A evidência mais clara apareceu numa manhã durante a investigação sobre o suposto saqueio da Coleção Justo, quando o ambiente da Biblioteca estava agitado. Um grupo de trabalhadores apareceu de repente no escritório de Ramón Mujica com um exemplar recém-encontrado. Era um volume antigo, do tamanho de uma mesa de cabeceira e roído pelas traças. Não tinha etiqueta nem identificação alguma. Teria passado despercebido como um dos cadernos de contabilidade que geralmente ficam nos escritórios abandonados, se não fosse pelo fato de que, ao abri-lo, os bibliotecários encontraram páginas cheias de listas de livros em uma caligrafia antiga e bela. Estava organizado por temas: Tecnologia e Belas Artes, Geografia e Viagens, História Geral, Manuscritos, Jurisprudência, Linguística, Eclesiásticos, Variedades. O detalhe revelador estava na inscrição que ocupava toda a primeira página: *Biblioteca Nacional. Catálogo del Salón Europa. Lima, 1891.*

Enquanto Mujica examinava a descoberta, um dos funcionários presentes deduziu que, pela data e pelo estilo de escrita, as anotações deviam ser de Ricardo Palma. Era o inventário de uma das principais seções da antiga sede. Daquela instalação, agora restam apenas fotos que mostram um espaço com tetos altos e paredes cobertas de estantes de madeira escura, com a atmosfera dramática de uma fortaleza do conhecimento. Tudo isso foi consumido pelo incêndio que destruiu a Biblioteca em 1943.

"Isso poderia ter se perdido e ninguém teria percebido", disse Mujica, com uma mistura de incredulidade e indignação. A desorganização era uma das desculpas dos ladrões. A administração de Mujica descobriu que seus predecessores enfrentaram o mesmo problema: uma resistência obstinada de certos grupos de trabalhadores em fazer um inventário completo, enquanto as peças mais valiosas continuavam desaparecendo. Era como se os funcionários de um banco se recusassem a manter um registro do que estava guardado na caixa-forte. Cedo ou tarde, essas lacunas se tornavam buracos negros que impediam saber quantas cópias existiam de uma edição valiosa ou seguir o último rasto de uma peça perdida.

Uma das últimas inspeções ao cofre, realizada cinco anos antes da gestão de Mujica, revelou que as coleções mais valiosas estavam expostas a vários riscos: arquivos históricos misturados, peças não identificadas e até coleções divididas que tinham sido deixadas fora do cofre sem explicação. A especialista encarregada do relatório recomendou resolver essas falhas para evitar "os riscos de perda, destruição ou roubo de documentos".[103] Os responsáveis nunca seguiram essas recomendações. Se a falta de informação tinha servido para ocultar as perdas, a aparição do catálogo do Salão Europa poderia trazer novas e inesperadas pistas para investigar os roubos.

Durante vários minutos, o bibliotecário detetive examinou o livro como se fosse um catálogo de evidências. Ele tentou reconhecer de memória algum título que teria usado em seus dias como investigador, mas não teve sucesso. No entanto, a curiosidade foi despertada em uma das funcionárias que o acompanhavam: Martha Uriarte, a arquivista que o ajudou a

---

103. Relatório sem número da historiadora Sonia Herrera Morán para Irma López de Castilla, diretora do Centro de Serviços Bibliotecários Especializados (CSBE), datado de 12 de maio de 2005. Documento anexado ao Ofício N° 005-2011-BNP/CSBE, datado de 17 de outubro de 2011.

detectar outros casos de livros e documentos desaparecidos. Uriarte havia passado meses em um minucioso processo para organizar o Arquivo Central da Biblioteca. Nessa tarefa, ela revisou desde a correspondência oficial dos antigos diretores até as faturas de compra ou os documentos de doação dos exemplares valiosos que chegaram em diferentes épocas. Enquanto outros viam papéis amarelados, ela descobria fantasmas do passado: casos de roubo de que ninguém se lembrava, denúncias de má administração em várias áreas e questões financeiras nunca esclarecidas. O monte de arquivos que ela examinava estava se transformando em uma mina de histórias. No dia em que encontraram o catálogo do Salão Europa, Uriarte saiu da reunião com Mujica certa de que poderia encontrar mais detalhes no labirinto de papéis que estava começando a classificar. O ponto de partida estava em uma pasta que ela vinha organizando ao longo dos anos e que continha um documento quase esquecido: o relatório alternativo sobre as causas do incêndio na BNP.

Entre os episódios sombrios herdados do século XX – incluindo o famoso assassinato de um milionário e o mito da página roubada de um contrato prejudicial para o país –, este era o mais confuso, um mistério que persistira por setenta anos. Como ocorreu o incêndio que destruiu a Biblioteca Nacional? Foi um acidente ou foi provocado para esconder algo? Por que não houve responsáveis? Quem se beneficiou com o desastre? Houve acusações, uma investigação judicial, vários suspeitos e até uma teoria da conspiração: a versão de que o Presidente da República havia ordenado incendiar o antigo prédio para eliminar documentos históricos que comprometiam seu pai, que também fora presidente durante a Guerra do Pacífico. A tese conspiratória não durou tanto quanto a suspeita sobre o diretor da época, o historiador e bibliógrafo Carlos Romero.

Chegou a ser dito que havia sido uma manobra para ocultar um grande roubo de livros. Romero era então um venerável octogenário que passara mais da metade de sua vida na Biblioteca Nacional. Tinha a aura de quem lutou jovem na Guerra do Pacífico e de quem foi assistente de Ricardo Palma na tarefa de reconstruir a biblioteca após a libertação de Lima. O fato de ele estar envolvido em um crime cultural dessa magnitude era difícil de imaginar. Uma primeira comissão de investigação determinou que o incêndio não poderia ter sido acidental, embora não tenha conseguido identificar responsáveis diretos. Um tribunal decidiu que não havia elementos para um julgamento e deu o caso por encerrado quase três anos depois. Romero foi absolvido e optou por manter-se em silêncio. O problema é que muitos detalhes circunstanciais o faziam parecer culpado.

O documento guardado por Martha Uriarte oferecia uma segunda versão dos eventos. O encarregado de liderar essa nova comissão de investigação foi Ezequiel F. Muñoz, um eminente ex-promotor da Suprema Corte, a quem Jorge Basadre confiou a tarefa de investigar não apenas as causas do incêndio, mas também os roubos de livros. A Comissão Muñoz enfrentou vários obstáculos, especialmente devido "às evasivas de muitos funcionários da biblioteca e de outros depoentes aos nossos interrogatórios". Apesar desses obstáculos, o ex-promotor e seus dois colegas conseguiram reconstruir a sequência dos eventos.

No domingo, 9 de maio de 1943, o diretor Romero passou toda a manhã na Biblioteca, onde recebeu várias visitas, como era de costume, e saiu por volta da uma da tarde. À mesma hora, o porteiro José Jara também saiu, mas deveria retornar mais tarde, pois também era o guarda noturno. Jara voltou por volta das quatro da tarde e permaneceu fazendo a limpeza das instalações até às nove da noite. Nesse momento, ele desligou as luzes, desligou a chave geral da eletricidade, trancou a caixa de controles e, embora devesse ir para o quarto onde dormia, saiu novamente.

    Por volta das duas da manhã de segunda-feira, o agente Valeriano Grados, um membro da Guarda Civil que fazia ronda na área, notou uma fumaça saindo do prédio. Ele soou o alarme com seu apito regulamentar e pouco depois recebeu reforços para forçar a entrada. Quando a porta cedeu, o grupo foi atingido por uma onda de calor. "Todo o lado direito da Biblioteca estava totalmente em chamas", diz o relatório com base nos depoimentos dos agentes.[104] Quando tentaram abrir as bombas de água, descobriram que não estavam funcionando. Os bombeiros que chegaram minutos depois também não conseguiram controlar a situação: o fogo "já tinha consumido, quando eles chegaram, o Salão Europa e o América, e vinha – repetimos – devastando de dentro para fora", diz o relatório.

    Diante do desespero de socorristas e testemunhas, o incêndio derrubou estantes, tetos, paredes e seções inteiras do prédio. Em certo momento, o fogo se reacendeu e acabou consumindo a sala de leitura e um depósito onde eram guardados jornais de províncias. Também houve danos parciais na principal sala de jornais, no depósito de duplicatas, na sala de revistas, no vestíbulo e no antigo escritório do diretor. Nas horas seguintes, o local se transformou em um monte de cinzas e destroços. "Nunca em minha vida havia visto um espetáculo tão impressionante", escreveu Basadre, que visitou o local dias após a tragédia. "Dava a impressão de um lugar bombardeado", observou. A metáfora de guerra não era gratuita: no momento do incêndio, o mundo estava há quatro anos na Segunda Guerra

---

104. Relatório da Comissão de Investigação das Responsabilidades Administrativas pelo Incêndio da Biblioteca Nacional, designada pela Resolução Suprema N° 2888, de agosto de 1945. Assinado por Ezequiel F. Muñoz, José Vila y Acuña e Anselmo Barreto Corbacho. Arquivo Histórico da BNP.

Mundial. Um jornalista chegou a dizer que a cena lembrava a invasão nazista da Holanda, Luxemburgo e Bélgica.[105] De repente, o horror da devastação havia saído dos jornais para as ruas do centro de Lima.

Carlos Romero afirmou desde o início que a causa do desastre tinha sido um curto-circuito. O bibliotecário idoso argumentou que todas as instalações elétricas do edifício estavam em mau estado e que a faísca fatal poderia até mesmo ter saído de uma lâmpada danificada que estava na escrivaninha do subdiretor. A Comissão Muñoz rejeitou seus argumentos. De acordo com os depoimentos dos peritos que examinaram a cena, a tese do curto-circuito foi descartada porque a caixa de controles elétricos estava intacta. Além disso, os bombeiros observaram que um curto-circuito não poderia ter causado um incêndio tão rapidamente como ocorreu. Pelo contrário, "a intensidade e proporções do sinistro sugerem que o fogo teve origem em vários focos simultâneos".

Assim, a investigação passou a se concentrar nas medidas de segurança que Romero deveria ter tomado para proteger o edifício contra qualquer eventualidade, especialmente a guarda noturna a cargo do porteiro. Por que Jara não havia dado o alarme quando o fogo começou? Por que ele saiu naquela noite e a que horas retornou ao seu quarto? "[...] Ficou completamente estabelecido que ele não dormia lá e que ninguém mais o fazia", afirma o relatório. Quando questionado sobre esse assunto, Romero, que já havia deixado o cargo devido à pressão do caso, caiu em contradição: primeiro disse que ficou surpreso por não encontrar o porteiro em seu posto na hora em que o incêndio começou, o que teria permitido controlar os estragos; depois, admitiu que havia dado permissão a Jara para viver fora

---

105. Uma revisão do episódio e suas consequências pode ser encontrada em *From the Ashes of History: Loss and Recovery of Archives and Libraries in Modern Latin America*, de Carlos Aguirre e Javier Villa Flores.

do local há anos. Outras testemunhas confirmaram que Jara não morava no prédio que estava encarregado de cuidar e que o diretor sabia disso perfeitamente.

O cruzamento de versões já era suficiente para levantar suspeitas. Quando a Comissão Muñoz pediu que ambos entregassem as chaves da Biblioteca para avaliar a segurança das fechaduras, suas respostas foram estranhas e complicaram ainda mais sua situação: "tanto o ex-diretor, o Sr. Romero, quanto o porteiro Jara, se recusaram a mostrar as chaves, alegando o primeiro, com pouco respeito pela Comissão, que as jogou no mar após o incêndio; e o segundo, que as havia dado a um amigo ferreiro".

Sete meses após o início das investigações, em março de 1946, a comissão emitiu um explosivo parecer que estabelecia pelo menos "a responsabilidade por omissão ou responsabilidade culposa" de Romero e outros funcionários. Apesar dessas descobertas, inicialmente os resultados foram ignorados pelas autoridades do Ministério da Educação. A negligência provocou um protesto público indignado de Jorge Basadre: "o falecido, cremado em 10 de maio de 1943, já tinha uma mortalha de papel com selos oficiais", escreveu no jornal *La Prensa*. A crítica do bibliotecário historiador pareceu repentinamente abrir o sempre obscuro caminho da verdade: o assunto foi discutido no Congresso da República, e o debate terminou com um acordo unânime do Senado para exigir uma nova investigação judicial que incluísse as evidências coletadas pela Comissão Muñoz. O Procurador-Geral da República, José Manuel Calle, revisou as evidências e ficou convencido da tese do incêndio intencional.

Calle comentou várias vezes com Basadre sobre a solidez das provas que havia analisado e planejava apresentá-las em uma audiência pública perante a Suprema Corte. Seria um grande ato de acusação como nunca antes visto. No entanto, ele nunca teve a chance de fazê-lo. "Calle morreu subitamente e seu sucessor no cargo não mais se interessou pela Biblioteca Nacional", lamentou o bibliotecário historiador em suas memórias. O caso se perdeu na crise política da época e nas vozes que pediam publicamente para esquecer um assunto que envergonhava o país. Foi o fim das investigações, mas não dos rumores. O próprio Romero se encarregou de avivá-los quando, naquela época, um repórter o visitou em sua casa no centro de Lima. No meio da entrevista, o velho bibliotecário soltou uma mensagem codificada: "Eu teria tanta lama para jogar, que muitas pessoas devem estar agradecidas pelo meu silêncio." Ele estava se referindo aos responsáveis diretos pelo incêndio? Era uma mensagem para os ladrões de livros? Não era absurdo pensar nisso: a investigação judicial havia confirmado as perdas, das quais apenas uma parte podia ser atribuída aos eventos da Guerra do Pacífico. Havia casos mais recentes. Uma das versões mais difundidas afirmava que o próprio Romero se opôs veementemente a um esforço de catalogação para evitar que os vazios fossem descobertos. Logo se tornou parte da lenda urbana. O próprio Basadre estava convencido dos roubos, mas duvidava que essa tivesse sido a causa do atentado. A principal razão era que a Biblioteca não tinha um registro completo anterior ao incêndio. "Se nunca houve um verdadeiro catálogo antes, com que documento autêntico o catálogo que seria concluído em 1943 poderia ser comparado?", ele se perguntaria muitos anos depois.

    A desordem impedia que fossem identificados os supostos responsáveis pelos roubos. Mesmo quando se tornou Ministro da Educação alguns anos depois, Basadre não conseguiu desvendar o esquema de corrupção que tinha diante dos olhos: em certo momento, ele chegou a apresentar uma dúzia de denúncias criminais, mas ninguém deu ouvidos. Ele também não conseguiu nada como um simples bibliotecário em busca da verdade. "Em resumo, era difícil provar qualquer coisa; e era duvidoso criar uma corrente poderosa de sanção para qualquer irregularidade na Biblioteca Nacional", escreveu.[106]

De alguma forma estranha, as palavras do bibliotecário historiador pareciam ter sido escritas no tempo do bibliotecário detetive. Ambos tinham visto a escuridão dentro dessa casa de livros. "O fato de alguém ter incendiado a Biblioteca é uma questão controversa, provavelmente nunca encerrada; o fato de *a Biblioteca poder ter sido incendiada* é o evento mais sombrio e lamentável ocorrido até agora no Peru no século XX", escreveu Basadre. Setenta anos depois, outro diretor da BNP enfrentava as mesmas pragas: roubos internos, indiferença e não poucos atos de sabotagem.[107]

Talvez a melhor evidência dessa conexão fosse que as cinzas do incêndio ainda estavam guardadas em um quarto da BNP. Alguns pesquisadores e funcionários se referiam a esse espaço como "a sala dos livros queimados". Lá estavam os pacotes com os exemplares resgatados do escritório do diretor Carlos Romero nas horas que se seguiram à tragédia de 1943. Ninguém havia se dado ao trabalho de restaurá-los. Também não havia uma ideia clara do seu conteúdo. Um dia, chegaram notícias que fecharam o círculo: durante uma visita de rotina, foram encontrados naquele ambiente dois exemplares antigos que não tinham nada a ver com o incêndio. Parecia evidência de que essa era outra brecha aberta para os ladrões.

3.

Em uma manhã de setembro de 2013, foi realizada a reconstituição de um crime no antigo prédio da BNP. O Ministério Público havia ordenado a diligência como parte das

---

106. Basadre, 1981.
107. Salazar, 2012.

investigações pelo roubo flagrante do Arquivo Presidencial Cáceres. Três anos se passaram desde a descoberta dos documentos prestes a serem retirados furtivamente. Uma promotora convocou meia dúzia de funcionários para registrar seus depoimentos no local do incidente. No grupo que chegou ao telhado do prédio estavam funcionários de manutenção, do Arquivo Central, da área técnica responsável pelas coleções e da área jurídica. A promotora iniciou a reunião com uma visita, fazendo anotações de todos os acessos, desde a entrada principal do prédio até as escadas e as pequenas portas que permitiam o acesso ao andar mais alto. Ela também observou que nas extremidades havia quartos cheios de materiais obsoletos: mesas, portas, escrivaninhas, cadeiras ou gavetas que haviam sido descartados ao longo do tempo por diferentes escritórios. Então a reconstituição começou.[108]

O carpinteiro Marco Antonio Yataco, que estava na Biblioteca por menos de um ano no momento da descoberta, contou que naquele dia haviam pedido a ele que fizesse uma última verificação nos móveis antes do descarte definitivo. No centro do telhado, ele encontrou um arquivo de madeira. Quando foi examiná-lo, notou que em uma das gavetas havia um pacote envolto em plástico azul e amarrado com barbante. O carpinteiro disse que retirou o pacote para o lado e, ao abri-lo, descobriu que estava cheio de documentos antigos. Imediatamente, ele informou a um funcionário administrativo veterano chamado Walter Villaverde, que conhecia bem o prédio, e ambos relataram o incidente ao pessoal do Arquivo Central.

O jovem arquivista Dampier Paredes disse que ambos funcionários trouxeram uma dessas folhas amareladas como evidência. Ao vê-la, Paredes percebeu que era importante e subiu

---

108. A ata fiscal de 20 de setembro de 2013, elaborada por Diana Aliaga Ramos, fiscal adjunta provincial penal titular do Distrito Judicial de Lima. Uma cópia está anexada ao Ofício N° 272-2013-BNP/OAL.

com eles até o telhado para verificar o restante. Lá, ele colocou o pacote de volta na gaveta original e tirou algumas fotos que seriam incluídas no processo judicial. Em seguida, pediu ajuda a um colega para descer com os documentos por uma escada que levava a uma das salas de leitura. Eles atravessaram juntos essa sala e os levaram para o escritório de arquivo, onde na manhã seguinte seriam mostrados à chefe deles, Martha Uriarte. A Sra. Uriarte tomou a palavra para dizer que, assim que soube da descoberta, telefonou para seu superior para informar os fatos e esclareceu que esses documentos nunca pertenceram ao seu escritório, mas sim à seção da BNP responsável pelas coleções especiais. No dia seguinte, ela recebeu a visita de uma trabalhadora dessa seção, Nelly Bobbio, a historiadora que anos antes havia relatado o desaparecimento de trinta livros.

 Uriarte relatou que ajudou Bobbio a fazer um inventário dos documentos e que a mudança para o prédio moderno ocorreu algumas semanas depois, por ordem do diretor nacional. Uma funcionária afirmou naquele momento que todos os registros da área especializada em coleções antigas já estavam na nova sede. Com isso, as declarações chegaram ao fim, e o grupo retomou a visita à área de segurança onde se encontrava a sala de cofres, no terceiro andar. A promotora descreveu o espaço como amplo, com uma porta de madeira em um dos lados e outra de metal ao fundo. Esta segunda porta, trancada com um cadeado, levava a uma escada que conectava todos os andares do edifício.

 Neste ponto, a historiadora Sonia Herrera Morán, uma das pessoas convocadas pela promotora, explicou a localização original do Arquivo Presidencial Cáceres: ela disse que parte das gavetas que continham os documentos estava no centro desse espaço, agora vazio, e que outra parte do mesmo conjunto estava dentro do cofre. Então, outra funcionária da área responsável pela custódia dos arquivos históricos interveio. Seu nome era Delia Córdova e era a pessoa encarregada, apenas um ano antes da tentativa de roubo, em outubro de 2009, do transporte específico desses e de outros materiais valiosos para completar a mudança do prédio antigo para o moderno. Córdova, membra do mesmo sindicato ao qual vários dos investigados pertenciam, disse que já havia prestado depoimento à polícia sobre os detalhes do transporte e que até mesmo existia um inventário desses documentos.

A diligência terminou com uma última visita. A promotora observou que havia um elevador próximo que também conectava do porão ao telhado, uma porta que estava trancada e um banheiro. Um representante da Procuradoria do Ministério da Cultura fez então uma observação: quando foi inspecionar esse banheiro, notou que pela janela interna era possível acessar facilmente um corredor e, a partir dali, chegar à escada que levava ao telhado. Ele pediu que esse detalhe fosse registrado na ata. Era uma precaução de alguém que estava analisando todas as possíveis rotas de um crime. Nesse momento, duas coisas ficaram claras: em primeiro lugar, os ladrões internos tinham várias maneiras de retirar furtivamente os materiais valiosos do cofre; em segundo lugar, os promotores não tinham a menor ideia de quem estavam perseguindo.

A lentidão das investigações parecia um mau presságio. Naquela época, os advogados da BNP já tinham acumulado meia dúzia de casos criminais de roubo ou destruição de impressos e manuscritos antigos das coleções mais importantes.[109] No

---

109. Estes casos incluem: o roubo do livro *Breve compendio de la Vita del B. Toribio Antonio Mogrobesio*; a mutilação do livro *Derrotero general del mar del sur*; o roubo chamado *Caso 30 libros*; o roubo do *Quaderno de directorio espiritual para el probecho de las almas*; o roubo de 881 livros, manuscritos, jornais e revistas identificados após o inventário de 2011; e o roubo do manuscrito *Libro de Cédula del Rey Nuestro Señor, Provisiones y Cartas de sus Virreyes a este Cabildo de Huamanga*. Esta informação está registrada no Ofício N° 213-2013-PP/MC de Gustavo Barrantes, procurador público do Ministério

clima de suspeita que havia se tornado rotina para Mujica e seus funcionários, esses casos eram conhecidos como "casos emblemáticos". Inicialmente, supunha-se que ajudariam a comprovar a existência de uma máfia interna e a encerrar anos, talvez décadas, de roubos impunes. O problema era que, cedo ou tarde, todos os casos esbarravam na mesma barreira: uma complexa trama de processos burocráticos, dados ambíguos e respostas contraditórias construídas para que a verdade nunca fosse conhecida. Era o caminho mais direto para a prescrição dos crimes.

A estratégia dos supostos envolvidos tinha como objetivo demonstrar que os documentos no telhado não faziam parte da coleção registrada na BNP. Supostamente, era um novo conjunto que tinha permanecido completamente desconhecido por anos.[110] O aparente suporte para essa versão era uma carta enviada em meados de 1950 por Zoila Aurora Cáceres, a filha do Grande Marechal. A carta estava endereçada ao diretor da época, o eminente cientista Cristóbal de Losada y Puga, a quem anunciava a doação da maior parte do arquivo que havia herdado. A carta incluía uma lista de trinta páginas com os detalhes da correspondência, livros copiadores e telegramas do herói.[111] "O restante do arquivo está em Paris e o entregarei à Biblioteca assim que chegar às minhas mãos", dizia a doadora. Os funcionários investigados afirmavam que os documentos

---

da Cultura, para Selina Paredes, diretora-geral de assessoria jurídica da BNP, datado de 17 de junho de 2013.

110. Carta à Ministra da Cultura, Susana Baca, com o assunto: "Reclamação e defesa contra as declarações e ações do Dr. Ramón Mujica Pinilla, Diretor Nacional da Biblioteca Nacional do Peru, que atribui sem fundamento algumas 'graves irregularidades' cometidas pelas áreas supostamente responsáveis pela custódia dos manuscritos do Arquivo Mariscal Andrés A. Cáceres, encontrados no telhado da Grande Biblioteca Pública de Lima". A carta foi enviada por Nancy Herrera, Ana María Maldonado, Delia Córdova, Martín López, Pilar Navarro, Nelly Bobbio, Sonia Herrera e Ruth Velarde.

111. Carta de Zoila Aurora Cáceres para Cristóbal de Losada y Puga, diretor da Biblioteca Nacional. Lima, 30 de junho de 1950. Arquivo Histórico da BNP.

poderiam fazer parte do último lote da doação, uma entrega da qual não havia registro algum.

Uma das funcionárias que defendia com mais insistência essa teoria era a Diretora Nacional na época da descoberta, predecessora interina de Ramón Mujica: a bibliotecária e advogada Nancy Herrera. "[A coleção] deve ter entrado em várias partes, em datas diferentes, em lugares diferentes", chegou a dizer Herrera no dia em que foi interrogada pela promotora que investigava o caso.[112] Era sua maneira de afirmar que os papéis apreendidos poderiam ter estado em posse de qualquer um. Várias funcionárias de seu círculo declararam o mesmo. No entanto, quando se tratava de sustentar tudo o que aconteceu, caíram em várias contradições sobre quem tinha o controle da sala de cofres e da área de acesso restrito onde estavam os documentos históricos, incluindo o Arquivo Cáceres.

No meio desses interrogatórios policiais e da promotoria, Nancy Herrera lançou uma interpretação legal que surpreenderia toda a diretoria da Biblioteca Nacional: ela disse que o trabalho dos bibliotecários era cuidar dos livros e documentos históricos, mas não impedir que fossem roubados. "A custódia na biblioteconomia envolve a conservação, a preservação e o cuidado das coleções. Não somos responsáveis pela segurança na Biblioteca", afirmou. Nunca mencionou que, apenas alguns anos antes, ela mesma tinha solicitado a mudança das senhas do cofre e das caixas-fortes com o argumento de que deveria assumir a responsabilidade por tudo o que estava guardado.[113]

---

112. A declaração de Nancy Herrera Cadillo perante a 45ª Promotoria Provincial Penal de Lima, datada de 25 de outubro de 2012.

113. Relatório Nº 050-2004-BNP/CSBE/DEPB, de Nancy Herrera Cadillo, diretora-executiva da DEPDB, para Irma López de Castilla, diretora-geral do CSBE, de 11 de fevereiro de 2004. Neste documento, Herrera afirma: "Dado que é necessário que o departamento sob minha direção assuma a responsabilidade pelo Patrimônio Documental Bibliográfico resguardado no cofre e na sala-cofre, solicitamos gentilmente que seja coordenado com o pessoal

Tudo fazia parte de uma nova operação de ocultamento.[114] O movimento tinha começado no dia seguinte à descoberta e poderia ser reconstituído da seguinte maneira: Martha Uriarte tinha voltado na manhã seguinte ao seu escritório no prédio antigo para verificar os fatos. Por volta do meio-dia, ela ligou para sua supervisora imediata, a secretária-geral da Biblioteca, Sheyla Tuesta, para confirmar os detalhes e esperar instruções. Da sede moderna, veio a ordem de preparar um relatório por escrito. Uriarte fez um inventário lado a lado com a historiadora do Caso Trinta Livros. Uriarte apresentou o relatório a sua chefe vinte e quatro horas depois, ao meio-dia da sexta-feira. O documento incluía uma lista dos detalhes da correspondência do herói presidente, datas, cidades de origem e até o número de folhas de cada uma das sete pastas que continham o material.[115]

Sheyla Tuesta, uma mulher alta e robusta de aparência amigável, era a funcionária com acesso mais direto à Direção Nacional. Seu trabalho era organizar as tarefas diárias do diretor. Ela era a pessoa que deveria orientar Ramón Mujica quando ele assumisse o cargo na semana seguinte e informá-lo do que havia acontecido. No entanto, ela nunca o fez. Em nenhum momento nos primeiros dias mencionou a tentativa de roubo. Ela até proibiu expressamente Martha Uriarte de mencionar

---

apropriado a mudança das combinações dos cofres e sala-cofre mencionados. Para esse fim, fornecemos cópias das empresas responsáveis por essa atividade juntamente com os custos associados para um processamento mais eficiente e rápido desta solicitação".

114. Nancy Herrera recusou-se a conceder uma entrevista ao autor, que havia solicitado seu posicionamento sobre este e outros incidentes relatados neste livro. Ela também não respondeu à carta deixada meses antes, através do setor de recepção na BNP. No mesmo dia, o autor deixou cartas solicitando entrevistas com outros funcionários envolvidos nas denúncias. Nenhum deles respondeu.

115. Relatório Nº 085-2010/SG/JA de Martha Uriarte, chefe do Arquivo Central da BNP, para Sheyla Tuesta García, secretária-geral, em 17 de setembro de 2010.

o assunto quando Mujica se apresentou no antigo prédio para dar sua primeira saudação protocolar.[116] Em seu depoimento à polícia, Tuesta disse duas coisas para explicar seu silêncio: que nunca foi informada do valor histórico dos documentos e que só soube que pertenciam ao Arquivo Cáceres dois meses depois, quando recebeu a ordem de pegar o pacote para levá-lo à nova sede sob estritas medidas de segurança.[117] Ambas as afirmações não eram verdadeiras. O que ela não disse, porque ninguém perguntou, foi que tinha sido nomeada para o cargo de confiança por Nancy Herrera.[118]

Havia outra alta funcionária que ocultou informações do novo diretor. Chamava-se Ana María Maldonado e também fazia parte do círculo íntimo de Nancy Herrera, quem, alguns meses antes, lhe havia atribuído até três cargos ao mesmo tempo.[119] Quando Ramón Mujica assumiu suas funções, Maldonado estava encarregada da Direção Técnica, o segundo cargo na hierarquia da instituição. No entanto, ela manteve silêncio sobre o assunto durante semanas. Nem mesmo o mencionou

---

116. Ata da audiência de Martha Uriarte, chefe do Arquivo Central da BNP, perante a Comissão Especial de Processos Administrativos Disciplinares (CEPAD), em 21 de setembro de 2011.

117. Declaração de Sheyla Rosalía Tuesta García perante a Divisão de Investigação de Crimes contra a Administração Pública e o Patrimônio Cultural da Polícia Fiscal, em 12 de julho de 2011.

118. Resolução Diretiva Nacional (RDN) N° 068-2010-BNP, datada de 30 de março de 2010, assinada por Nancy Alejandrina Herrera Cadillo, diretora nacional (interina) da BNP.

119. Através da RDN N° 060-2010-BNP, de 18 de março de 2010, foi encarregada da direção técnica, com retenção de seu cargo original como diretora-geral do Centro de Serviços Bibliotecários Especializados. No dia seguinte, através da Resolução Diretiva Nacional N° 062-2010-BNP, ela também foi encarregada da direção-geral do Escritório de Cooperação Internacional e da direção-geral da Secretaria Geral da BNP. Ela manteve esses dois últimos cargos por algumas semanas, até ser substituída em ambos por Sheyla Tuesta. O quadro de atribuição de pessoal foi publicado pela RDN 174-2010-BNP, de 15 de setembro de 2010, no mesmo dia em que ocorreu a descoberta da tentativa de roubo.

no dia em que Mujica deveria sair em viagem pela primeira vez e, em um gesto de confiança, decidiu deixá-la interinamente no comando da Direção Nacional. Quando a polícia a interrogou, Maldonado afirmou que nunca recebeu o relatório enviado ao seu escritório na semana da descoberta.[120] Ela alegou que, naquela época, tinha mudado de escritório e soube do assunto um mês depois, por meio de um memorando. O detalhe que ela evitou comentar era que esse memorando, assinado por Nancy Herrera, estava datado de vários dias antes. Tudo isso indicava que as três altas funcionárias que cercavam Ramón Mujica em sua primeira semana de gestão sabiam da descoberta e retiveram a informação até o dia em que o especialista em anjos e santos deveria sair de viagem. Somente então, cientes de que ele não receberia o documento até seu retorno, Nancy Herrera enviou um relatório que foi selado na mesma manhã no escritório da Direção Nacional.[121]

Houve um detalhe que passou despercebido pelos investigadores da polícia: no dia em que o relatório foi apresentado, Herrera estava de licença, e por isso o documento com seu nome foi carimbado por outra funcionária. A advogada bibliotecária estava em um curso de capacitação em Madri. Sua visita a essa cidade coincidiu com a do diretor nacional, que havia chegado para dar uma palestra no Museu do Prado. Mujica se lembrou de que a convidou para jantar no apartamento da família em que ele estava hospedado com sua esposa. De acordo com sua versão do episódio, eles conversaram sobre projetos para a nova gestão, trocaram ideias sobre possíveis exposições

---

120. Este foi o Relatório N° 038-2010-BNP/SG de Sheyla Tuesta, secretária--geral, para Ana María Maldonado, diretora técnica (interina), de 22 de setembro de 2010. O carimbo de recebimento no documento é de 23 de setembro.

121. Relatório N° 041-2010-BNP/DT-BNP de Nancy Herrera, diretora técnica, para Ramón Mujica, diretor nacional da BNP, datado de 21 de outubro de 2010.

na BNP e ele até perguntou sobre as notícias esporádicas sobre o desaparecimento de livros. Herrera nunca mencionou o relatório que havia enviado para o seu escritório em Lima, onde a operação de encobrimento parecia estar garantida.

4.

No início dos anos 1930, em Londres, apareceu um catálogo de livros antigos e raros que incluía uma joia extraordinária para o Peru: um livro que tinha pertencido à biblioteca de Inca Garcilaso de la Vega. A casa de antiguidades Maggs Bros o colocou à venda como parte de um lote de obras espanholas e portuguesas. Nesse conjunto havia crônicas medievais, tratados sobre a arte da navegação e primeiras edições europeias de clássicos latinos. O exemplar de Garcilaso era uma edição da *Historia General de las Indias,* de Francisco López de Gómara, publicado em Zaragoza apenas vinte anos após a Conquista do Império dos Incas. O catálogo londrino indicava que o exemplar continha numerosas anotações feitas por Inca e por outra pessoa identificada como um conquistador, do qual só se sabia que tinha sido companheiro de Francisco Pizarro.

Esse foi um dos principais livros que serviu de fonte para os *Comentarios Reales de los Incas*. Ninguém no Peru soube da venda até três anos depois, quando o historiador Raúl Porras Barrenechea, um dos maiores estudiosos dos cronistas das Índias, encontrou uma cópia desse catálogo em uma banca de livros usados em Atocha, em Madri. Quando ele entrou em contato com a livraria para obter mais informações sobre o exemplar, foi informado de que já havia sido vendido. Porras Barrenechea lamentou por anos a perda desse livro, que deveria estar em uma coleção privada. Sua única consolação era mostrar o catálogo da Maggs Bros durante suas aulas de fontes históricas na Universidade Nacional Maior de San Marcos. Acreditava que essa era a última pista, até que um dia, em 1948, chegou a notícia de que o livro de Garcilaso havia aparecido em Lima.

O milagre foi obra de Erich Klein, um renomado bibliógrafo e proprietário da Librería Internacional, que o recuperou em um leilão. Agora ele estava disposto a colocá-lo à venda novamente com a ideia de que permanecesse no Peru.

O primeiro a ter acesso ao raro exemplar foi o próprio Porras Barrenechea, que conduziu um minucioso estudo sobre sua autenticidade e as anotações do Inca. Em meados de setembro, ele deu a notícia no jornal *El Comercio* em um artigo publicado em três partes, durante três dias consecutivos, sob o título "Uma joia bibliográfica peruana".[122] Nele, o historiador confirmou que era o mesmo exemplar que Garcilaso havia usado para escrever sua obra fundamental. "Nestas linhas, os olhos de Garcilaso de la Vega pousaram com curiosidade e paixão, e nas margens, a pena sem igual do mais ilustre dos peruanos parou inquieta, movida pela mão febril", escreveu Porras Barrenechea.

O artigo incluía várias descobertas a partir do estudo das notas nas margens, como erros de tradução do quéchua para o espanhol que Inca havia encontrado na narrativa de Gómara ou imprecisões históricas. Mas a revelação mais importante era a identidade do conquistador anônimo que havia entregado esse exemplar nas mãos de Inca: Gonzalo Silvestre, amigo de Garcilaso e o homem que havia fornecido informações para sua obra anterior, *La Florida del Inca*. "Este livro não pode mais ser propriedade privada, pois pertence ao legado espiritual de um povo: seu lugar é na Biblioteca Nacional", sentenciou Porras Barrenechea.

Foi o exemplar mais caro já adquirido pela Biblioteca Nacional até então: 2.400 dólares da época, o equivalente a

---

122. O artigo foi reproduzido alguns anos depois nos anais da Biblioteca Nacional. Para mais informações, consulte *"Una joya bibliográfica peruana"*, no *Memoria que el Director de la Biblioteca Nacional presenta al Sr. Ministro de Educación Pública, años 1953 y 1954*, de Raúl Porras Barrenechea (p. 65).

mais de 24 mil dólares hoje.¹²³ "Eu considerava profundamente lamentável que este livro fosse parar em uma biblioteca estrangeira ou nas mãos de algum colecionador privado, mesmo que fosse peruano", escreveu em suas memórias o matemático Cristóbal de Losada, na época diretor da Biblioteca Nacional. Ele imediatamente confirmou à livraria sua intenção de adquiri-lo.¹²⁴ O processo foi demorado. Apesar de seus relatórios sobre a importância do exemplar, Losada não conseguia que o Ministério da Educação Pública destinasse uma verba extraordinária para aproveitar essa oportunidade única.

Seis meses após assumir o compromisso, o livreiro Erich Klein escreveu uma carta a Losada reclamando que não tinha notícias da BNP e que precisava pagar as dívidas que havia contraído para trazer o livro do exterior.¹²⁵ Klein pedia uma decisão final, pois havia vários colecionadores privados "muito interessados em adquirir a obra". No início de maio, o ministro respondeu, concordando com a importância do livro, mas achando o preço exagerado. Em vez disso, sugeriu que o exemplar fosse adquirido "por um pequeno grupo de pessoas ricas e amantes da cultura que se comprometessem a doá-lo à Biblioteca Nacional".¹²⁶ À semelhança do que acontecera poucos anos antes na aquisição da biblioteca do general Justo, uma coleta patriótica foi organizada para arrecadar os fundos.

---

123. De acordo com a carta enviada por Erich Klein à Biblioteca Nacional em 10 de fevereiro de 1949, o preço exato foi de 2.421 dólares, equivalentes a 25.477 dólares em maio de 2018. Para calcular a equivalência, foi utilizada a ferramenta digital *CPI Inflation Calculator* do United States Department of Labor, disponível em http://www.bls.gov/data/inflation_calculator.htm

124. Losada, 1955, p. 15.

125. Carta de Erich Klein, da Librería Internacional del Perú S.A, ao diretor da Biblioteca Nacional. Lima, 10 de fevereiro de 1949. Arquivo Histórico da BNP.

126. Ofício N° 0382 R/E de Pedro Benvenutto, diretor de Educação Artística e Extensão Cultural do Ministério de Educação Pública, para o diretor da Biblioteca Nacional. Lima, 9 de maio de 1949. Arquivo Histórico da BNP.

O que deveria ter sido uma defesa contundente do livro como um ícone cultural tornou-se uma evidência da falta de apoio a um bibliotecário: levaria cinco anos para arrecadar apenas metade do montante. Em agosto de 1954, o embaixador do Peru na Suécia, um dos doadores, enviou uma carta a Losada lamentando a demora como falta de patriotismo. "É incrível que persista entre nós essa indiferença pelas letras e esse desinteresse pelo enriquecimento do patrimônio nacional. As únicas letras que interessam são as que estão nos bilhetes de banco, e esses são os únicos documentos que são valorizados e guardados piedosamente".[127] O diretor respondeu com resignação: "Você vê como nossos compatriotas são duros quando se trata de gastos de finalidade cultural".

Na curta lista de doadores havia desde associações de professores e corpos médicos até empresários, um filantropo e um deputado com aspirações de explorador, que uma vez se baseou nas crônicas para buscar El Dorado na selva do sul do Peru. No meio desses benfeitores, havia um pequeno grupo de pessoas que teriam ou já tinham uma relação especial com a Biblioteca Nacional: o respeitado editor e livreiro Juan Mejía Baca, que muitos anos depois se tornaria seu diretor; o escritor e diplomata Luis Alayza y Paz Soldán, que doaria sua coleção à Biblioteca em seu testamento; e o empresário e diplomata Manuel Mujica Gallo, pai de Ramón Mujica.

5.

Uma tarde, Ramón Mujica abriu o livro que havia estado na biblioteca de Inca Garcilaso. A primeira coisa que viu foi a encadernação marrom ligeiramente desgastada, com um

---

127. Carta de Carlos Mackehenie, embaixador do Peru na Suécia, para Cristóbal de Losada, diretor da Biblioteca Nacional. Estocolmo, 11 de agosto de 1954. Arquivo Histórico da BNP.

losango entalhado na capa. Na folha de guarda, havia uma anotação em inglês que mencionava o famoso dono. Na falsa folha de rosto estava o brasão do rei com uma águia bicéfala, um colar de ouro e as colunas de Hércules. "Está em perfeito estado", comentou Mujica para dois especialistas que o acompanhavam, o historiador Ricardo Kusunoki e a especialista em patrimônio artístico Margarita Roel. Ambos concordaram. O bibliotecário havia pedido a ajuda deles para selecionar exemplares únicos para uma exposição. Seria o destaque principal de um simpósio que reuniria, na Biblioteca Nacional, diversos especialistas internacionais na história universal do livro. Mujica queria apresentar o grande imaginário sobre o Peru desde os primeiros tempos da impressão. A história escrita por Francisco López de Gómara estava ilustrada com várias gravuras de flores e frutas encontradas pelos europeus no novo continente, cenas de batalhas para conquistar os povos nativos e as guerras civis entre os próprios conquistadores.

"Isso realmente me daria medo de expor", Mujica se conteve.

Houve um momento de hesitação entre os presentes, como se todos os alarmes tivessem sido acionados de uma vez. A luta contra os ladrões de livros era um estado de alerta constante: naquela manhã, o diretor da Biblioteca Nacional havia recebido a notícia do desaparecimento de outro exemplar antigo. Desta vez era *El arte de los metales*, de 1640, o primeiro tratado sobre a exploração das minas no Novo Mundo.[128] Um pesquisador havia acabado de solicitá-lo e os responsáveis pelo cofre não conseguiram encontrá-lo. No momento da reunião para examinar as joias da Biblioteca, Mujica sabia que teria que chamar a polícia novamente. O dilema de colocar o livro de Inca em uma exposição aberta ao público não durou muito:

---

128. Cantillo, 2008.

os três especialistas concordaram que nada deveria impedir as pessoas de desfrutar de seu patrimônio.

— É uma questão de adotar várias medidas de segurança — comentou a especialista em conservação.

— É uma questão de adotar *todas* as medidas de segurança — enfatizou Mujica.

O livro com as anotações de Garcilaso havia chegado à sua sala em um dos carrinhos do cofre, juntamente com vários volumes raros de diferentes tamanhos, idiomas e países. A análise daquela tarde também serviria como um novo exercício de controle: muitas das peças seriam vistas pela primeira vez desde o último inventário. Um dos primeiros volumes revisados foi um da série *América*, do gravador belga Theodor De Bry, o artista que cativou os europeus do século XVI com cenas das primeiras viagens ao Novo Mundo. No volume em cima da mesa estava seu famoso mapa de Cusco. Foi aí que surgiu o primeiro detalhe preocupante: a gravura tinha uma folha de papel semitransparente colada sobre ela, o que na verdade deveria ser usado como suporte para documentos em um tipo específico de restauração. Era como colocar um véu branco sobre uma pintura. Esse implante inexplicável tornava impossível apreciar os detalhes do mapa.

O mesmo problema apareceu em pelo menos mais duas gravuras. A menos que fossem submetidas a uma restauração, eram como joias danificadas. "O que mais falta ao Estado peruano é o bom senso", indignou-se a conservadora. O restante do livro estava em perfeitas condições: havia uma imagem da captura de Atahualpa, um retrato de Francisco Pizarro, uma cena da conquista de Cusco. Em alguns momentos, a indignação dos três especialistas cedia à admiração diante de desenhos que poderiam facilmente passar por obras de arte telepáticas: o autor nunca esteve na América, mas cada gravura parecia sair de seus olhos. "Este é um imaginário desconhecido", explicou

Mujica, que por algumas horas abandonou seu papel de caçador de ladrões de livros. Naquela tarde, ele havia decidido se perder nas páginas antigas como nos dias em que estudava anjos e santos medievais.

Quando parecia que os fantasmas do roubo tinham ficado para trás, longe daquela cena de curiosidades livrescas, a especialista em conservação detectou que em certo exemplar havia filamentos de páginas cortadas. Pela precisão do corte, ficou claro que alguém o havia feito com uma lâmina. Não era possível determinar a data exata da mutilação, mas o clima de suspeita foi imediatamente reativado. O responsável poderia ter sido um usuário, mas também um funcionário da própria Biblioteca Nacional. "Infelizmente, houve vandalismo dos dois lados", admitiu Margarita Roel. A especialista falava com a mesma certeza do acadêmico francês que descobriu o roubo do catecismo do século XVIII ou da arquivista que salvou um arquivo presidencial, ou mesmo de Ramón Mujica ao confirmar o desaparecimento do tratado de metalurgia: era o tom usado para falar de uma doença terminal.

O diagnóstico foi confirmado alguns dias depois, quando Ricardo Kusunoki, o jovem curador que olhava para os livros mutilados como se fossem corpos dilacerados, detectou problemas com um dos títulos que estava examinando. Tratava-se de *El sol en el mediodía*, de 1790, uma descrição em verso das festividades indígenas realizadas na capital do Vice-Reino em homenagem à coroação de Carlos IV.[129] Foi escrito por Esteban de Terralla y Landa, um poeta andaluz radicado em Lima e considerado um mestre dos enigmas, a pedido de Bartolomé

---

129. O título completo era *El sol en el mediodía: año feliz y júbilo particular con que la nación índica de esta muy noble ciudad de Lima solemnisó la exaltación al trono de Ntro. Augustísimo monarca el Señor don Carlos IV en los días 7, 8 y 9 de febrero de 1790*. Seu desaparecimento foi informado no Relatório N° 127-2013-BNP/CSBE/DEPDB de Natalia Deza, diretora-executiva da DEPDB, para Mercedes Romero, diretora-geral do CSBE, em 13 de junho de 2013.

Meza, um rico comerciante indígena da época. Meza afirmava ser descendente do imperador Túpac Yupanqui e desejava obter o reconhecimento de seus títulos de nobreza pela Coroa espanhola.[130]

A publicação em si era rara por vários motivos: era a descrição de uma celebração em honra ao rei espanhol feita pela população nativa; era mais extensa do que todos os livros sobre as festas que ocorreram no Peru por aquele evento; e, em uma reviravolta que enfureceu as autoridades do Cabildo de Lima, em vez de um retrato do monarca, apresentava o retrato do principal patrocinador das festividades, Bartolomé Meza.[131] O exemplar da Biblioteca Nacional mantinha a gravura com o retrato suntuoso e a dedicatória autografada do nobre indígena. Seu último registro era o de entrada na sala-cofre após o inventário de 2011. Menos de três anos depois, ele também havia desaparecido. O relatório oficial sobre a perda do livro foi um choque para o bibliotecário detetive: ao procurar o exemplar, os funcionários descobriram o desaparecimento de outros dez livros e onze manuscritos coloniais.[132]

Nessa época, a cruzada de Ramón Mujica contra os ladrões de livros parecia estar paralisada. Havia um impasse entre a aparente sabotagem de funcionários de nível médio da Biblioteca, que apresentavam mal as denúncias criminais, e a indiferença dos órgãos de controle do Estado em compreender os mecanismos e a gravidade dos roubos. Para alguns promotores, roubar um incunábulo não acarretava uma penalidade diferente do que roubar um par de sapatos. Em uma ocasião,

---

130. Alaperrine, 2001.

131. Essa explicação da raridade do livro é proveniente do artigo *El Cabildo de Lima, lector de Terralla y Landa*, de María Soledad Barbón.

132. O Relatório Nº 075-2013-BNP/DT-BNP com o resultado do controle de estoque deu origem a uma investigação interna e uma denúncia penal, ficando conhecido como o Caso dos 11 livros e 12 manuscritos.

Mujica teve que ir à sede do Ministério Público para esclarecer suas denúncias, e o promotor do caso lhe disse que, com os salários pagos pela Biblioteca, era compreensível que alguns trabalhadores roubassem os livros para vendê-los. Uma segunda promotora afirmou que, para provar o crime, não bastava que um livro ou documento antigo tivesse aparecido sem explicação fora do cofre, mas que era necessário reconstruir a maneira como alguém o havia retirado do cofre, e, acima de tudo, que o ladrão tivesse agido desde o início com a intenção específica de se beneficiar.[133]

Teria sido a mesma coisa se, de repente, um saco de dinheiro fosse encontrado fora do cofre de um banco? Ou se um diamante fosse encontrado jogado fora do cofre de uma joalheria? Por que alguém tiraria um objeto tão valioso como uma relíquia de museu ou um troféu de colecionador sem permissão? Se isso acontecia nos casos em que os traficantes haviam levado livros inteiros ou até mesmo o arquivo de um presidente da República, que critério seria aplicado quando se tratasse de algumas páginas? Entre as linhas dessa discussão legal, no entanto, estava escondida uma pergunta mais essencial: em que momento os peruanos perderam o senso de história?

Há apenas cem anos, no início do século XX, a sociedade peruana discutia intensamente a necessidade de preservar os grandes artefatos do passado. As feridas da Guerra do Pacífico ainda estavam abertas e o país precisava de símbolos de coesão. Intelectuais e políticos começaram a olhar para a arqueologia e a história como fontes de um novo paradigma de progresso equivalente ao das antigas potências europeias: a nação que já fora o maior império do mundo andino e o maior vice-reinado do continente poderia recuperar sua grandeza. O governo peruano

---

133. Essa explicação da promotora foi dada pessoalmente ao autor, de maneira extraoficial, durante o depoimento no caso do *Quaderno de directorio espiritual para el probecho de las almas*.

criou instituições científicas que deveriam estudar e preservar os objetos mais significativos do país. Foram feitas coletas públicas das peças coloniais e pré-colombianas que estavam nas casas de muitas famílias, resultado de heranças ou compras, para formar os primeiros museus.

Pouco depois, ocorreram as grandes descobertas arqueológicas de Machu Picchu e Choquequirao. Naquela época, o Congresso debateu leis para deter a pilhagem de relíquias por estudiosos estrangeiros e caçadores de tesouros. O interesse pela história era tamanho que foram formadas sociedades para a proteção de monumentos e obras de arte, e até um coletivo de antiquários reivindicou a proteção do patrimônio pelo Estado.[134] Enquanto o primeiro centenário da Independência despertou um fervor por documentos históricos, no início do século XXI, por outro lado, a geração do segundo centenário mal sabia sobre o tráfico de patrimônio cultural por notícias esporádicas nos jornais. A única cruzada pública para detê-lo, a campanha do bibliotecário detetive, se deparava com manifestações clamorosas de indiferença e impunidade. Mujica pensava que uma exposição das maiores relíquias literárias do país poderia talvez ressuscitar a consciência pública sobre o que estava acontecendo: em vez de pregar sua importância, era preciso mostrar sua beleza.

"Existe um abismo intransponível entre o livro que a tradição proclamou como um clássico e o livro (o mesmo) que tornamos nosso através do instinto, da emoção e do entendimento", escreveu Alberto Manguel, o bibliófilo argentino que se tornou bibliotecário de seu país. O efeito da exposição seguiria essa lógica: qualquer pessoa lembraria que teve a oportunidade de ver o livro da biblioteca de Inca Garcilaso, mesmo que não se recordasse muito do autor ou do tema que tratava.

---

134. Olórtegui, 2011, p. 252.

Naquela tarde, o poder desse livro ficou evidente quando o historiador Ricardo Kusunoki começou a folhear cuidadosamente suas páginas, uma após a outra, até chegar a uma página que continha uma anotação manuscrita sobre Francisco de Villacastín, um militar do lado de Gonzalo Pizarro nas guerras civis entre os conquistadores. A nota mencionava que o destemido Villacastín, famoso por sua feiura, havia perdido vários dentes depois de ser atingido por uma pedra lançada por uma macaca que estava em cima de uma árvore. Ao lado dessa referência, havia uma segunda anotação à mão, em uma caligrafia diferente, com a assinatura de Inca: "Esta nota sobre Villacastín e a macaca foi escrita por um conquistador do Peru, e eu conheci Villacastín, que tinha menos dois dentes frontais superiores derrubados pela pedra da macaca. Dois de seus filhos foram meus colegas de leitura e escrita. Garcilasso". Kusunoki leu essas linhas como se fossem os evangelhos apócrifos: era um boato de quinhentos anos atrás, soando como se tivesse sido escrito pelo primeiro cronista mestiço da América.

— Deveríamos digitalizar o livro inteiro — disse Kusunoki.

— Sim, para que não seja mais acessível ao público — concordou Roel.

Mujica concordou:

— Mostramos agora e nunca mais.

6.

As bibliotecas dos conventos guardam relíquias que parecem mortas até que alguém descobre o seu mistério. "Em contraste com o homem, o livro pode esperar séculos pelo acaso da ressurreição", escreveu George Steiner, um sábio poliglota. Ramón Mujica havia comprovado isso na época em que percorreu vários desses claustros para pesquisar a vida dos santos. Em um desses locais espirituais, ele pôde examinar o processo de beatificação de Santa Rosa de Lima. As freiras de clausura que o guardavam lhe deram permissão excepcional. Mujica teve acesso aos testemunhos das pessoas que haviam conhecido a *Rosa Limensis*: familiares, confessores, o médico que a examinou para determinar seu estado de saúde física e mental.

Uma dessas declarações incluía uma informação esquecida: em 23 de novembro de 1617, o padre Diego Martínez, confessor de Rosa, testemunhou que, ao preparar o corpo da santa para o sepultamento, encontrou sob o hábito dominicano que ela usava um hábito franciscano. O que para muitos de nós é apenas um detalhe curioso, na verdade era uma revelação que tinha consequências teológicas, pois explicava a espiritualidade da santa de Lima nos termos de São Francisco de Assis, que considerava o mundo purificado pela chegada de Cristo e, portanto, transformado em um grande santuário de criaturas admiráveis. "A criação era um ícone imenso cheio de sinais e mensagens codificadas destinadas a guiar gradualmente a compreensão do homem em direção a Deus", escreveu Mujica ao explicar essa descoberta em seu livro sobre a santa.[135] O mesmo poderia ser dito de uma biblioteca.

Em uma manhã, Mujica começou uma jornada pelos principais santuários de livros de Lima em busca dos melhores exemplares para uma exposição. A primeira parada foi o Convento de São Francisco. O claustro é famoso por dois motivos: está situado sobre catacumbas que guardam os ossos de 25 mil pessoas e possui uma das bibliotecas mais belas do Peru. No dia da visita de Mujica, as paredes dos pátios internos seguiam revelando segredos: uma equipe de restauradores havia encontrado murais que estiveram cobertos por várias camadas de tinta ao longo dos séculos. As obras mostravam cenas da vida de São Francisco, como o sermão das aves, uma lenda segundo a qual

---

135. Mujica, Ramón, *op. cit.*

o santo tinha o poder de se comunicar com os animais, ou o sonho do Papa Inocêncio III, um episódio profético em que esse Papa imagina São Francisco segurando uma igreja prestes a cair.

Ao passar de um pátio para outro, um dos responsáveis pela restauração mostrou a Mujica um detalhe estranho: em vários murais, a cabeça do santo havia sido cuidadosamente removida, como se alguém tivesse recortado a figura em um papel. O especialista em anjos e santos, alarmado com o que parecia ser o mesmo crime que investigava na Biblioteca, perguntou quem havia cometido tal ato. "Dizem que, ao saber que os murais seriam repintados, os frades levaram os rostos como lembrança", disse o responsável. Alguém sugeriu que, pelo menos, poderiam procurar as gravuras originais da Biblioteca Nacional para reconstruir as cenas. Ricardo Kusunoki, o historiador que acompanhava Mujica, explicou que isso não era totalmente possível: muitas dessas imagens já estavam na lista de peças roubadas.

A biblioteca do Convento de São Francisco estava parcialmente vazia. Alguns turistas a apreciavam em sussurros, sempre atrás de uma corda de segurança. A partir dali, podia-se ver uma longa nave com estantes de madeira de dois andares, duas escadas em espiral no centro e lustres de cristal. Cada lado era como uma muralha com centenas de volumes amarelados. O primeiro livro à vista tinha a altura de uma mesa, capas de madeira e estava apoiado em um suporte. Era um livro de cantos gregorianos. O exemplar era tão volumoso que tiveram que colocá-lo no chão para virar as páginas. Poucas páginas adiante, o livro revelou sua beleza: suas bordas eram iluminadas com flores azuis e vermelhas com botões dourados, flores douradas em um fundo vermelho e outras flores que pareciam estar penduradas em grades árabes.

"Esta é uma arte perdida", disse Mujica enquanto admirava os detalhes. Algumas páginas depois, o nome *Franciscus* apareceu escrito em grandes letras douradas com laços de formas geométricas. "É o grande santo da história", disse o bibliotecário. "O primeiro santo estigmatizado da Cristandade". Mujica, um homem fascinado por símbolos, estava se referindo ao primeiro mortal cujo corpo se tornou um sinal vivo de algo transcendental. Também era o nome do novo Papa que falava da corrupção como um mal maior do que o pecado. "Pelo signo se chega ao significado", escreveu São Boaventura, um místico franciscano do século XIII, citado pelo especialista em anjos e santos em seu estudo sobre Santa Rosa.

O enorme exemplar já havia sido selecionado para a exposição quando, nas últimas páginas, surgiu uma decoração ainda mais impressionante, como uma moldura colonial com filigranas de ouro. Começava com uma grande letra "D" capitular. No centro dessa letra havia uma rosa. Mujica costuma prestar atenção a essa flor como se fosse um emblema, então não resistiu à vontade de tirar uma foto dela. A letra iniciava esta frase em latim: "*Dixit Dominus Domino meo: Sede a dextris meis, donec ponam inimicos tuos scabellum pedum tuorum*". Era um versículo do Evangelho de São Mateus que diz: "O Senhor disse ao meu Senhor: Assenta-te à minha direita, até que Eu ponha os teus inimigos debaixo dos teus pés". Era tentador ver nessa linha uma mensagem de incentivo em sua cruzada contra os ladrões de livros.

Ramón Mujica e Ricardo Kusunoki passaram um bom tempo examinando as estantes com títulos empilhados por várias gerações de frades. Vistos assim, diante de fileiras de livros amarelos com letras góticas, pareciam duas figuras transplantadas de outra época: Mujica havia tirado o paletó e parecia um executivo que fazia uma pausa em sua agenda para um lanche; Kusunoki parecia um universitário que estava vasculhando o sótão do avô. O traço que os conectava era a capacidade de falar sobre autores e livros publicados há séculos como se estivessem comentando a última lista de *best-sellers* da temporada. Naquela manhã, estavam em busca de tratados de emblemas. Em uma prateleira, Kusunoki encontrou uma edição de 1602 do *Hieroglyphica*, de Pietro Valeriano, um famoso dicionário de símbolos que incluía imagens de animais, plantas e outros elementos. Pouco depois, Mujica encontrou o tratado jurídico *Praxis ecclesiastica et secularis*, de 1724, que tinha em sua folha de rosto uma gravura com o antigo emblema da justiça: uma salamandra coroada entre chamas de fogo. Peças impressionantes apareciam por toda parte. Uma hora depois, quando estavam prestes a sair, Mujica viu um livro solitário em uma estante. Ao abri-lo, encontrou imediatamente uma gravura que, segundo ele, era considerada perdida. Na imagem, havia um grupo de idosos com aparência de profetas que seguravam grandes livros: eram os padres da Igreja enquanto escreviam sobre a Eucaristia, com a Santíssima Trindade no céu. A cena serviu de modelo para muitas pinturas vice-reais que ainda existem em igrejas e em coleções privadas. "O extraordinário é que a gravura não foi encontrada e aqui está", disse Mujica.

Nos dias seguintes, sempre de manhã, Mujica visitou a biblioteca da Catedral de Lima e as bibliotecas de outras duas casas religiosas. No Convento de los Descalzos, um mosteiro franciscano do século XVI, esperava encontrar o *De Temporibus...*, do Padre Acosta. "É um tratado sobre o Anticristo escrito por um jesuíta absolutamente científico em sua maneira de ver as coisas", disse ele enquanto caminhava por pátios e escadas como em um labirinto. O livro não apareceu naquela manhã, mas, em uma vitrine trancada, ele encontrou uma cópia do *Emblemata Centum, Regio Política*, de Juan de Solórzano Pereira, o primeiro tratado espanhol de emblemas publicado em latim em 1653. Era uma obra muito rara, escrita para eruditos e príncipes de sua época. O interessante, disse Mujica, era que o famoso jurista havia vivido no Peru por quase vinte anos e tinha sido juiz da Audiência de Lima[136], então esse livro poderia estar naquela mesma biblioteca desde que foi publicado.

Da mesma vitrine, eles retiraram tratados sobre os Evangelhos, tratados sobre a Encarnação e alguns títulos que haviam sido usados nas cátedras da Universidade de San Marcos há mais de 200 anos. Kusunoki abria os livros e anunciava os detalhes significativos. Em um manuscrito, leu a frase: "Não se pode disfarçar a vergonha e a feiura da culpa". Assim que a pronunciou, houve outro daqueles momentos em que parecia que os livros antigos estavam fornecendo pistas sobre o que acontecia na realidade: embora as investigações internas e fiscais sobre os roubos na Biblioteca Nacional parecessem estar se perdendo em burocracia ou na indiferença cúmplice de alguns funcionários, as evidências da máfia continuavam aparecendo. Uma das mais claras foi descoberta dias depois, quando o bibliotecário detetive se preparava para fazer sua última visita aos santuários livrescos de Lima.

Ramón Mujica chegou de manhã cedo ao convento de Santo Domingo, um amplo retiro religioso localizado a uma quadra do Palácio do Governo. É a sede da ordem que proclama Santa Rosa entre seus membros e que se orgulha de abrigar uma biblioteca com 25 mil volumes. O bibliotecário estava tenso. Dessa vez, a trama havia se complicado: seus funcionários de confiança haviam acabado de descobrir que, além dos roubos de livros, havia outras evidências de corrupção em grande escala. O caso mais evidente estava relacionado à compra de uma impressora, que era um dos passos importantes para revitalizar a linha editorial da BNP com estudos acadêmicos e edições

---

136. A *Real* Audiência *de Lima* foi uma instituição com funções de tribunal superior em causas civis e criminais, além da responsabilidade de assumir o governo na ausência do vice-rei. Seus membros, denominados *oidores* (juízes), eram magistrados com muita autoridade e status. [N. da T.]

fac-símile de livros antigos e raros. Em vez da máquina de última geração que Mujica havia solicitado – e que exigiu um árduo esforço para obter o orçamento –, os responsáveis pela licitação pagaram o mesmo preço por uma máquina usada, repintada e com peças enferrujadas no interior.

O caso envolvia vários diretores que haviam dado sua aprovação em um esquema de pequenos passos burocráticos que, à primeira vista, reduziam as responsabilidades a supostos erros. A situação era ainda mais grave: quase ao mesmo tempo, os bibliotecários responsáveis pelo cofre confirmaram o desaparecimento de outro manuscrito. Tratava-se do *Libro de cédula del Rey Nuestro Señor, Provisiones y cartas de sus Virreyes a este Cabildo de Huamanga*, uma compilação de documentos oficiais de 1765. A pesquisadora Sara V. Guengerich, especialista em literatura colonial da Universidade Tecnológica do Texas, nos Estados Unidos, havia solicitado o manuscrito para uma pesquisa. Quando foi retirá-lo do cofre, um dos bibliotecários descobriu que o envelope de proteção estava vazio. O novo incidente alarmou alguns funcionários da área técnica. Duas diretoras chegaram a ir até a casa de uma bibliotecária, sem aviso prévio, para exigir que ela devolvesse o manuscrito; algumas horas depois, ficou comprovado que ela era inocente, então tiveram que se desculpar. O documento nunca foi encontrado.

Dois dias após o incidente, Mujica teve que escrever pessoalmente para a pesquisadora para dar a confirmação oficial de que o manuscrito estava perdido.[137] Era como se vários tentáculos da máfia tivessem se unido para agir ao mesmo tempo, como uma besta do Apocalipse pronta para dar golpes contra a embarcação dos justos. Não fazia muito tempo, em uma reunião com suas diretoras, Mujica teve que lhes pedir mais "ira santa"

---

137. Testemunho pessoal da professora Sara V. Guengerich ao autor, por carta, em 12 de agosto de 2015.

contra a corrupção: "Vocês são muito bons e não percebem que estamos realmente trabalhando na boca do inferno".

Naquela manhã, no coração do mosteiro da ordem de Santa Rosa, Ramón Mujica me contou que havia decidido contratar um advogado criminalista para reforçar sua equipe de trabalho. Ao contrário das outras vezes, sua última visita aos santuários de livros foi breve. Ele precisava comparecer ao Congresso para expor o caso e buscar aliados políticos. O bibliotecário detetive deixou o mosteiro sem saber que, mais tarde, surgiriam provas da existência de livros perdidos da BNP na biblioteca de outra ordem religiosa.

7.

Era o segredo mais mal guardado do mundo livresco peruano: vários impressos e manuscritos extremamente raros da Biblioteca Nacional estavam nas coleções da Companhia de Jesus. Os primeiros rumores precisos surgiram logo após o início da campanha para recuperar os livros perdidos. Alguns pesquisadores lembravam de ter visto exemplares que tinham os selos da Biblioteca Pública de Lima, o antigo nome da BNP, nas principais instituições acadêmicas da ordem, incluindo uma universidade e uma das melhores escolas da capital peruana. Apesar dessa certeza, os comentários nunca saíram de um círculo acadêmico restrito. O rumor só ganhou força quando um desses estudiosos se apresentou na Biblioteca Nacional para afirmar que a história era verdadeira e que estava disposto a provar isso.

Dias depois, com garantias de anonimato, o informante retornou com um pen drive contendo várias fotos. Uma das imagens mostrava um manuscrito em latim com dois selos nas bordas, um da Biblioteca e Arquivo Nacional do Peru e, sobreposto a ele, outro do Colegium Limense da ordem. Os livros haviam pertencido a uma fabulosa biblioteca que foi expropriada no século XVIII, quando Carlos III expulsou a Companhia de todos os seus domínios no mundo. Eles faziam parte da coleção que, após a Guerra de Independência, havia sido usada para criar a Biblioteca por decreto do Libertador José de San Martín. Desde então, eles se tornaram propriedade pública e, agora se sabia, estavam retidos nas mãos de particulares.

A confirmação colocou Ramón Mujica em um dilema: naquela época, ele estava preparando uma importante atividade acadêmica na Biblioteca Nacional sobre o legado dos jesuítas, como parte das comemorações internacionais dos 200 anos do retorno da Companhia às terras americanas. No momento em que recebeu as evidências, o diretor já estava há meses em reuniões preparatórias com uma comissão que incluía membros religiosos da ordem e pesquisadores independentes. Nessas reuniões, eram feitas leituras comparadas de livros que revelavam um trabalho intelectual que remontava ao século XVI. Em cada encontro, novos livros eram mencionados. O assunto viria à tona cedo ou tarde.

Mas o caso apresentava um dilema muito mais complexo do que uma questão de propriedade de um lote de livros: era um daqueles momentos definidores em que os objetos culturais se tornam símbolos de um passado não resolvido. A história não pode ser desfeita, mas pode ser corrigida? Mujica teve que discutir o assunto com o padre Juan Dejo, representante da ordem nas coordenações acadêmicas daqueles dias. Semanas depois, a Companhia propôs um acordo: eles entregariam os livros, mas não como uma devolução, e sim como uma doação para a campanha da BNP. A transferência seria feita em uma cerimônia discreta, a portas fechadas, no Colégio La Inmaculada de Monterrico, um bairro residencial de classe alta que abriga as escolas particulares mais exclusivas de Lima.

Na data combinada, Mujica chegou à escola acompanhado por dois especialistas em arquivos e bibliotecas, uma assessora de imprensa e um fotógrafo da Biblioteca Nacional. O grupo foi recebido em uma ampla sala de descanso para professores. Poucos minutos depois, chegou uma pequena comitiva de padres jesuítas vestidos com trajes negros e colarinhos brancos. O padre Dejo liderava o grupo. Houve algumas palavras protocolares e alguém fez uma piada sobre ser melhor sair logo da situação. Então, o grupo foi conduzido para uma pequena sala onde uma longa mesa estava coberta de livros. Havia exemplares de diferentes tamanhos, incluindo manuscritos e impressos. Alguns estavam encadernados com o típico couro de carneiro usado no século XVI, enquanto outros tinham capas de papelão de épocas mais recentes. Mujica examinou alguns volumes enquanto fazia elogios sobre o que estava recebendo. Os jesuítas, com um tom condescendente, apressaram a cerimônia. Cinco minutos depois, um termo foi assinado. Esse documento havia sido revisado previamente por advogados e até pelo Provincial da ordem.

O documento começava com algumas referências históricas de que a Companhia de Jesus foi a quinta congregação religiosa a chegar ao Peru no final do século XVI. Também reivindicava que a ordem havia sido a mais ativa intelectualmente durante seus primeiros 200 anos no país. Em seguida, incluía uma declaração: "Nesse contexto, as bibliotecas jesuítas foram expropriadas e saqueadas. Muitos de seus volumes foram confiscados pelo Estado colonial e se tornaram parte do que hoje é chamado de Biblioteca Nacional". Mais do que uma mensagem filantrópica, parecia ser um argumento cauteloso de defesa. A ordem voltou ao Peru em 1871, quando o país já era diferente, mas suas propriedades nunca foram devolvidas e acabaram sendo vendidas ou distribuídas. "Deve-se esclarecer que a Companhia de Jesus no Peru nunca reivindicou os bens que lhe foram injustamente confiscados", afirmava o termo.

Na visão dos jesuítas, muitos de seus ex-alunos do Colégio La Inmaculada haviam se tornado intelectuais destacados ou políticos influentes. Com o tempo, essas pessoas haviam doado seus bens como forma de agradecimento pela educação que receberam. Entre esses bens, diziam, havia obras de arte e preciosidades bibliográficas. O argumento era compreensível, exceto pelo detalhe de que entre essas preciosidades havia exemplares com selos da Biblioteca Nacional. Isso os tornava propriedade do Estado peruano. Para recuperá-los, a congregação teria que entrar com ações de restituição da mesma forma que as famílias judias europeias conseguiram recuperar pinturas, esculturas e centenas de obras de arte confiscadas pelos nazistas na metade do século XX.

Em vez disso, as obras haviam desaparecido dos cofres da BNP e, de alguma forma desconhecida, surgiram nas bibliotecas jesuíticas modernas. "Nos arquivos do Colégio La Inmaculada ou em outros registros disponíveis na Companhia de Jesus, não foram encontrados dados sobre quem entregou ou deixou os mencionados livros no Colégio, nem os motivos pelos quais os entregaram", apontava o documento. Parece que também não havia referências sobre essa transferência nos arquivos do padre Rubén Vargas Ugarte, o sacerdote e bibliógrafo jesuíta que foi diretor da Biblioteca Nacional em 1961.

Após a assinatura, Mujica foi convidado a fazer um passeio pelas instalações da escola. A manhã estava clara. O passeio incluiu uma visita a um pequeno zoológico privado, que abrigava dois leopardos, um pavão branco, vários papagaios e pelo menos uma dúzia de veados. Enquanto caminhavam, o bibliotecário aproveitou para contar a um de seus anfitriões uma história inspiradora sobre o patrimônio artístico da ordem: em um templo nos Andes, custodiado pela Companhia, havia sete pinturas coloniais extraordinárias que os padres locais estavam empenhados em proteger de possíveis traficantes. Sua sugestão era que eles procurassem financiamento para restaurá-las e mostrá-las ao mundo. Pouco depois, eles se despediram cordialmente.

Os dois técnicos da biblioteca ficaram mais algumas horas no escritório da escola para conferir a lista e embalar os livros. O carregamento foi cuidadosamente acondicionado em seis caixas e um veículo oficial da Biblioteca as pegaria no dia seguinte.

As obras foram recebidas com espanto na Biblioteca Nacional. Era a recuperação mais significativa desde o início da campanha para encontrar os livros perdidos. Se antes haviam chegado exemplares valiosos em pequenos grupos que não ultrapassavam uma dúzia, desta feita chegaram de uma vez setenta e sete volumes muito raros, tanto pelo conteúdo quanto pelo prestígio de seus autores. Mujica revisou as seis caixas imediatamente em uma reunião a portas fechadas com Martha Uriarte, a arquivista que agora era a diretora técnica da BNP, e Delfina Gonzales del Riego, a maior especialista em paleografia da instituição. As surpresas começaram desde o início: o primeiro dos exemplares era nada menos que o *Tractatus secundus in secundum Aristotelis*, do sábio jesuíta Juan Pérez de Menacho, um manuscrito considerado perdido. Menacho, um dos intelectuais mais brilhantes do século XVI no Peru, foi professor, consultor do Santo Ofício e autor de diversos estudos teológicos, filosóficos e morais.

Naquela época, os teólogos foram protagonistas do grande debate sobre se a conquista da América era legítima, ou se os indígenas, esses novos seres encontrados em um mundo recém-descoberto, eram seres humanos e tinham razão e direito à liberdade. Para entender essa nova realidade – equivalente a encontrar vida em outro planeta –, os intelectuais do Vice--Reino revisaram as doutrinas de autores medievais e clássicos, especialmente Aristóteles, que em sua teoria política afirmava que alguns homens nasciam para ser senhores e outros para serem escravizados.¹³⁸ Menacho foi um dos intelectuais que refutaram essa ideia em tratados de grande erudição. Até onde se acreditava, cinco desses manuscritos estavam guardados na Biblioteca Nacional até serem destruídos no incêndio de 1943.¹³⁹ Agora, um deles aparecia com marcas inequívocas de ter estado ali antes da tragédia: na primeira página, quase sobre o título, tinha o selo do *Colegio Limense* com a sigla *JHS*; mais abaixo, o da *Biblioteca y Archivo Nacional del Perú*; e acima deste, outro selo da ordem, mais nítido e em uma tinta diferente. Cada marca revelava uma época e a jornada do manuscrito pelos altos e baixos da história.¹⁴⁰ "Este é o curso que Pérez de Menacho lecionava na Universidade de San Marcos", disse Mujica entusiasmado. Os presentes notaram em sua voz o característico tom intenso quando ele encontra um detalhe enigmático ou uma informação reveladora nas obras de arte.

Nesse momento, a paleógrafa notou que na caixa número três havia chegado outro manuscrito de Menacho. Era um tratado sobre a virtude. Essa nova descoberta tinha uma encadernação solta e a primeira página um pouco borrada. Apesar do deterioro, ainda era possível ver a elegante caligrafia do teólogo, com letras inclinadas para a direita e cheias de

---

138. Rivara, 1996, p. 219-274.

139. Basadre, 1971. A perda das cópias após o desastre está documentada no artigo publicado pouco tempo depois por Raúl Porras Barrenechea no jornal *La Prensa*, de Lima. Foi também republicado no *Boletín Bibliográfico de la Biblioteca de la Universidad Nacional Mayor de San Marcos*, v. XIII, julho de 1943, n. 1-2, p. 1-9. Há também uma referência a essa perda no primeiro volume de *Teologia en América Latina*, de Joseph-Ignasi Saranyana e Carmen--José Alejos Grau.

140. A variedade de selos usados pela BNP desde sua fundação até a atualidade apareceu na segunda página do relatório *Se buscan libros perdidos*, que apresentou os resultados do inventário de 2011. Esteve disponível na página da BNP até 2017.

pequenos laços e curvas. Já era uma ocasião excepcional, uma descoberta dupla que pode acontecer talvez uma vez na vida, quando da mesma caixa saiu um terceiro exemplar presumivelmente escrito pelo sábio jesuíta. Mujica leu o título com um tom crescente de emoção que contagiou as especialistas: *Disputationes de incarnatione verbi divini*. No canto inferior direito, podia-se ver o selo um pouco borrado da biblioteca e, acima dele, o selo do colégio da ordem. O grupo estava fascinado. O que tinham sobre a mesa eram textos escritos em uma época brilhante da história das ideias na América, um tempo em que Lima era uma cidade de sábios. Muitos eram jesuítas, cujas obras serviriam a inúmeros pesquisadores para entender desde as discussões religiosas até as mudanças científicas e políticas de seu tempo.

No carregamento, que incluía trinta e nove manuscritos e trinta e sete impressos, havia outras duas obras muito raras e famosas, que também se consideravam perdidas. A primeira delas era o *Cursus Integri Philosophici*, do respeitado teólogo Ildefonso de Peñafiel, um marco nas publicações acadêmicas do Vice-Reino. Esse jesuíta de pai espanhol e mãe peruana estudou Filosofia no Colégio de San Pablo e depois Teologia na Universidade de San Marcos. Com o tempo, tornou-se um dos intelectuais mais destacados de Lima. Um de seus irmãos, Leonardo, também foi um religioso intelectual de grande prestígio. A cátedra do Padre Ildefonso foi tão celebrada que San Marcos chegou a solicitar formalmente que a Companhia de Jesus publicasse sua obra, um gesto que nunca tinha ocorrido na universidade mais antiga das Américas.

O *Cursus Integri Philosophici* consistia em três volumes e foi publicado em Lyon em 1653. O primeiro volume, o mais importante, tinha uma história misteriosa. Pelo menos uma dúzia de autores mencionava sua existência desde o século

XVII, mas no final do século XX ele tinha desaparecido.[141] "Não havia vestígios do texto dentro do Peru", disse-me um pesquisador da obra de Peñafiel. Os acadêmicos que estudavam o pensamento vice-real só podiam deduzir seu conteúdo a partir de uma obra crítica escrita trinta anos depois pelo clérigo cusquenho Juan Espinoza Medrano. Na obsessão de encontrar o volume original, um grupo de estudiosos o procurou sem sucesso em bibliotecas de três países, desde o Equador até o Chile. Uma pista próxima apareceu num texto do Padre Rubén Vargas Ugarte, o jesuíta que foi diretor da Biblioteca Nacional. Num estudo sobre a obra da ordem no Peru, ele comparou o conteúdo do exemplar com o de outro autor, quase como se os tivesse diante de si. "Tudo fazia presumir – antes de encontrarmos os textos – que Vargas Ugarte chegou a ter em suas mãos o primeiro volume do 'Curso de Artes' de Ildefonso", escreveu o pesquisador Milko Pretell, um especialista em latim que em 2011 publicou uma tradução do livro juntamente com um ensaio antecipando detalhes dessas peripécias.[142]

O volume acabara de aparecer num depósito do colégio jesuíta de Monterrico. Lá se guardava uma parte da chamada Coleção Vargas Ugarte, uma biblioteca particular em que o sacerdote historiador reuniu diversos textos originais. A outra parte estava na Universidade Antonio Ruiz de Montoya. O volume que a Companhia entregaria à gestão de Mujica tinha na folha de rosto os dois selos da Biblioteca Pública de Lima e um do Colégio Limense. "A avaliação textual de seus argumentos pode fornecer novas luzes sobre nossa biografia intelectual", escreveu Pretell. O desaparecimento deste livro fez com que os mistérios em torno deste autor se estendessem por quase 300 anos.

---

141. Pretell, 2011, p. 525-572.
142. *Ibid.*

A segunda obra que reapareceu naquela manhã no escritório de Mujica foi o *Tractatus de restitutione* de Martin de Jáuregui, um sacerdote contemporâneo de Juan Espinoza Medrano, que chegou a ser provincial da Companhia. Embora se destacasse como orador, também é considerado um dos protagonistas dos debates teológicos e jurídicos da época. Jáuregui foi um dos célebres professores de San Pablo e censor da Inquisição, um cargo reservado aos teólogos mais destacados para analisar os supostos crimes contra a fé. Sua história tem um halo misterioso: desconhecem-se os detalhes dos últimos vinte e cinco anos de sua vida.

Quando faleceu, aos noventa e quatro anos, Jáuregui deixou uma coleção com vinte e quatro de seus melhores sermões, publicados sob o pseudônimo de Melchor de Mosquera, e o manuscrito de um tratado de Teologia em três volumes.[143] Essa obra tornou o Padre Jáuregui um dos intelectuais mais destacados do Vice-Reino. Agora, ela retornava com indícios de que o único exemplar existente havia pertencido à Biblioteca Nacional antes do incêndio. O extraordinário era que, da mesma forma que nos casos anteriores, esse livro não estava sozinho. O carregamento entregue pelos jesuítas incluía também o volume intitulado *Tratatum de Spe Virtute Theologica*, de 1689. Ambos estavam na antiga biblioteca de San Pablo.[144]

A raridade dos impressos e manuscritos entregues pelos jesuítas era maior do que um bibliófilo respeitável poderia ter colecionado ao longo de toda a vida. Havia relações entre um volume e outro que revelavam um olhar de bibliófilo, uma sensibilidade para construir uma coleção muito seleta de conhecimento e um rico senso de história: vários dos autores eram contemporâneos ou discípulos uns dos outros; suas obras

---

143. Rivara de Tuesta, María Luisa, *op. cit.* Também há referências dessa perda em *Los jesuitas y la modernidad en Iberoamérica (1549-1773)*.

144. Díaz, 1991, p. 361.

abordavam temas teológicos ou filosóficos afins e haviam sido publicadas em períodos curtos nos séculos XVII e XVIII. Até as marcas em suas páginas estabeleciam uma conexão: em um exemplar estava escrito que foi adquirido durante a ocupação chilena na Guerra do Pacífico; outro ostentava o selo de Ricardo Palma, o bibliotecário que reconstruiu a Biblioteca depois da libertação; em um terceiro, podia-se ver a assinatura de Carlos Romero, o último diretor antes do incêndio que a destruiu pela segunda vez. Apenas um trabalho paciente e metódico teria permitido reunir esse tesouro bibliográfico. A mesma erudição que agora permitia recebê-los como mereciam.

Em certo momento, Mujica leu em voz alta que na linha 39 da lista de doação constava um *De mysterio de incarnatione* atribuído a Diego de Avendaño, um brilhante teólogo e jurista colonial quase esquecido. "Não, não é de Avendaño. Esse livro é de Menacho. Eles se enganaram", corrigiu o bibliotecário. O que vinha do clérigo segoviano, antigo reitor daquele templo intelectual que foi o Colégio Máximo de San Pablo de Lima, era o primeiro volume do *Thesaurus Indicus*, sua obra mais celebrada. Era um exemplar de primeira edição, publicado na Antuérpia em 1668. A obra é conhecida como uma espécie de testamento ético que Avendaño escreveu na velhice, ao longo de sete anos, e no qual aplicou seus profundos conhecimentos teológicos, morais e jurídicos ao estudo da realidade americana. Nesse primeiro volume, o estudioso jesuíta analisava se os Reis Católicos tinham o direito de dominar o Novo Mundo, quais eram suas obrigações como governantes e se havia justificação para submeter os indígenas à escravidão. Ele é considerado um texto fundamental no pensamento jurídico do século XVII.

Nenhuma dessas joias valiosas e surpreendentes, no entanto, causou o mesmo espanto que um manuscrito intitulado *Disputationes in universam Aristotelis*. Era uma obra do frade agostiniano José de Axcaray, um teólogo e matemático com fama de sábio, que foi professor na Universidade de San Marcos e tutor do filho do vice-rei Conde de la Monclova.[145] Sua perspicácia científica estava concentrada no exemplar que Mujica tinha em suas mãos naquela manhã. Tratava-se de um tratado de dialética, física e metafísica. A primeira página estava adornada com desenhos de aves e flores, e nas páginas internas havia vinhetas de animais ao lado de esquemas de cálculo geométrico. No meio do livro, havia três diagramas sobre astronomia que mostravam a localização e o movimento dos planetas. Um dos esquemas era baseado na teoria heliocêntrica de Copérnico: o Sol estava cercado por sete círculos concêntricos, com a Terra no terceiro círculo, envolvida em sua própria órbita. "Esta é a chegada do Renascimento italiano", comemorou o bibliotecário. Na página seguinte, havia outro esquema do universo em que o Sol girava em torno da Terra. "Isso confirma minha tese", disse ele.[146]

Em seus estudos, Mujica havia definido o vice-reinado peruano como um último reduto da escolástica medieval, um movimento teológico que considerava a fé superior à razão como veículo do conhecimento, mesmo quando o cartesianismo já triunfava na Europa. O manuscrito, datado de 1680, continha vários parágrafos censurados. O bibliotecário e as

---

145. Moral, 1895, p. 134.

146. No ensaio *Dime con quién andas y te diré quién eres. La cultura clásica en una procesión sanmarquina de 1656*, Mujica explicava assim: "Já no século XVII, os teólogos do vice-reinado peruano estavam cientes dos quatro modelos que coexistiam simultaneamente na Europa: o cosmos geocêntrico e finito de Aristóteles, Ptolomeu e Santo Tomás; o universo teocêntrico de Nicolás de Cusa; o cosmos heliocêntrico de Aristarco de Samos, Pitágoras e Copérnico; e o cosmos infinito e heliocêntrico de Giordano Bruno (Couliano, 1987, p. 23). O *criollo* peruano Nicolás de Olea (nascido em 1635) faz referência a Campanella, Descartes, Nicolás de Cusa, Tito Bracke e Giordano Bruno, mas se recusa a abandonar o geocentrismo medieval, que, com pequenas variações, foi difundido a partir dos púlpitos e das salas de aula universitárias no Peru". Mais informações em *La tradición clásica en el Perú virreinal*, de Teodoro Hampe (comp.).

duas especialistas discutiram esses detalhes como se estivessem tentando resolver um novo enigma da história. Minutos depois, o exemplar foi cuidadosamente guardado na caixa em que tinha vindo. O magnífico carregamento de livros ficou sob a custódia de Martha Uriarte, a diretora técnica, até que a catalogação fosse concluída. O encargo era tão delicado quanto o dos arquivos presidenciais que Uriarte havia salvo há alguns anos: pouco antes da revisão, havia chegado a notícia de que, naquela época, uma casa de leilões em Nova Iorque estava vendendo um manuscrito de Pérez de Menacho por 30 mil dólares. Na lista final dos jesuítas, podia-se ver que pelo menos quarenta dos volumes doados tinham pertencido à Biblioteca Nacional.[147]

8.

Uma manhã, pouco antes de sair para um dos santuários de livros, Mujica recebeu um pacote que confirmava os efeitos de sua campanha contra os traficantes de livros: eram dois exemplares roubados da Biblioteca Nacional que a prestigiosa historiadora de arte Natalia Majluf tinha recuperado no centro comercial Amazonas, um grande mercado informal de livros usados no centro de Lima. Esse local é famoso porque lá é possível comprar desde livros escolares usados até impressões antigas de edições raras.

Majluf, uma acadêmica com um olhar penetrante e olheiras leves que lhe dão um ar de elegância severa, tinha ido

---

147. "Esses livros foram nossos", disse Juan Dejo em uma primeira conversa telefônica para esta pesquisa. "Nós os doamos", enfatizou para definir a natureza da entrega. O historiador jesuíta lembrou que a companhia havia sofrido um duplo despojo histórico: primeiro, com a confiscação de seus bens pela coroa espanhola em todos os seus domínios coloniais; e depois, com o saqueio de seus arquivos durante a Guerra do Pacífico. "No Chile, eles têm um excelente arquivo jesuíta que na realidade é nosso", disse ele. Agora, fazia parte de um moderno centro de documentação que é apresentado como um orgulho do país do Sul. "Você sabe como são os chilenos", comentou Dejo.

em busca de alguns títulos do século XIX para seus estudos sobre os pintores dos primeiros tempos da República. Em vez disso, ela encontrou dois exemplares em perfeito estado com selos antigos da BNP. Um deles era o *Discurso sobre el origen del quechua y el aymará*, de Pablo Patrón, um médico erudito apaixonado pelo mundo antigo, famoso por ter descoberto que Inca Huayna Cápac morreu de varíola.57 O outro livro era o Álbum del Centenario de Mariano Melgar, de 1891, uma homenagem ao nascimento do poeta romântico que seria fuzilado aos vinte e quatro anos por apoiar a Independência. Ambos os exemplares tinham o mesmo selo na folha de guarda, no mesmo local, como se tivessem sido colocados pela mesma pessoa.

Natalia Majluf lembrava-se perfeitamente desses detalhes na manhã em que nos encontramos na cafeteria do Museu de Arte de Lima, um dos mais importantes e ativos da cidade, que ela dirigia há vários anos. "Esses livros não têm nenhuma indicação de que tenham sido retirados de maneira formal. Devo supor que foram roubados", ela disse categoricamente. Naqueles dias, a especialista estava preparando uma exposição sobre José Gil de Castro, o enigmático artista responsável pelos retratos mais icônicos dos Libertadores da América do Sul. Majluf vinha pesquisando a vida e obra desse autor que começou a pintar na época em que a Independência estava sendo gestada, mas cuja história era praticamente desconhecida até recentemente.[148]

Reconstruir essa vida por fragmentos foi o trabalho de pesquisadores em três países. O último foi a Argentina, onde existem pelo menos duas obras importantes de Gil de Castro. Natalia Majluf seguiu a trilha do pintor por várias bibliotecas e arquivos peruanos. Nessas instituições, e para suas diferentes pesquisas, ela esbarrou nas típicas desculpas quando um livro ou

---

148. Majluf, Natalia. "*En busca de Gil de Castro. Rastros de una (Auto)biografía*". In: *José Gil de Castro, pintor de Libertadores*. Santiago de Chile: Museo Nacional de Bellas Artes.

documento desaparece. Um desses casos aconteceu na biblioteca do Museu Nacional de Arqueologia, Antropologia e História, que guarda um tesouro do patrimônio pré-colombiano e da vida republicana. A historiadora lembrava vividamente que, certa vez, encontrou lá algumas aquarelas com motivos militares que nunca mais lhe foram mostradas. Sempre que pedia para vê-las novamente, diziam-lhe que estavam em processo de catalogação. Vinte anos depois, a resposta era a mesma. Majluf estava convencida de que, mais do que incompetência, isso era uma desculpa para encobrir roubos. "Esses saqueios estão destruindo a possibilidade de pesquisa no Peru", ela disse com um gesto indignado. Ela mesma foi testemunha de um episódio na Biblioteca Nacional.

O incidente ocorreu numa manhã de 2009, quando ela foi à nova sede da BNP junto com o pesquisador Juan Carlos Estenssoro. Um fotógrafo profissional também os acompanhava, pois faria reproduções de algumas gravuras importantes. Quando estavam prestes a concluir o trabalho do dia, Estenssoro, um especialista no catolicismo indígena durante o período do vice-reinado, quis usar a câmera para reproduzir uma rara gravura do século XVII. Era a imagem que ilustrava a biografia do venerável Nicolás de Ayllón. Um dos bibliotecários de plantão trouxe o exemplar solicitado e o entregou aos pesquisadores sem muitas explicações. Imediatamente, percebeu-se que a gravura original estava faltando.

"Foi cortada com precisão", lembrou Majluf em nossa conversa. Ela se referia ao fato de que não era um trabalho feito às pressas por um ladrão disfarçado de leitor. Era um trabalho feito com calma e conforto, um trabalho interno, como os que Ramón Mujica começaria a denunciar mais tarde. A pesquisadora não se lembrava se havia apresentado uma queixa. "Com essa gente, não há mais nada a dizer", explicou quase com raiva.

"São os mesmos ladrões que estão lá, atendendo você. Todos são uma máfia. Você vai reclamar com uma máfia?".

O livro sobre o piedoso personagem, escrito pelo padre jesuíta Bernardo Sartolo, era uma raridade que chegou à Biblioteca como parte da Coleção Justo. A gravura mostrava um homem de cabelos longos, bigode ralo e nariz aquilino. Estava vestido com uma capa que lhe dava uma aparência distinta. Na mão direita, segurava um coração, e na outra, um prato com pequenas estátuas que representavam a crucificação de Cristo. Na legenda, indicava: "*Nicolás de Ayllón o Nicolás de Dios. Yndio de Nación. Natural de Chiclayo. Iurisdicción de Saña. Varón de exemplar vida*". Era a história de um pobre alfaiate que levava uma vida de santo, chegando a passar necessidades para sustentar um abrigo de mulheres ainda mais pobres do que ele. Sartolo atribuía a ele episódios miraculosos, como uma luta com o demônio ou o poder de multiplicar a comida.

O próprio Mujica tinha estudado o livro na época, porque o autor mencionava as visões de Ayllón sobre Santa Rosa, com rosas em uma mão e uma âncora na outra, uma evidência de que o primeiro ícone *criollo* da santa tinha sido imaginado por um indígena que estava sendo considerado para a beatificação. Pelo menos três pesquisadores haviam visto a gravura original no exemplar da Biblioteca Nacional, pois essa informação constava em seus registros de pesquisa de anos anteriores. O historiador e professor Rafael Sánchez-Concha inclusive publicou a gravura em um livro sobre religiosidade durante o período do vice--reinado, editado em 2003. Seis anos depois, a imagem havia desaparecido. Até aquele momento, vários acadêmicos haviam passado por experiências semelhantes, mas ficavam em silêncio para não prejudicar seu relacionamento com os bibliotecários, que tinham o controle da situação: eles poderiam ajudar um estudioso em suas pesquisas ou criar obstáculos até tornar a vida dele impossível. No entanto, essa descoberta foi tão revoltante que Estenssoro e Sánchez-Concha decidiram apresentar as evidências de forma reservada ao jornal *El Comercio*.[149] Apenas sete meses haviam se passado desde a primeira denúncia jornalística do roubo de quatro livros antigos com a prova do código de barras da BNP. Esse novo caso abalou novamente a Biblioteca e mostrou que a situação era ainda mais grave. A reportagem publicada nos dias seguintes destacava três características que tornavam único o livro sobre o chamado "índio santo do Peru": a gravura que continha era o primeiro retrato impresso de um personagem indígena; em seu tempo, o exemplar foi proibido pela Inquisição; e havia sido declarado Patrimônio Cultural da Nação há poucos anos, exatamente ao mesmo tempo que um dos exemplares roubados da denúncia anterior.[150]

O então diretor, o historiador Hugo Neira, desconsiderou o novo escândalo, argumentando que tudo se devia a uma suposta guerra entre sua instituição e uma parte da academia peruana. "Há pessoas muito hostis à biblioteca", declarou ao jornal. No mesmo dia da publicação, Neira saiu para responder às acusações em uma coletiva de imprensa, na qual mais uma vez estava acompanhado por Nancy Herrera, na época Diretora-Geral do Centro de Serviços Bibliotecários Especializados (CSBE). Ambos apresentaram uma teoria inesperada: disseram que a gravura da denúncia nunca existiu.

A versão oficial foi que o livro da BNP nunca teve a página onde a imagem estava impressa e que os pesquisadores, dois dos acadêmicos mais respeitados do país, estavam enganados. Neira afirmou que existiam dois microfilmes da gravura:

---

149. Galarza, 12 de agosto de 2009.

150. Resolução Diretiva Nº 217-2006-BNP, de 11 de dezembro de 2006, assinada por Hugo Neira, diretor nacional da BNP. A resolução lista 24 títulos, incluindo *Instrucción de confessores e penitentes...*, de Daniel Concina, e *Vida admirable y muerte prodigiosa de Nicolás de Ayllón...*, de Sartolo. O primeiro foi roubado e posteriormente comprado por um colecionador; o segundo, mutilado, conforme relataram acadêmicos que tiveram acesso ao exemplar.

um feito no final dos anos 1990 a partir do livro guardado na BNP e outro trazido da Biblioteca Nacional da Espanha em uma data desconhecida. A advogada e bibliotecária que estava ao lado do diretor insistiu que a única imagem existente do retrato estava na cópia espanhola. O mistério da gravura desaparecida se concentrou na origem da versão publicada por Sánchez-Concha. A Biblioteca encarregou uma fotógrafa e um especialista em artes gráficas da Direção de Preservação e Conservação de analisar a questão. Os técnicos afirmaram ter usado um microscópio e um dispositivo chamado estereoscópio, que permite combinar duas imagens planas para criar um efeito 3D. Seus relatórios indicaram que ambas as imagens tinham as mesmas características: um par de manchas abaixo da frase principal da gravura, uma linha na altura da orelha, duas linhas diagonais paralelas. "A gravura do livro de Sánchez-Concha foi retirada desse microfilme", afirmou o relatório final, realizado por uma das funcionárias próximas a Nancy Herrera.[151]

O resultado não explicou o ponto fundamental: as declarações precisas de pelo menos dois estudiosos respeitados que afirmaram ter tido o livro com a gravura em mãos. A resposta de Neira e Herrera não apenas colocou em dúvida a veracidade da reportagem, mas também a reputação dos denunciantes. Foi então que os pesquisadores que haviam vazado a informação decidiram ratificar sua denúncia com seus nomes: Rafael Sánchez-Concha disse que não apenas viu a gravura de Ayllón, mas também a fotografou; Juan Carlos Estenssoro desmontou a suposta confusão de vez: "Eu conheço os dois exemplares que estão na Biblioteca Nacional de Madri, um deles tem uma anotação manuscrita da censura inquisitorial e o outro tem o selo da Biblioteca Real, e nenhuma dessas marcas está no microfilme

---

151. Relatório N° 377-2009-BNP/CSBE-DPDB de Delia Córdova, diretora--executiva (interina) da DPDB, para Nancy Herrera, diretora-geral (interina) do CSBE, de 17 de agosto de 2009.

que entreguei ao *El Comercio*", afirmou o historiador sobre as provas de sua denúncia.

Havia também alguns detalhes soltos. O mais óbvio – que os relatórios técnicos não explicavam – era que agora o livro exibia apenas uma imagem, mas não a de Nicolás de Ayllón, e sim a de Santo Antônio de Pádua. Nenhuma das três cópias que a Biblioteca Nacional da Espanha realmente possui apresenta uma gravura semelhante. Era um enxerto, que, além de tudo, tinha sido colocado no lugar errado. "Nos nossos exemplares, a gravura nem sequer está na folha de rosto, mas sim no primeiro capítulo", explicou-me Adelaida Caro, uma especialista do Departamento de Manuscritos, Incunábulos e Raros da biblioteca madrilenha, que mais tarde concordou em examinar as três cópias em detalhes para esclarecer qualquer dúvida. Na época, seu diagnóstico teria lançado mais sombras sobre a explicação oficial de Lima, onde alguns pesquisadores interpretaram o estranho enxerto como uma tentativa de disfarçar a perda da gravura original.

As descrições sobre esse livro eram tão genéricas que apenas um acadêmico envolvido no tema teria notado esse detalhe. O próprio relatório técnico que sustentou a declaração do livro como Patrimônio Cultural da Nação, três anos antes, evitou qualquer menção à suposta mutilação prévia de uma gravura ou à peculiaridade do enxerto, como seria de se esperar em um documento que visava destacar as características excepcionais da peça. Esse detalhe não era insignificante: era o mesmo relatório que propunha a declaração de patrimônio cultural para um dos quatro títulos que seriam posteriormente vendidos no mercado clandestino, como foi denunciado na primeira vez. A autora desse documento era Nancy Herrera.[152]

---

152. Relatório técnico Nº 002-2006-BNP/CSBE/DPDB de Nancy Herrera, diretora-executiva da DPDB, para Martín López, diretor-geral do CSBE, de 15 de fevereiro de 2006. O documento inclui os certificados com a descrição

"Não temos mais uma imagem da época de Ayllón. Para encontrá-la, um peruano teria que ir à Biblioteca Nacional da Espanha, porque a que tínhamos no Peru foi roubada. Isso é um escândalo", disse-me Natalia Majluf na cafeteria do Museu de Arte. Naquele momento, a pesquisadora adotou um tom de quem acabou de ser assaltado. Majluf tinha uma poderosa razão adicional para se sentir indignada: naquela mesma manhã, logo cedo, a comunidade acadêmica foi abalada pela divulgação de um e-mail coletivo intitulado "Roubo de documento - Túpac Amaru - 1780". Era um alerta emitido por um prestigioso pesquisador da história colonial andina sobre a venda de um manuscrito raro na internet. Um usuário do *eBay*, sob o pseudônimo de *paperum*, havia colocado à venda o manuscrito intitulado *Décimas con título de Aviso al público, fijadas en la Plaza de la Imperial Ciudad del Cuzco*. Era uma folha escrita em ambos os lados, com a suposta transcrição original dos versos de um panfleto publicado nos dias seguintes à revolta do chefe indígena José Gabriel Condorcanqui.

Até aquele momento, a única versão conhecida dessas décimas estava em um volume de vários manuscritos guardados na Biblioteca de Madri. Essas décimas são um testemunho direto da rebelião mais importante do século XVIII na América espanhola. Naquele panfleto, elogiava-se a justiça de Túpac Amaru II, contava-se sobre a recente execução do Corregedor Arriaga e invocava-se a proteção divina para o líder rebelde. Isso significava que esses versos foram escritos durante a revolução. O documento do *eBay* não tinha data, mas o vendedor na internet se atreveu a estimá-la: "Pela caligrafia, claramente da segunda metade do século XVIII, é um manuscrito contemporâneo à época e aos eventos que descreve". A venda foi concluída em maio de 2013. Foi a última pista dessa peça na internet.

---

técnica de cada peça proposta para a resolução que as declararia Patrimônio Cultural da Nação. Todos também assinados por Nancy Herrera.

Na manhã em que conversamos, Natalia Majluf me disse que esse era apenas mais um episódio dos vários que haviam alarmado a comunidade acadêmica recentemente. Além das denúncias ocasionais na imprensa, havia casos que circulavam nas redes sociais. Não fazia muito tempo que as evidências do tráfico se tornaram tão graves que a própria Majluf havia promovido a publicação de um *Manifiesto por la Memoria Histórica*, uma carta aberta assinada por 149 intelectuais para denunciar as perdas nos acervos mais valiosos.[153] Entre os signatários do manifesto, havia historiadores peruanos e estrangeiros, escritores, um ex-diretor da Biblioteca Nacional, o ex-presidente da Comissão da Verdade, economistas, empresários, sociólogos, antropólogos, artistas plásticos e jornalistas. "Nas últimas décadas, os arquivos, bibliotecas e repositórios do país têm sido saqueados", afirmava a primeira linha do manifesto. Em muitos casos, indicava, a causa desse declínio era a ignorância e a negligência em que essas instituições estavam imersas. "Em outros casos, a ação criminosa levou ao roubo sistemático de livros e documentos". Os intelectuais pediam a intervenção da Defensoria Pública para pressionar as autoridades responsáveis. Eles também exigiam que a Controladoria Geral da República e o Ministério Público impedissem a impunidade dos "crimes contra o patrimônio de todos os peruanos".

O pronunciamento foi amplamente comentado, mas não teve mais impacto do que todos os esforços feitos para prevenir o desastre. Um ano depois, a máfia do roubo de livros tentaria, sem sucesso, remover da Biblioteca Nacional, escondidos em um móvel em ruínas no telhado, os arquivos do ex-presidente e herói nacional Andrés Avelino Cáceres. Não foi o primeiro nem o segundo, mas o terceiro caso flagrante de tráfico no

---

153. Pode ser visto em http://historiaglobalonline.com/2009/08/17/por-la--memoria-historica-manifiesto-en-defensa-de-nuestro-patrimonio-documental/.

principal depósito da memória do país. Majluf não mencionou nomes, mas descreveu o cenário como uma doença terminal: "Meu diagnóstico é que, em todos (os casos denunciados), os funcionários são medíocres, não têm qualificações e, acima de tudo, são corruptos".

IV

O capitão espanhol Pedro Hurtado de Mendoza navegou quase toda a costa ocidental da América em uma época em que os marinheiros mais experientes ainda tentavam descrever como era o fim do mundo. Os maiores avanços haviam sido feitos no século XVII por navegantes ingleses e holandeses que até se estabeleceram temporariamente em pontos estratégicos para estudar o ainda novo continente e preparar a conquista dessas terras para seus países. As viagens de Hurtado de Mendoza coincidiram com os esforços da Espanha para manter seu domínio no extremo sul. No entanto, se esse marinheiro passou para a história, foi por um manuscrito feito por seu irmão no porto peruano de Callao. O documento é *Derrotero General del Mar del Sur del Capitán Pedro Hurtado de Mendoza*, assinado pelo também capitão Manuel Joseph Hurtado em 1730.

É um livro grande, do tamanho de uma mesa de cabeceira, com mapas da forma do continente e doze rotas marítimas que ligavam desde o norte do golfo do Panamá até o Estreito de Magalhães na parte inferior. Em cada página, há anotações com informações úteis para a navegação, como a existência e a distância de ilhas, rios, medidas de profundidade das águas e até mesmo o tipo de produtos que uma embarcação poderia obter em cada porto até onde a terra acabava. "É muito difícil ter uma ideia do imenso trabalho e do longo tempo que o autor investiu na elaboração dessa obra", escreveu o famoso explorador italiano Antonio Raimondi, que a incluiu em um relato dos primeiros estudos científicos sobre a geografia peruana.[154]

O manuscrito teve uma jornada digna de seu conteúdo: Raimondi o descobriu na coleção da antiga Escola de Medicina

---

154. Raimondi, 1876, p. 249.

de Lima. Mais tarde, convencido de sua raridade, o bibliotecário Ricardo Palma fez os arranjos para transferi-lo para a Biblioteca Nacional. O *Derrotero del Mar del Sur*, como é conhecido, foi uma das obras que escapou do incêndio da BNP em 1943, graças ao fato de estar no escritório do diretor da época. Por quase 300 anos, permaneceu em relativo bom estado até que, em uma manhã de 2011, alguém descobriu que ele havia sido mutilado.[155]

O crime passou despercebido até o dia em que o pesquisador Jorge Ortiz Sotelo, um marinheiro aposentado com formação em história, pediu cópias digitalizadas de algumas páginas. Um colega do Chile havia pedido que ele as obtivesse para uma próxima edição de um livro sobre cartografia do extremo sul do país e o próprio Ortiz planejava aproveitar para obter cópias de alta qualidade para seu arquivo pessoal. Seu pedido ficou sem resposta por várias semanas e até meses, conforme ele lembra. Um dia, Ortiz decidiu visitar o novo local da Biblioteca Nacional para insistir em sua solicitação. Foi então que uma funcionária lhe disse que havia um problema: quando o volume estava sendo revisado para avaliar o trabalho, um dos técnicos descobriu que faltavam pelo menos oito folhas. Como cada folha estava escrita na frente e no verso, isso significava a perda de dezesseis páginas de informações valiosas, incluindo mapas, desenhos e textos. "É muito difícil alguém que estivesse pesquisando roubar algo assim, porque o livro é muito grande. Isso foi trabalho interno", explicou-me o marinheiro historiador numa manhã na biblioteca de sua casa, localizada numa rua com o nome de Miguel Grau, o maior herói da Marinha Peruana.

Jorge Ortiz Sotelo é uma autoridade na história da cartografia no Peru. Além de sua formação acadêmica na Universidade Católica de Lima, possui um mestrado na Inglaterra e um doutorado em História Marítima pela Universidade de

---

155. Relatório N° 083-2011-BNP/DT-BNP de Silvana Salazar, diretora técnica, para Ramón Mujica, diretor nacional, de 15 de dezembro de 2011.

Saint Andrews, na Escócia. É reconhecido por ter descoberto, nos anos 1980, um documento semelhante chamado *Derrotero inglés de las costas de América 1703-1704*, de autor desconhecido, que estava no Arquivo da Marinha do Peru. Após estudá-lo, ele propôs a tese de que o autor era William Dampier, um famoso corsário que realizou várias expedições à América e foi o primeiro a mapear a costa da Austrália. Com o tempo, e graças à descoberta de novos documentos, o historiador marítimo mudou sua teoria de forma surpreendente: o verdadeiro autor do manuscrito não foi Dampier, mas um membro de sua equipe chamado Alexander Selkirk, um navegador escocês que, em uma dessas viagens, foi abandonado em uma ilha chilena como castigo por insubordinação. Selkirk passou quatro anos sozinho naquela ilha deserta até ser resgatado por seus próprios companheiros em uma viagem subsequente. Ele é considerado a inspiração para a história de Robinson Crusoé.

"Sempre me interessei pela história da navegação, pela cartografia e pelos cosmógrafos", me disse o capitão Ortiz Sotelo. Ele inclusive recebeu apoio de seus superiores para se especializar nessa atividade acadêmica. Outra de suas contribuições notáveis é um estudo sobre a expedição do navegador e explorador espanhol Gabriel de Castilla, o primeiro marinheiro a chegar à Antártica no século XVI.

Quando foram comemorados os 500 anos da "Descoberta da América", Ortiz Sotelo propôs que fosse publicada uma edição fac-símile de um dos dois principais documentos de cartografia do Peru. O guia náutico de Dampier era o mais antigo, mas o de Hurtado de Mendoza teve mais peso devido ao seu status de patrimônio local. "É uma peça única", enfatizou Ortiz. O historiador marítimo realizou um estudo preliminar sobre os criadores do documento. "Não sabemos muito sobre eles", me contou. Porém, ele conseguiu determinar que o autor, Manuel Joseph Hurtado, foi mestre de uma fragata por volta de 1719 e que, na época em que o manuscrito foi concluído, em 1730, ele devia ter cerca de sessenta anos. Pedro Hurtado de Mendoza, o protagonista, também era um experiente navegador envolvido no comércio.

O guia náutico continha lembretes para viagens futuras e advertências sobre os locais onde outras embarcações haviam naufragado, a fim de evitar rotas perigosas.[156] Essa informação era tão valiosa para a segurança da navegação que os guias eram considerados segredos de Estado: o trabalho de um navegador poderia abrir caminhos para o desconhecido. "[...] Todos os seus descobrimentos deveriam ser registrados e enviados ao rei para evitar que caíssem em mãos inimigas", observa Ortiz em um estudo sobre os cosmógrafos do século XVI, os grandes cientistas da época. A edição fac-símile do guia náutico peruano foi publicada em 1993 e inclui a transcrição completa do texto, realizada pela esposa de Ortiz, que também é historiadora. Agora, é a única versão completa dessa valiosa obra.

Quando o atentado ao *Derrotero* foi descoberto, os responsáveis focaram na primeira pista lógica de qualquer perda: a última pessoa que o consultou. Os registros indicavam que em julho de 2010, quase um ano e meio antes de se descobrir a mutilação e três meses antes de se detectar a tentativa de roubo do Arquivo Presidencial Cáceres, o Capitão Ortiz Sotelo se apresentou na sala de pesquisa de San Borja para solicitar o exemplar em consulta. Até essa data, o manuscrito estava guardado no cofre da antiga sede, no centro de Lima, o que implicava um procedimento de transporte que seria atendido no dia seguinte. Naquela manhã, os responsáveis tiveram que percorrer os dez quilômetros entre os dois prédios para retirar o

---

156. Uma das anotações, que acentuou a raridade do documento, foi um acréscimo de Ricardo Palma sobre o naufrágio do navio a vapor Rímac, em que havia sido tripulante em sua juventude. Para mais informações, consulte *Tiempos de infancia y bohemia: Ricardo Palma (1833-1860)*, de Oswaldo Holguín Callo.

exemplar com todas as medidas de segurança, incluindo o estabelecimento de uma cadeia de custódia. Duas diretoras assinaram um termo de saída no escritório da Direção de Patrimônio Documental Bibliográfico (DPDB), a unidade responsável pela guarda dos livros mais valiosos.[157] Esse registro de uma única página apenas indicava o título, a data original e que se tratava de um exemplar encadernado. Também mencionava o nome da pessoa encarregada de transportá-lo.

Foi assim que se soube que a historiadora Nelly Bobbio, a mesma do Caso Trinta Livros, havia levado a peça de um lugar para outro, sem qualquer observação sobre suas condições ou o número de folhas que tinha naquele momento.[158] Ou ela não verificou ou não registrou a verificação. Dado o trânsito habitual naquela rota, a valiosa carga deveria ter chegado ao destino aproximadamente uma hora depois. O próximo registro do manuscrito foi em um serviço de fotografia, onde foi enviado pela primeira vez para a realização de quatro reproduções solicitadas pelo pesquisador. Permaneceu lá por seis dias, até ser devolvido à área responsável pela custódia dos materiais valiosos. Supunha-se que os responsáveis deveriam enviá-lo de volta à sede antiga, mas isso não aconteceu nos dias seguintes, nem na semana seguinte, nem no mês seguinte. O manuscrito nunca mais voltou ao cofre original.[159]

---

157. Ata de saída temporária assinada por Delia Córdova Pintado, diretora-executiva (interina) do DPDB, e Magda Victoria Grande, diretora-geral (interina) do CSBE, em 8 de julho de 2010.

158. Relatório Nº 011-2012-BNP-CEPAD da Comissão Especial de Processos Administrativos Disciplinares para Ramón Mujica, diretor nacional, de 12 de dezembro de 2012. A cópia da ata de saída temporária de 8 de julho de 2010 também está no arquivo do autor.

159. Relatório Nº 18-2012-BN/OAL de Selina Perales, diretora-geral do Escritório de Assessoria Jurídica, para Ramón Mujica, diretor nacional, de 10 de janeiro de 2012.

Ninguém relatou o desaparecimento do exemplar até meados de 2011, quando todo o pessoal da Biblioteca Nacional estava realizando um inventário solicitado por Ramón Mujica para determinar a extensão dos roubos. Dois bibliotecários que estavam verificando o conteúdo do cofre antigo informaram que o *Derrotero* não estava no lugar. Quase um ano havia se passado desde que ele saiu da caixa-forte que o protegeu por mais de meio século. A notícia aumentou a suspeita entre as diferentes facções de funcionários. A busca continuou na sede de San Borja, o último paradeiro conhecido. Pouco depois, encontraram o manuscrito em uma pequena sala que servia como depósito para máscaras, luvas e pastas. "Era um espaço estritamente para materiais de trabalho", disse-me, sob a condição de anonimato, uma funcionária que testemunhou de perto o ocorrido.[160]

Naquela época, a versão dada pelos responsáveis era que o manuscrito havia sido aparentemente extraviado. O suposto descuido era mais grave porque, naquele momento, todas as áreas responsáveis pelas coleções valiosas deveriam ter preparado seus acervos para o inventário. Se o manuscrito não tivesse sido encontrado, o *Derrotero* teria se tornado mais um documento desaparecido, extraviado ou roubado na longa história de desaparecimentos da BNP. No mesmo local, também apareceram manuscritos oficiais e correspondência de outras coleções. "Havia quatro encadernados, incluindo algumas cartas de (Ricardo) Palma", disse-me a testemunha. Todo o material recuperado foi enviado a um dos cofres, enquanto se organizava o retorno aos seus respectivos lugares. O documento que registrava esse procedimento indicava que o *Derrotero del Mar del Sur* tinha 149 folhas. Isso significa que o manuscrito tinha – ou deveria ter – 147 folhas numeradas e duas folhas de guarda. Ninguém verificou se isso era verdade.

---

160. Com a garantia de confidencialidade, a entrevista foi gravada em áudio e está nos arquivos do autor.

A reviravolta deste livro estava fresca na memória de todos aqueles que participaram de sua busca quando Jorge Ortiz Sotelo solicitou o manuscrito novamente em outubro de 2011. Além da entrega do documento ter sido adiada por várias semanas, também ocorreram eventos confusos. O mais estranho foi que, em 2 de dezembro, enquanto Ortiz aguardava há dois meses para vê-lo, o manuscrito foi retirado do cofre "para atender a um usuário pesquisador". Não teria sido um detalhe relevante se não fosse pelo fato de que naquele dia havia apenas três acadêmicos na sala de pesquisadores, e nenhum deles pediu o *Derrotero*.[161] Três dias depois, o diretor da área de serviços de biblioteca fez com que o manuscrito fosse retirado novamente e, ao examiná-lo, detectou a mutilação. No mesmo dia, ele relatou a perda das oito folhas aos seus superiores. Ainda seriam necessários mais dez dias para que Ramón Mujica recebesse o relatório deste novo crime.

Foi um roubo tão específico que deve ter sido encomendado por alguém com um interesse muito preciso: as páginas perdidas correspondiam à parte final da costa sul-americana do Pacífico. Elas mostravam as distâncias e descrições dos últimos portos do Sul, desenhos de ilhas com colinas e vulcões, pontos terrestres e outros detalhes do final do continente. Cortar essas páginas parecia ser obra de um bibliófago, alguém com um apetite tão voraz por uma peça que não se importava em destruí-la para possuí-la. "Um historiador dificilmente faria algo assim", disse Jorge Ortiz em sua biblioteca. Seus colegas são aliados naturais no mundo da bibliofilia, essa congregação que considera os livros como troféus sagrados do conhecimento. "Seria uma contradição fazer história e depredá-la", enfatizou

---

161. Relatório Nº 169-2013-BNP/CSBE/DESIB de Edwin Díaz Belleza, diretor-executivo (interino) da Diretoria Executiva de Serviços e Investigações Bibliográficas (DESIB), para Mercedes Romero, diretora-geral da CSBE, de 17 de outubro de 2013.

o marinheiro. Era mais provável que essas folhas mutiladas estivessem agora nas mãos de um colecionador e, devido à região que representavam, que esse colecionador fosse chileno.

Naquela época, o Peru estava envolvido em um processo contra o Chile no Tribunal Internacional de Justiça para resolver definitivamente uma disputa marítima que remontava ao início do século XX. Ambos os governos haviam apresentado à corte holandesa suas defesas com base em documentos históricos que incluíam tratados, leis e, é claro, mapas históricos da área disputada. As sessões do tribunal eram vividas com especial intensidade em alguns arquivos nacionais, que finalmente viram a importância de preservar os documentos do passado à vista de todo o país. As páginas roubadas do *Derrotero* não contribuíram com informações relevantes para esta disputa específica, mas de alguma forma tinham um aspecto simbólico que não passava despercebido para os bibliotecários da BNP. Afinal, a disputa tinha origem na perda de território nacional após a última guerra entre os dois países: a mesma guerra em que o Exército chileno cometeu o que o imaginário popular peruano registra como um dos piores saqueios culturais de sua história. Por uma espécie de compensação cósmica, o homem que agora poderia ajudar a esclarecer detalhes do documento mutilado também vivia no país do Sul.

2.

O professor Rodrigo Moreno é um dos maiores especialistas em mapas antigos do Chile. Ele é autor de compêndios monumentais que reúnem cartas náuticas descobertas durante suas pesquisas em bibliotecas e arquivos ao redor do mundo. Também é um dos poucos acadêmicos capazes de dar uma ideia precisa sobre a importância do *Derrotero del Mar del Sur*. Anos atrás, ele se interessou por seu conteúdo precisamente porque incluía a área descrita nos documentos agora perdidos. Com cerca de cinquenta anos e notável erudição, Moreno é um especialista no distante arquipélago de Chiloé, no extremo sul do Chile. Sua tese de doutorado concentrou-se na missão jesuíta daquela região, que na época colonial era considerada o refúgio religioso mais austral do mundo. Obrigado a compreender esse capricho da geografia, ele começou a se interessar pelas cartas dos primeiros navegantes europeus que descreveram a região.

Em uma ocasião, ele viajou para Lima para consultar o manuscrito de Manuel Joseph Hurtado, que faria parte de um livro de mapas da região. O professor Moreno se apresentou na Biblioteca Nacional no mesmo dia em que ocorreu a suspeita inundação do prédio novo, em julho de 2007. O incidente ocorreu por volta do meio-dia, e todos os serviços foram suspensos devido à emergência. Somente quando Moreno explicou que havia viajado especialmente para fazer uma consulta, eles lhe permitiram o acesso. Uma vez na sala de pesquisa, disseram a ele que o manuscrito não estava disponível. "Fiquei terrivelmente surpreso porque em certo momento me disseram que o manuscrito havia sido perdido", disse-me em uma mesa do Café Colonia, um tradicional salão de estilo alemão localizado atrás do Arquivo Nacional de Santiago.

Moreno lembrava claramente da reação dos bibliotecários de Lima ao tentar explicar o que havia acontecido. "Foi todo um incidente. Como não o encontraram, eles ficaram assustados", observa. Uma funcionária, que tinha o cargo de diretora, reuniu-se com ele para oferecer-se a investigar o caso. Enquanto continuava a busca e durante o restante da semana, Rodrigo Moreno foi o único visitante da sala de acervos antigos, que ficou restrita devido aos trabalhos de secagem dos livros. Na sexta-feira daquela semana, o *Derrotero* ainda não tinha aparecido. O professor teve que voltar ao Chile sem ver o manuscrito. Somente dias depois, quando já estava em seu país, recebeu um e-mail confirmando que o manuscrito havia reaparecido. Em nenhum momento mencionaram que estava incompleto.

Naquela ocasião, ele teve que publicar seu livro com fotografias tiradas nos anos 1980, que estavam no arquivo de outro pesquisador. O episódio parecia esquecido até que, três anos depois, o professor Moreno precisou de novas imagens do *Derrotero* com melhor resolução para outro livro de mapas. Então, ele pediu ajuda a seu amigo e colega peruano, o capitão Jorge Ortiz Sotelo, para obtê-las. Uma chamada telefônica desoladora de Sotelo revelou pouco depois a mutilação do manuscrito. Desde Lima, o historiador marítimo aproveitou para perguntar se ele tinha alguma ideia de como detectar seu paradeiro.

Não foi uma pergunta aleatória. O professor Moreno está familiarizado com várias redes de colecionadores em seu país que buscam mapas da mesma forma que os negociantes buscam obras de arte. "É gente que poderia ser cliente natural de um roubo por encomenda", ele deduziu em voz alta durante nossa conversa. Contudo, imediatamente descartou a possibilidade de algum de seus conhecidos estar envolvido nesse tipo de negócio obscuro. Ele me contou que pouco antes de nossa reunião em Santiago, esteve na casa de um compatriota rico, residente em Genebra, que se especializava em cartografia chilena. Em certo momento, Moreno lhe perguntou se tinha ouvido falar que alguns mapas de Chiloé estavam circulando no mercado dos colecionadores de mapas. Geralmente, os colecionadores de peças desse calibre fazem suas compras em casas especializadas em Londres ou Nova Iorque – as duas principais capitais da venda de mapas no mundo –, mas costumam ficar sabendo do que está circulando entre os caçadores de relíquias. Ele não teve sorte. Não havia notícia de que esse material tivesse sido colocado à venda. Outro contato em Londres, geralmente muito bem informado, confirmou que ninguém na comunidade tinha ouvido falar do material. "Isso nos leva a pensar que quem mutilou o documento não o ofereceu (abertamente): portanto, foi um trabalho por encomenda ou alguém que ficou com o material", disse-me o professor especializado em mapas do passado.

Havia um detalhe que alimentava essa hipótese: as páginas roubadas ostentavam os selos da BNP em locais visíveis. Pelo menos um par de selos estava no meio das ilustrações, o que tornava impossível removê-los com qualquer produto químico sem danificar as imagens. Essa condição sugeria que, na melhor das hipóteses, o eventual comprador nunca poderia exibi-lo – o prazer de qualquer colecionador – devido ao risco de se expor. Apenas alguém disposto a desfrutar de uma relíquia de maneira clandestina poderia comprar essas páginas. Talvez essa condição tenha elevado seu preço. "Há pouco tempo, vi um pequeno guia náutico de oito páginas, também do século XVIII. Ele foi vendido por 40 mil euros, mas foi em uma venda legal, de uma coleção privada que foi a leilão", contou-me Moreno.

O especialista em mapas antigos traçou uma pista com base em seu conhecimento sobre este livro. Ele me disse que, além da costa de Chiloé, as páginas mutiladas mostravam detalhes de áreas ainda mais ao sul, como a região de Aysén ou a região de Magalhães e Antártica Chilena, onde realmente termina o território da América. Esse aspecto era fundamental para entender o propósito do roubo. O mais lógico seria apontar para alguém interessado no arquipélago de Chiloé, mas o historiador comentou que, apesar dos anos dedicados ao assunto, não conhecia nenhum outro especialista que pudesse estar interessado em mapas dessa região. Ele também não tinha conhecimento de algum colecionador disposto a encomendar um roubo na BNP. A situação mudava com um detalhe de geografia básica: esses mapas correspondiam ao que se considera a Patagônia chilena. "Minha teoria é que se tratou de (alguém com) um interesse patagônico. E se foi assim, entramos em um mundo desconhecido", disse-me Moreno. Mais do que uma zona geográfica, a Patagônia é um marco no imaginário aventureiro da humanidade. Colecionadores interessados nessa região podem estar no Chile e na Argentina, mas também em qualquer parte do mundo.

A evidência desse interesse universal estava em outra peça extremamente rara que revelava a extensão dos roubos na BNP: um antigo mapa do Estreito de Magalhães que foi devolvido anonimamente em setembro de 2013 na embaixada peruana em Londres. Era uma magnífica peça cartográfica feita com oito folhas de papel imperceptivelmente unidas com cola e media dois metros e meio de comprimento por um de largura. Segundo os funcionários da embaixada que o receberam, à primeira vista não havia sinal de que pertencesse ao patrimônio cultural do Peru, mas outra fonte indicou, também sob sigilo, que havia um selo da Biblioteca Nacional escondido atrás de um fragmento restaurado. Era verdade. O selo estava no verso, sob uma etiqueta em ruínas que indicava o título: *Mapa Geográfico del Estrecho de Magallanes hecho por* [fragmento danificado] *Cruz Cano y Olmedilla, geógrafo de S.M. Madrid: 1795.*

Referia-se a Juan de la Cruz Cano y Olmedilla, um cosmógrafo e acadêmico espanhol do século XVIII que, vinte anos antes, havia publicado um magnífico mapa da América do Sul, tão preciso na descrição do território e de seus povos nativos que foi confiscado para não prejudicar os interesses espanhóis nas disputas da época com Portugal. Agora é considerado uma peça fundamental na cartografia de sua época. Até aquele momento, a paleógrafa mais experiente da Biblioteca Nacional tinha quase descartado a autoria do mapa, embora tenha confirmado sua excepcionalidade.

Rodrigo Moreno, que acabara de publicar um artigo acadêmico muito documentado sobre a evolução da cartografia do Estreito de Magalhães, ficou intrigado com as fotos que mostrei.[162] "É claramente um mapa de piloto", disse-me ao observar a Rosa dos Ventos, um círculo rodeado por dezesseis pontas que projetam linhas de acordo com as direções de navegação, com a mítica flor-de-lis como símbolo do Norte. Segundo Moreno, os marinheiros da época costumavam ter pastas cartográficas que incluíam cartas técnicas detalhadas e mapas mais gerais como esse, que permitiam completar a visão da área a ser explorada. Era uma imagem quase sintética do estreito, em cores intensas de marrom e verde. A Terra do Fogo aparecia como um território fraturado, uma teoria em voga na época.

"Isso é uma joia, um documento muito valioso", disse o especialista chileno em mapas antigos sobre esta peça que não constava nos registros da Biblioteca Nacional até ser devolvida. Moreno me disse que sua mera sobrevivência a tornava extraordinária. Havia dois momentos prováveis para explicar sua retirada: um era o incêndio de 1943, que permitiu a fuga de milhares de documentos não catalogados; o outro, sempre trágico, foi a guerra entre o Peru e o Chile, um episódio cujas perdas nunca foram calculadas com precisão.

3.

Santiago Landman é um homem de constituição robusta, cabelos grisalhos, cavanhaque e um olhar perspicaz que o qualifica para vender desde obras de arte até troféus de guerra. É um dos antiquários mais ativos da capital do Chile. No início de 2009, seu nome circulou em um pequeno circuito de bibliófilos em Lima quando ele colocou à venda vários livros que pertenceram ao Peru durante a chamada Guerra do Pacífico, um conflito do final do século XIX no qual a Bolívia perdeu seu acesso ao mar e

---

162. Moreno, 2013, p. 419-439.

o Chile capturou Lima. O Peru perdeu também uma província, minas de salitre, muitas obras de arte e uma grande biblioteca.

Naquela época, entrei em contato por e-mail para pedir detalhes sobre os exemplares. O antiquário estava de férias na Europa, uma de suas viagens anuais quando a capital chilena entra na temporada de calor. Alguns dias depois, ele me enviou uma resposta com notícias do passado distante: "Tenho esses três livros que pertenceram à Biblioteca Pública de Lima, trazidos pelas tropas chilenas", disse ele sobre as fotos que enviou anexadas. A versão era verdadeira: um dos volumes tinha a assinatura do general José de San Martín e dois selos com o escudo característico da época em que ocorreu a ocupação. Era um exemplar de *Las tres últimas musas castellanas*, a compilação póstuma dos poemas de Quevedo, editada em 1772.

Outra das fotos mostrava um título ainda mais raro, de 1689, com o ex-libris de San Martín: um tratado sobre a criação da ordem militar do Espírito Santo, com 200 gravuras de seus membros. Era a primeira vez que apareciam novos vestígios da coleção do Libertador, perdida durante a captura de Lima. O antiquário, que não perdia a oportunidade de destacar a origem dos livros na invasão, pedia 2 mil dólares por cada um deles.

Um livreiro em Lima alertou o então diretor, Hugo Neira, através de uma carta na qual sugeriu a possibilidade de a BNP comprar um dos exemplares, como um ato de recuperação do patrimônio perdido ao longo da história. Ele anexou à carta uma foto da folha de rosto da obra *SS.PP. Toletanorum quotquot extant opera*, uma compilação de escritos de santos espanhóis feita pelo arcebispo bibliófilo Francisco de Lorenzana. Era uma primeira edição, publicada em Madri em 1782. Na parte inferior da folha de rosto, o selo com o escudo peruano estava perfeitamente visível. A BNP não respondeu. O volume deve ter se perdido em alguma coleção particular, porque Landman nunca mais o mencionou quando voltei a contatá-lo algum tempo depois.

A essa altura, o antiquário já havia adotado outra estratégia para negociar os livros de San Martín, especialmente o que continha 200 emblemas. "Fazendo as contas, a 15 dólares cada gravura, sem calcular a encadernação de época (século XVIII) em couro vermelho com detalhes em ouro, fica em 3 mil dólares", me explicou em outro e-mail. Era uma maneira absolutamente rudimentar de calcular o valor do patrimônio de um país. Só quando o conheci pessoalmente, ficou claro que se tratava de algo ainda pior.

Uma tarde, visitei Landman em sua loja em Santiago do Chile, uma das maiores e mais chamativas em um centro comercial que abriga vários antiquários na capital chilena. O edifício tem cinco andares, projetados em formato espiral ascendente, e é conhecido como "*Los Pájaros*". O interior está repleto de vitrines e biombos cheios de todos os tipos de objetos, desde colheres de chá até pistolas e equipamentos militares em desuso. É como uma pirâmide de acumuladores compulsivos, exceto que, neste caso, até o menor item pode valer uma fortuna. "A paixão do colecionador está em uma tensão dialética entre dois polos: ordem e desordem", escreveu o filósofo bibliófilo Walter Benjamin.

No dia da minha visita, uma figura de proa dominava o espaço de um balcão no terceiro andar. Em cada nível, havia estandes especializados: os de antiguidades étnicas ofereciam desde cerâmica pré-colombiana dos Andes até totens africanos; os de instrumentos náuticos continham desde mapas amarelados até lemes de navios; inclusive havia uma loja dedicada a objetos que pareciam ter saído de uma igreja católica: cálices, um sacrário, pinturas de santos e uma impressionante custódia, um relicário parecido com uma estrela brilhante, que é a peça favorita de ladrões sacrílegos. Não era incomum que a polícia aparecesse de vez em quando em busca de objetos roubados.

O nome de Santiago Landman estava destacado em uma placa preta com letras brancas no pátio central. Alguns passos à frente estava sua loja principal, que se parecia com uma loja de decoração de interiores repleta de enfeites. Landman chegou alguns minutos depois e me convidou para conversar em um canto cercado de relíquias. Foi como se tivéssemos entrado em uma exposição de museu.

O cenário realçou sua aparência de homem vindo de outra época, como um vice-rei vestido casualmente, amigável, mas altivo. "Eu sou um homem que respeita a história", afirmou. Sua narrativa pessoal o apresentava como alguém educado no culto ao passado. Ele herdou o gosto por coisas antigas de sua avó, filha de um imigrante russo que se casou com a herdeira de uma rica família peruana. "Ela era uma mulher muito culta, educada em Lima", comentou. Quando criança, ela o levou a museus, concertos e exposições, apenas para que ele observasse. Quando a avó faleceu, o neto já estava fisgado pelo tema da arte e da caça às antiguidades. Com o tempo, começou a aproveitar suas viagens para comprar peças únicas que destinaria a uma futura casa de campo.

Em uma vitrine, havia uma concha de sopa feita de prata que pertenceu a um herói chileno. "Cheguei a acumular tantas coisas históricas que tudo ficou grande demais e não consigo lidar com isso", disse-me quase como uma confissão. Na época de nossa conversa, ele estava há algum tempo fazendo negociações para que uma instituição cultural de seu país ficasse com toda a coleção. "Com o devido pagamento, claro", enfatizou com um leve arquear da sobrancelha direita, que parecia ser um aviso: não confunda o valor da história com o preço da história.

Todo antiquário compartilha pelo menos uma característica essencial com o colecionador: a obsessão pelos rastros que outras pessoas deixaram nos objetos. "Primeiro são coisas que você compra; depois começam a aparecer as pessoas: arquitetos, designers, reis, heróis", explicou Landman. Ele concentrava sua atenção no período entre 1810 e 1910, ou seja, a época da Independência do Chile e o primeiro século de sua República. Era capaz de narrar a vida dos protagonistas como se estivesse contando um filme que tinha visto na noite anterior. Na tarde em que conversamos, por exemplo, ele me falou detalhadamente sobre a biografia de Bernardo O'Higgins, o filho chileno de um vice-rei do Peru que se tornou um dos Libertadores da América. Sua narrativa incluía fofocas da sociedade, segredos de alcova e fatos históricos, tais como: ele era um filho ilegítimo e teve que ser enviado à Europa para evitar um escândalo; lá foi aluno particular do antigo amante de uma imperatriz russa, que acabou sendo Francisco de Miranda, o ideólogo da emancipação americana; já adulto ele perdeu suas terras nas mãos do regime colonial e em algum momento foi deportado; após a Independência, O'Higgins governou o Chile até que seus adversários o acusaram injustamente de desvio de fundos públicos.

Aos olhos de Landman, o general San Martín foi "um mercenário" que arrecadou dinheiro de famílias chilenas para libertar o Peru; Bernardo O'Higgins, por outro lado, foi um herói incompreendido que não havia recebido reconhecimento suficiente. A melhor prova de sua coragem, disse-me o antiquário, foi que, ao morrer, descobriu-se que tinha cinco doenças crônicas adquiridas durante suas lutas pela liberdade. "O'Higgins deu tudo por este país de merda", disse-me Landman, como se queixando dos erros e ingratidões da história. O mesmo tipo de falhas pelas quais, segundo ele, os comunistas agora estavam descartando as reformas de Pinochet. "Estamos sentados aqui, conversando confortavelmente, graças a pessoas que deram o seu melhor", apontou, sem rodeios.

Perguntei como ele se sentia ao colocar as mãos em um objeto que pertenceu a essas figuras históricas. Landman me disse que sentia uma conexão direta com o proprietário original.

"A pessoa se manifesta para mim", enfatizou. O simples fato de ver uma carta escrita há mais de um século o fazia entrar em uma espécie de transe que o conectava com aquele período. "Eu sinto até os cheiros dessas pessoas, seus sussurros. Sinto que estão falando e rindo", ele me disse. Então, eu trouxe à tona o assunto dos livros da guerra. Landman me deu mais notícias sobre o passado distante: ele ainda tinha dois dos livros que havia me oferecido anos atrás, e não eram os únicos. "Tenho cinco volumes maravilhosos da Biblioteca de Lima, mas não quero tocá-los", comentou. A única pista que ele me deu naquele momento foi que se tratava de um dicionário bíblico do século XVIII, com histórias e personagens do Antigo e do Novo Testamento. O que mais empolgava o antiquário era que cada volume estava repleto de gravuras com cenas da Criação, plantas do Templo de Jerusalém ou esboços desdobráveis das batalhas do povo de Israel para chegar à Terra Prometida.

— Você os venderia? — perguntei.

— Tenho carinho por eles — ele disse com um olhar suspeito.

Aparentemente, Landman os adquiriu em um dos grandes leilões realizados no Chile nos últimos vinte anos. "Em 1998, uma das maiores bibliotecas da América do Sul foi a leilão", ele comentou. Ele se referia à coleção do bibliófilo e antiquário chileno Alfredo García Burr. Também mencionou uma importante biblioteca leiloada pela viúva de um historiador e o leilão da coleção de outro acadêmico que continha cerca de 40 mil livros. Foi um pequeno, mas significativo, ajuste no cenário bibliográfico local. "Saíram coisas muito boas", lembrou Landman. Um dos títulos mais comentados nessa série de leilões foi um tratado de botânica dedicado à flora peruana e chilena. Foi colocado à venda com um preço base de 3 milhões de pesos chilenos e foi vendido por 20 milhões, cerca de 50 mil dólares. "Foi comprado por comerciantes argentinos que estavam conectados virtualmente de Londres", lembrou o antiquário com uma aparência de vice-rei. O salto no preço foi por causa de um detalhe que pode ser um tesouro para qualquer bibliófilo: o exemplar chileno tinha uma gravura a mais do que o exemplar guardado na biblioteca do Jardim Botânico de Londres.

— É comum encontrar no Chile livros da Biblioteca Pública de Lima? — insisti.

Landman concordou, atribuindo o fato, sem rodeios, ao saqueio feito pelos soldados chilenos na guerra de 1879.

O ser humano tem duas formas básicas de se aproximar do passado: através de um relato cronológico dos eventos ou através do resgate de coisas tangíveis, como vestígios da vida que nos antecedeu. O primeiro é o traço que define o historiador; o segundo, o antiquário. Na antiguidade clássica, já havia pessoas dedicadas a coletar vestígios, uma ocupação reservada aos eruditos: o antiquário mais famoso do Império Romano, Marco Terêncio Varrão, era um bibliotecário e amigo de Cícero. "A pesquisa antiquária revelou aos romanos costumes a serem revividos e precedentes a serem usados", escreveu o estudioso italiano Arnaldo Momigliano, um dos maiores pesquisadores do mundo antigo. Com o tempo, as diferenças se acentuaram e os antiquários passaram a ser respeitáveis colecionadores de relíquias.

Na metade do século XX, Momigliano escreveu que, naquela época, a diferença entre essas especialidades era que os historiadores reuniam informações para ilustrar ou explicar um episódio, enquanto os antiquários reuniam todos os objetos relacionados a um tema, independentemente de ajudarem ou não a resolver um problema.[163] Landman é um antiquário no sentido estrito: alguém que pode ser minucioso e perseverante para adquirir e entender suas peças de estudo, mas com um

---

163. Momigliano, 1925, p. 285-315.

profundo compromisso com o passado. Na tarde do nosso encontro, por exemplo, ele falava sobre livros saqueados como se fossem troféus de guerra capturados do inimigo: "Os troféus de guerra são troféus aqui e em qualquer lugar". Ele admitiu que o episódio havia sido uma tragédia, mas uma tragédia para ambos os lados. "Infelizmente, a história é escrita com sangue", observou, entre o dramático e o irônico. Em seguida, ele me convidou para visitá-lo no dia seguinte em seu museu pessoal, onde mostraria os troféus que tinha à venda.

  Landman não exagerava em vão: me recebeu em um apartamento de 330 metros quadrados em uma área exclusiva de Santiago, com várias salas repletas de pinturas, esculturas e móveis dos séculos passados. Era um lugar silencioso, como um verdadeiro museu. Um amigo chileno que me acompanhava, curiosamente com o sobrenome Basadre, teve que perguntar se as cadeiras eram para sentar ou para exposição. O antiquário, que parecia ter acabado de acordar de uma soneca dentro de um monumento, assentiu com um gesto sarcástico. Parecia querer destacar que nos concedeu acesso ao seu espaço mais precioso.

  Vários dos objetos que ele começou a mostrar estabeleciam uma ampla gama de conexões entre o Chile e o Peru, desde laços familiares até arte e morte. Primeiro, uma gravura de uma fazenda que pertencia à família Prado, a ramificação chilena de uma rica família peruana que incluía heróis e um presidente acusado de traição. Ao passar para outra sala, apontou para um quadro pendurado na parede que, segundo ele, havia sido pintado por José Gil de Castro, o pintor que retratou os Libertadores da América do Sul. O terceiro detalhe, que ele segurou com ambas as mãos e a expressão de um fetichista, era um escudo peruano bordado em tecido, parte de um estandarte capturado pelas forças chilenas na batalha de Huamachuco, uma das últimas e mais sangrentas da Guerra do Pacífico. No

Peru, essa batalha é lembrada por uma pintura que mostra o tratamento dos feridos peruanos no campo de batalha.

Minutos depois, o antiquário abriu a porta de um compartimento discreto e retirou um volume pesado do tamanho de uma pasta executiva. Ele parecia ansioso para mostrar os selos da Biblioteca Pública de Lima, mas o selo que estava na lombada havia sido removido com descuido e agora era uma mancha vermelha. "O que eles não conseguiram remover foram os selos que estavam dentro", disse ele enquanto procurava a folha de rosto. Ele não conseguiu encontrar os carimbos: em vez deles, na primeira página, havia dois buracos recortados com tesoura. O *Dictionnaire historique, critique, chronologique, geographique et litteral de la Bible*, impresso em 1730, estava em más condições. Landman explicou que há algum tempo, durante um dos frequentes terremotos que abalam o Chile, ocorreu uma rachadura no reservatório de água acima do prédio e a infiltração chegou até seu apartamento. O acidente danificou alguns móveis e parte dos livros que ele mantinha lá. Perguntei-lhe se, nessas condições, e especialmente com os selos cortados, o dicionário perdia algum valor. "Isso você teria que saber, já que está atrás dos livros", replicou com uma nova dose de sarcasmo. Em seguida, ele sugeriu que os autores do corte quiseram evitar possíveis pedidos de restituição do Peru.

 Eu repeti a pergunta do dia anterior sobre se ele estava disposto a vender esses exemplares ou se eles já faziam parte de sua coleção pessoal. "Eu gostaria de conservá-los, mas se de repente me disserem: 'Olha, esta edição é importante para nós, estamos dispostos a abrir o coração e a carteira', bem, você tem ouvidos e pode ouvir propostas", respondeu. Tínhamos entrado de cabeça no ramo das mercadorias históricas. O antiquário fez um último movimento para me vender o livro com os emblemas da Ordem do Espírito Santo.

— Por quanto você o venderia? — perguntou meu amigo, que estava no local.

— Uns dez milhões de pesos, talvez — disse com seu sorriso irônico recorrente. Em seguida, foi sincero. — 5 mil dólares ou algo assim.

Comentei que algum tempo atrás ele me ofereceu o mesmo livro por 2 mil dólares e depois por 3 mil.

— Imagine: são duzentas gravuras. Se eu vender a 50 mil pesos – cerca de 75 dólares – cada uma, quanto ganharia com isso!

A título de exemplo, ele me contou que havia desmontado recentemente um tratado de engenharia militar publicado na época de Napoleão Bonaparte. Tinha cerca de cinquenta gravuras de fortificações, defesas e várias estruturas estratégicas. Uma dessas ilustrações era uma folha dobrável que mostrava Napoleão com os engenheiros que estavam construindo uma ponte. No último capítulo, havia referências às teorias de Marco Vitrúvio, autor do tratado de arquitetura mais antigo da história. Landman me disse que no início estava pedindo 3.500 dólares pelo livro. Um colecionador ofereceu 500. Ele, indignado, fez um simples cálculo matemático e rejeitou a oferta. Imediatamente começou a desmontar o livro diante do rosto horrorizado do comprador frustrado. "Eram umas gravuras maravilhosas", sorriu o antiquário ao lembrar. Pareciam ideais para decorar o escritório de um arquiteto, um advogado ou até mesmo um hotel. Antes de nos despedirmos, Santiago Landman fez a declaração mais brutal que já ouvi de alguém que teve esses tesouros nas mãos: "Às vezes, desmontar um livro é mais comercial do que preservá-lo".

4.

Antes mesmo de os livros assumirem sua forma atual, várias civilizações na Terra já lutavam entre si por eles. O conflito mais famoso na história dos livros envolveu as cidades que possuíam as melhores bibliotecas do mundo antigo: Alexandria e Pérgamo. Quando um barco chegava ao porto da cidade oposta, os livros eram imediatamente confiscados, o Estado mantinha os originais e só devolvia cópias feitas por escribas rápidos. "Assim como hoje as nações disputam o petróleo, naquela época disputavam os manuscritos!", escreveu o sábio mexicano Alfonso Reyes.[164]

Fundar uma biblioteca sempre foi um compromisso com o intelecto, mas saqueá-la revela as pulsões humanas: uma das coisas mais lembradas acerca do general romano Marco Antônio é que, após o incêndio da Biblioteca de Alexandria durante uma guerra, ele compensou sua amante Cleópatra com milhares de volumes roubados da Biblioteca de Pérgamo; uma das coisas mais lembradas sobre o sultão otomano Solimão, o Magnífico, é que, no meio do século XVI, conquistou a Hungria e, entre todos os troféus que poderia ter tirado da Cristandade, escolheu levar a segunda biblioteca mais importante da Europa depois do Vaticano;[165] uma das coisas mais lembradas de José Bonaparte, o irmão de Napoleão que havia invadido a Espanha, é que suas tropas devastaram tantas bibliotecas que o próprio Bonaparte teve que proibir os ataques porque, no fundo, saquear território conquistado era roubar a si mesmo. "Além de constituir um ato de pilhagem, o roubo de textos tinha um valor simbólico para o vencedor: a afirmação de seu poder", disse o acadêmico e bibliógrafo peruano Pedro Guibovich em um estudo sobre o

---

164. Reyes, 2011.

165. Báez, 2004, p. 134.

saqueio da Biblioteca de Lima pelas tropas chilenas na Guerra do Pacífico.[166] Supõe-se que o saqueio de livros e arquivos é um ato destinado a sequestrar a memória do povo derrotado. Uma bibliotecária peruana me disse que é como roubar o único álbum de fotos de uma família: um trauma que desorienta, rompe laços com a tradição e enfraquece o senso de identidade. Poderia ser uma metáfora sobre um traço essencial da condição humana: o frágil equilíbrio entre emoção e razão. Quase ninguém lembra o calibre das munições que explodiram no campo de batalha, ou o modelo de armas que os heróis usaram ou os movimentos das tropas, mas poucos eventos de guerra são mais lembrados do que o assalto militar a uma biblioteca. No Peru, é um tema central na rivalidade com o Chile. "Em manuais escolares, obras gerais e em outras mais especializadas, o tema do saqueio e da destruição do patrimônio cultural da capital durante a guerra iniciada em 1879 continua presente", escreveu Guibovich, um dos maiores especialistas na história do livro no Peru.

No Chile, é um tema que o historiador Milton Godoy Orellana chamou de "amnésia seletiva". O relato sobre "o comportamento das tropas e a apropriação de bens públicos e privados durante a ocupação de Lima é, quando não desconhecido, silenciado, evitado e, em um pequeno número de casos, totalmente negado", observou Godoy em um estudo rigoroso sobre a apreensão de objetos culturais durante esse episódio.[167] "O saqueio de Lima não existiu", argumentou seu compatriota e colega Sergio Villalobos, um eminente pesquisador conhecido por suas opiniões radicais em várias questões históricas.

---

166. Guibovich, 2013, pp. 83-108.
167. Godoy, 2011, pp. 287-327.

O que existiu, segundo Villalobos, foi uma retirada metódica e cuidadosa das coleções peruanas.

A história é a seguinte: em uma tarde no início de 1881, dois anos após o início da guerra, as tropas chilenas entraram em uma cidade abandonada. Um diplomata europeu presente descreveu-a como algo semelhante a um cemitério. Em breve, uma administração militar foi estabelecida, e os prédios públicos foram transformados em quartéis. Nos dias seguintes, o diretor da Biblioteca Nacional, um dos poucos funcionários que permaneceu em seu cargo, recebeu a visita de alguns capelães das forças de ocupação que queriam aproveitar a estadia para conhecer as coleções. Ao final do dia, na hora habitual, o bibliotecário trancou a porta e foi para casa descansar. Na manhã seguinte, descobriu que muitos desses volumes haviam desaparecido. "Os livros são levados em carretas, e entendo que são embarcados com destino a Santiago", reclamou perante o embaixador dos Estados Unidos.[168] A transferência continuou por vários dias.

Na época da queda de Lima, a Biblioteca Nacional tinha cerca de 50 mil livros e um dos melhores edifícios da cidade. No final da guerra, restavam menos de mil e um santuário transformado em estábulo. O mesmo procedimento se repetiu nos arquivos de alguns ministérios e na biblioteca da Universidade Nacional Maior de San Marcos, a mais antiga das Américas. O exército chileno também levou peças do zoológico e obras de arte que enfeitavam as ruas e praças principais. "Na prática, o saqueio se traduziu em bens culturais, como estátuas, mármores, peças de museus, pinturas, instrumentos científicos, animais empalhados (e vivos) e peças arqueológicas, que, carregados nos navios chilenos, chegaram a Valparaíso e a outras cidades do país", observa Godoy Orellana, que revisou os próprios

---

168. *Ibid*. O episódio foi estudado por vários autores, mas os detalhes foram retirados do trabalho de Guibovich.

arquivos chilenos para explicar o episódio. Suas descobertas confirmam o saqueio, mas, ao mesmo tempo, devem desfazer qualquer chauvinismo: enquanto em Santiago havia deputados e intelectuais que protestavam contra o saqueio cometido por seu próprio exército, em Lima havia comerciantes que compravam livros e documentos da Biblioteca Nacional para embrulhar mantimentos.

As pessoas têm pontos de vista; os países têm mitos. Há historiadores chilenos que explicam a tomada de Lima como um gesto magnânimo para ordenar uma capital – uma nação – afundada no caos causado pelos próprios peruanos, e historiadores peruanos que atribuem ao povo chileno um belicismo nascido de uma inveja antiga. "Éramos um país rico que comprava enciclopédias e não comprava fragatas", chegou a dizer o historiador e sociólogo Hugo Neira, já como diretor da BNP, em uma entrevista na televisão.[169] Um extraterrestre poderia ver dois povos refinados competindo por troféus culturais. A história real, no entanto, mostra que, antes da guerra, as bibliotecas nunca foram o centro da vida em Lima e que, após a guerra, quase ninguém voltou a ler os volumes depositados por mais de um século nas bibliotecas de Santiago.

O assunto foi praticamente um tabu diplomático até que, em 2006, o jornalista chileno Marcelo Mendoza desenterrou a chamada "Lista Domeyko", uma relação dos livros e objetos científicos retirados de Lima nos dias da ocupação. Foi compilada por um venerável acadêmico polonês, então reitor da Universidade do Chile, que recebeu a tarefa de inventariar a carga enviada pelo exército chileno. Ignacio Domeyko – que havia escapado da ocupação de seu próprio país por tropas russas quarenta anos antes – detestou a tarefa e, para exorcizar a amargura, fez seu relatório ser publicado no diário oficial do

---

169. Reportagem *Lo que Chile se llevó*, de Mariella Patriau, transmitida no programa *Panorama*.

Chile. A lista permaneceu esquecida por mais de um século, até que Mendoza a resgatou em um artigo que pela primeira vez revelava um número concreto sobre o saqueio: mais de 10 mil volumes chegaram oficialmente a Santiago. O jornalista também incluiu alguns detalhes como uma espécie de confissão: ele próprio havia sido parte do silêncio. Alguns anos antes, Mendoza havia recebido a missão de selecionar livros valiosos da Biblioteca Nacional do Chile para uma exposição em uma cúpula presidencial. A ideia era mostrar os tesouros bibliográficos do país anfitrião. O problema era que vários desses volumes, guardados na chamada Sala Medina, tinham os selos da Biblioteca Pública de Lima. "Eles faziam parte do tesouro escondido em uma sala-cofre que, apesar de seu valor, permanecia invisível e desconhecido", escreveu Mendoza em uma segunda parte do artigo. A publicação teve um impacto tão grande que pouco depois o governo chileno admitiu sem reservas a existência dos livros e expressou a vontade de devolvê-los.

Todo mito se fragmenta em pelo menos duas perspectivas. No Peru, o artigo sobre a "Lista Domeyko" foi manchete em um importante jornal, e várias figuras elogiaram a coragem de Marcelo Mendoza por tirar a venda dos seus compatriotas em relação a um assunto tão sensível. "Por aqui, foi bastante diferente", contou-me o jornalista de Santiago. "Ganhei o ódio de certos grupos fascistas, o que inclui alguns historiadores do século XIX, inclusive com ameaças de morte".[170]

5.

Na mitologia do mundo antigo, a coruja é a companheira de Minerva, a deusa romana da sabedoria e da guerra. Na

---

170. E-mail de 31 de março de 2015, de Marcelo Mendoza ao autor.

Biblioteca Nacional do Chile, é o símbolo de José Toribio Medina, um dos bibliógrafos mais importantes da América. Uma escultura dessa ave enigmática, pousada sobre dois livros, domina um canto da sala que abriga a coleção do estudioso, considerada o coração do edifício. "Foi um presente de sua sogra, e ele o adotou como sua representação livresca", contou--me o bibliotecário Mario Monsalve na tarde em que o visitei de surpresa. "Em todos os seus livros, essa imagem aparece", apontou para a marca distintiva que todo colecionador coloca em seus exemplares.

A escultura tem um interruptor para acender os olhos da ave, que se transformam em duas esferas brilhantes na penumbra. Monsalve, que, na época de nosso encontro, estava cuidando da coleção há doze anos, costumava ativá-los para contar a inevitável lenda de um lugar que parecia o escritório de um professor de Harry Potter: à noite, segundo ele, a coruja ganhava vida e sobrevoava as prateleiras de livros como um guardião nas trevas. Naquela tarde, no entanto, a coruja estava quieta e com os olhos apagados. O guardião era o bibliotecário.

Monsalve, um homem de óculos quadrados que era a gentileza em pessoa com seu jaleco azul, estava sentado em uma escrivaninha coberta de folhas que mostravam o perfil da costa do Chile. Ao redor, havia um globo terrestre gigante em pé, uma mesa com lâmpadas de bronze e pequenas luminárias que iluminavam as paredes forradas de madeira escura. "Estou trabalhando com cópias de mapas coloniais que estavam na Espanha", disse-me com seu tom habitual de professor. Um homem que estuda um mapa antigo parece um arqueólogo das ideias: alguém que descobre traços de territórios que já não existem, perigos de outra época, rotas que eram aventuras no desconhecido. "Os mapas são ferramentas da imaginação", escreveu o autor estadunidense Michael Blanding em um *best-seller* sobre um famoso ladrão de mapas requintados.[171] O bibliotecário chileno explorava, de sua cadeira, territórios que navegadores de diferentes partes do mundo haviam registrado à mão, de acordo com o que seus olhos viram quatro séculos antes. "Esses mapas revelam a capacidade que havia na colônia de reconhecer as condições geográficas do país", explicou-me Monsalve sobre o valor dessas peças. Também revelavam a mentalidade do homem que, durante décadas, foi obcecado em reunir todas as primeiras impressões da América.

José Toribio Medina era um jovem advogado chileno que se tornou um bibliófilo no Peru. Aos vinte e três anos, logo após se formar na universidade e graças aos contatos de seu futuro sogro, conseguiu um cargo como funcionário da embaixada do Chile em Lima. Foi nessa época que ele começou a se interessar por livros e documentos antigos guardados nos arquivos e bibliotecas do antigo vice-reinado. "Nosso jovem compatriota ficou deslumbrado com a abundância de velhos papéis, assim como os companheiros do conquistador Pizarro ficaram na presença dos tesouros de Atahualpa", escreveu Domingo Amunátegui Solar, um historiador que foi reitor da Universidade do Chile e amigo pessoal de Medina.[172] Além de estudá-los, esforçou-se para adquiri-los como um colecionador ávido. Tinha vinte e sete anos quando eclodiu a Guerra do Pacífico.

Medina, que em Lima havia se tornado amigo de Ricardo Palma e Manuel Odriozola, o historiador que tinha as chaves da Biblioteca, apresentou-se ao exército como voluntário civil. O homem que estava começando a rastrear livros teve um papel ativo no conflito: inventou um método para aperfeiçoar munições, realizou missões secretas e foi juiz das primeiras províncias

---

171. Blanding, 2014.
172. Amunátegui, 1932.

peruanas ocupadas pelo exército de seu país.¹⁷³ Seus biógrafos costumam destacar que ele encontrou tempo também para a ciência, descobrindo os restos de uma nova espécie de animal pré-histórico, que embalou para enviar ao seu país. Seus críticos destacam que, nesse período, Medina conheceu Patricio Lynch, o comandante militar que pouco depois organizaria o envio de livros e obras de arte de Lima para Santiago. Há vozes que acusam o bibliógrafo de ser cúmplice do saqueio.

A fonte mais citada é um texto escrito quinze anos após a guerra. O autor era outro intelectual que também atuou entre os soldados: Alberto Ulloa Cisneros, que, no momento da queda de Lima, era um jovem capitão membro do Estado-Maior de Nicolás de Piérola, o presidente peruano refugiado nos Andes. Anos antes, Ulloa havia pesquisado no Arquivo Nacional, que estava guardado na Biblioteca, e no final do conflito conseguiu reconstruir os detalhes do que aconteceu. Nesse texto, ele relata que os arquivos foram desmembrados por causa do "interesse que alguns cavalheiros chilenos demonstraram em revisar pessoalmente o Arquivo para buscar dados e documentos de que precisavam".¹⁷⁴ Ele não menciona nomes, mas deixa pistas: "é fácil verificar agora mesmo, comparando os catálogos mutilados, que hoje estão preservados, com os documentos publicados em Santiago e em outros lugares poucos anos depois".

A referência mais precisa aparece algumas páginas depois. Ulloa reclama amargamente da perda de verdadeiros tesouros por causa de "pessoas especialmente designadas para isso, com o propósito de ilustrar ou completar a história dos países vizinhos ao nosso". Entre os responsáveis, ele aponta para Benjamín Vicuña Mackenna, o renomado historiador chileno

---

173. Bromsen, 1969.
174. Ulloa, 1898.

que ordenou aos seus soldados o sequestro de documentos peruanos. Ele também menciona Medina. Essa versão alimentou a tradição de suspeita entre ambos os países. Mais de cem anos depois, um ex-ministro peruano interessado em História afirmou que Medina havia chegado a Lima especialmente para liderar o saqueio.[175] Na era da internet, a faísca da beligerância corre pelos cabos de alta velocidade. "O saqueador Medina tinha um casaco com vários bolsos secretos para diferentes tamanhos de livros e documentos de grande valor. Quando entrava em uma biblioteca, eles estavam vazios, mas quando saía, ele estava com vários quilos a mais porque havia roubado", escreveu em 2011 um comentarista em um fórum militar dedicado a *Los mitos de la Guerra del Pacífico*.[176] No mundo bibliográfico, a percepção é diferente: Medina foi o homem a quem devemos o conhecimento mais preciso dos tesouros livrescos herdados do Peru colonial.

Um bibliógrafo não é um especialista em fazer listas de livros. É alguém que metodicamente descobre os vestígios do conhecimento. Seu trabalho é rastrear, como um legista das bibliotecas, todos os antecedentes publicados sobre uma arte ou uma ciência, para estabelecer a sequência de mentes que enriqueceram ao longo dos séculos, suas filiações, suas origens. Em suas mãos está o grande mapa da experiência humana. "A bibliografia é para o historiador o que o mapa geográfico é para o marinheiro", escreveu o bibliófilo chileno Guillermo Feliú, o principal discípulo de Medina e o primeiro conservador de sua coleção quando esta foi doada à Biblioteca Nacional do Chile.[177]

---

175. Vásquez, janeiro de 2015 [artigo em um blog].

176. *Los mitos de la Guerra del Pacífico (Chile-Perú)*, outubro de 2015 [mensagem em um fórum].

177. Feliú, 1969.

Após sua experiência na guerra, José Toribio Medina dedicou mais de meio século a visitar bibliotecas, arquivos, conventos e castelos de diferentes países. Viajou por todo o continente e pela Espanha em um esforço compulsivo para encontrar os livros produzidos pelas primeiras impressoras da América e os rastros de seus autores e impressores. Foi como se uma pessoa do século XIX percorresse o mundo de carro para compilar todas as informações que o *Google Books* tem hoje. Ele fez isso "sozinho, sem pedir permissão a ninguém, na convicção de que, em última análise, com ele seriam melhor compreendidas do que antes as empresas da Espanha imperial", disse um membro da Academia Chilena de História.

A coleção que ele finalmente doou ao seu país em 1925 tinha 70 mil peças, 1.688 manuscritos e 8.569 transcrições. "O problema é que Medina, como uma figura importante que ele se tornou, também sofreu de inveja (de outras pessoas). Portanto, há muita gente que inventou que ele era um ladrão de livros", disse-me o bibliotecário Monsalve. "Ninguém pode negar nem afirmar, mas há uma história que ele pode defender com dignidade", comentou.

Estávamos sentados na sala vazia, entre o globo terrestre e a coruja, quando Monsalve me contou detalhes sobre a coleção. A biblioteca de Medina poderia ser definida em quatro categorias: a dos primeiros impressos americanos, que geralmente eram livros religiosos; a dos viajantes, que inclui todas as obras impressas na Europa sobre a América, seu território ou a história de seus habitantes, juntamente com os primeiros mapas. O terceiro campo é o das ciências sociais, livros ou documentos que reúnem as ideias e estudos dos primeiros autores americanos sobre o que era considerado um mundo novo. E a quarta parte é composta pelos escritos de Medina, milhares de documentos que demonstram uma capacidade de trabalho quase sobrenatural: suas descobertas resultaram em 350 livros.

Durante a era de ouro do colecionismo americano, a biblioteca de Medina foi cobiçada pelo eminente George Parker Winship, bibliotecário da John Carter Brown Library, famosa por possuir uma das coleções mais importantes do mundo de impressos europeus relacionados à descoberta da América. "Os ianques ofereceram 250 mil dólares", disse-me o bibliotecário Monsalve. Medina recusou a oferta. "Ele deve ter feito as contas: se isso fosse para os Estados Unidos, teria sido apenas mais uma coleção, talvez fosse dividida entre os países". Talvez o velho bibliógrafo tenha compreendido que a maneira de garantir a posteridade era manter sua coleção completa, como o coração do patrimônio bibliográfico do Chile. Estima-se que 60% de todos os títulos impressos na América Hispânica durante a era colonial estejam nesse acervo.[178] O único problema é que alguns deles pertenceram à Biblioteca Pública de Lima.[179]

Um detalhe curioso da Sala Medina é que os livros não estão à vista. Ao contrário de outros santuários de livros, que exibem suas coleções como grandes fortalezas da mente humana, os volumes são protegidos por vitrines com grades, semelhantes às dos confessionários das igrejas católicas. Se não fosse pelas mesas de trabalho para os pesquisadores, a sala poderia parecer um pequeno teatro ou uma capela com uma cúpula que, em vez de mostrar cenas das sagradas escrituras, exibe episódios da vida do bibliógrafo. O design dos móveis de acordo com a preferência de Medina foi uma das condições

---

178. Estimativa feita por Gonzalo Catalán e Bernardo Jorquera no artigo *Biblioteca Nacional de Chile*. O autor consultou uma versão em PDF que não indica datas, embora o texto também conste no livro *Historia de las Bibliotecas Nacionales de Iberoamérica: pasado y presente*, publicado pela Universidade Nacional Autônoma do México em 1995.

179. O jornalista Marcelo Mendoza menciona que teve a oportunidade de ver as seguintes obras: *Theatro del mundo i del tiempo*, de Giovanni Gallucci, 1611; *Crónica del Rey don Rodrigo*, de Pedro de Corral, 1549; *Compendio historial de las crónicas…*, de Esteban Garibay, 1628; e *Historia General del Perú*, obra póstuma de Garcilaso de la Vega, na edição original de 1617, entre outras.

para a doação, juntamente com a publicação de seus catálogos, uma pensão para sua esposa e a opção de nomear seu curador. "Esse é o espírito de um colecionador", disse-me Monsalve.

A invisibilidade dos livros tem um estranho significado alegórico: por muitos anos, importantes acadêmicos reclamaram de uma política tácita de ocultação da Biblioteca Nacional do Chile em relação aos volumes provenientes do saqueio. Em 2007, o pesquisador peruano Pedro Guibovich relatou que uma vez quis consultar uma obra de Juan Espinoza Medrano, o pregador mais famoso do século XVII, que estava na Biblioteca Pública de Lima antes da Guerra. Ele pediu a um colega de Santiago que solicitasse o livro. Quando recebeu o material, o colaborador só conseguiu acessar uma fotocópia da obra, da qual tinham removido as páginas onde costumava estar o selo peruano.[180]

No final dos anos 1980, o historiador Claudio Rolle, professor da Universidade Católica de Santiago, pediu a Enciclopédia de Diderot e D'Alembert para preparar uma dissertação sobre o bicentenário da Revolução Francesa. "Eles disseram que eu podia usar, mas que tivesse cuidado para não mostrar o selo que identificava o livro como pertencente à Biblioteca de Lima", Rolle contou anos depois a uma revista.[181] O aparecimento da "Lista Domeyko" em abril de 2006 encerrou mais de um século de segredo.

A Biblioteca Nacional do Chile acelerou os trabalhos de uma comissão que, sob estrita confidencialidade, estava realizando os preparativos para a restituição. O tema havia adquirido uma dimensão diplomática paradoxal, já que em meio a uma nova fase de tensão devido à precisão das fronteiras marítimas entre os dois países, Santiago estava devolvendo a Lima os livros

---

180. Mendoza, Marcelo, *op. cit.*
181. *La guerra de los libros*, abril de 2007.

tomados em uma guerra que começou quando o Peru e o Chile não eram países vizinhos. Eram novos tempos.

Muitos tiveram que reconhecer a audácia geopolítica de Michelle Bachelet, a primeira presidente chilena que se atreveu a cantar o hino do Peru em um evento público. "Era uma dívida que tínhamos", disse-me a então diretora da Biblioteca Nacional do Chile, Ana Tironi, uma historiadora que antes trabalhou como produtora de um programa de entrevistas na televisão chamado *La belleza de pensar*. Tironi integrou a equipe de especialistas que realizou a busca dos livros peruanos. A maioria deles foi encontrada no prédio da Biblioteca Nacional de Santiago e na Biblioteca Santiago Severín, em Valparaíso.

Em novembro de 2007, um lote de 238 caixas com essas publicações antigas foi devolvido a Lima, contendo 3.749 títulos.[182] No dia da entrega, a Direção de Bibliotecas, Arquivos e Museus – a autoridade do patrimônio cultural no Chile – anunciou que a intenção estava alinhada com um fenômeno global recente: "a decisão de outros países de proceder à devolução de bens culturais às comunidades a que originalmente pertenciam".

Apenas trinta dias antes, as autoridades da Austrália anunciaram a devolução dos dois exemplares do mapa-múndi de Ptolomeu de 1482 roubados da Biblioteca Nacional da Espanha por um falso pesquisador.

Dois meses antes, a Universidade de Yale concordou em devolver ao Peru parte das centenas de vasilhas de cerâmica e múmias que o explorador Hiram Bingham levou de Machu Picchu. Três meses antes, o Museu Getty de Los Angeles devolveu ao governo italiano quarenta peças de arte roubadas por traficantes internacionais. A diferença em relação ao caso dos livros peruanos é que nenhum desses objetos provinha de um saqueio de guerra, nenhum deles tinha feridas centenárias

---

182. A ata de entrega indica "3.788 volumes ou peças". No entanto, estudos posteriores estabeleceram que foram entregues 3.749 títulos em 2.219 peças.

a serem curadas. "Doeu, não vou dizer que não", disse-me Tironi, como quem recorda uma antiga e inevitável cirurgia. "Você não sabe como era ver essas pilhas e pilhas de livros que eram verdadeiras joias".

Na Europa medieval, os bibliotecários tinham um método para replicar o conhecimento sem colocar em risco a integridade dos livros: emprestavam determinados exemplares a copistas que ofereciam seus serviços às portas das universidades.[183] Os bibliotecários do novo milênio têm à disposição o *portable document format*, mais conhecido como PDF. No ano 2000, a Biblioteca Nacional do Chile iniciou um ambicioso projeto para transformar preciosas relíquias de papel em arquivos digitais de longa duração. O resultado foi o *Memoria Chilena*, um site que funciona como uma biblioteca digital, onde qualquer pessoa pode acessar os títulos mais valiosos de suas coleções. O site oferece quase 4 mil livros, 2 mil revistas, 8 mil artigos, 116 manuscritos, 350 mapas e muito mais em diferentes formatos. "Estamos no processo de digitalização das coleções de Medina", disse a diretora Tironi, que foi uma das fundadoras desse espaço.

Basta dar uma olhada nas estantes para entender a magnitude do projeto: a chamada Biblioteca Americana "reúne todo o material coletado por José Toribio Medina durante suas prolongadas estadias na América e na Europa", diz o portal. Isso significa mais de 8 mil títulos. A última verificação de estoque foi realizada em 2012. "Nada se perdeu", assegurou Tironi. Agora é possível consultar, entre outras coisas, uma versão virtual do extenso trabalho bibliográfico do sábio chileno sobre a impressão em Lima. Eu mencionei a suspeita de alguns acadêmicos peruanos de que, mesmo após a restituição, ainda poderia haver exemplares da Guerra ali. "O assunto está encerrado",

---

183. Manguel, Alberto, *op. cit.*

respondeu a diretora com firmeza. Qualquer detalhe parecia apenas fofoca histórica até que um pesquisador peruano, especialista no período, encontrou a evidência na própria página do *Memoria Chilena*: a versão digitalizada de um livro do século XVIII que pertenceu à BNP.[184] Tratava-se de um exemplar da famosa *Descripción chorographica del terreno, ríos, árboles y animales de las dilatadissimas provincias del gran Chaco, Gualamba y de los ritos y costumbres de las innumerables naciones bárbaras e infieles que le habitan...*, escrito pelo jesuíta Pedro Lozano.[185] O livro foi publicado em 1733 e é considerado uma das primeiras descrições abrangentes daquela região da América do Sul. Naquela época, acreditava-se que fosse um território selvagem, embora rico. Lozano era o "*historiographus provinciae*", o membro da ordem jesuíta consagrado ao estudo da história da missão. Com esse propósito, ele escreveu vários livros e documentos que detalhavam a presença da Companhia de Jesus nas províncias do Paraguai.[186]

A *Descripción chorographica* é sua obra mais valorizada por colecionadores. Em abril de 2012, um exemplar da mesma edição foi leiloado na Christie's, em Londres, com um preço estimado entre 6 mil e 8 mil dólares. O colecionador que o adquiriu pagou 13 mil dólares. Até aquele momento, só se tinha notícia de dois exemplares vendidos em leilões internacionais nos últimos trinta anos.[187] Apenas um deles continha o mapa desenhado pelo missionário e cartógrafo Antonio Machoni. O exemplar que a Biblioteca Nacional do Chile possui também está completo. De acordo com o site *Memoria Chilena*, esse

---

184. Entrevista pessoal com o pesquisador José Carlos Juárez.
185. Pode ser consultado em http://www.memoriachilena.cl/602/w3-article-9546.html.
186. Rosso, 2012, p. 62-77.
187. Acesse em: http://www.christies.com/lotfinder/books-manuscripts/lozano-pedro-descripcion-chorographia-del-terreno-5546076-details.aspx.

exemplar faz parte do "patrimônio cultural comum" e integra a Biblioteca Americana de José Toribio Medina. No entanto, a folha de rosto apresenta os dois selos com os escudos peruanos da época anterior à Guerra. O título, que Medina listou em seu estudo sobre a imprensa no Rio da Prata, não fez parte da restituição que deveria ter encerrado a questão em novembro de 2007. Além disso, não é o único volume peruano que continua em coleções famosas após ter sido roubado no Peru.

6.

Os livros chegaram à Biblioteca Nacional de Lima em um caminhão cheio de caixas de papelão com etiquetas de mala diplomática. O responsável por receber os pacotes foi o diretor da época, Hugo Neira. Naquela manhã de novembro, houve uma discreta cerimônia com autoridades do Peru e do Chile, foram proferidos discursos protocolares em prol da amizade entre ambos os povos, e as caixas foram transferidas para o novo local, inaugurado meses antes. Para dar destaque ao evento, Neira, um intelectual conhecido por seu sentido cênico, ordenou a montagem de uma exposição apressada com alguns dos exemplares que acabavam de retornar para casa.

    Os organizadores abriram um primeiro grupo de sessenta e sete caixas, das quais retiraram manuscritos, primeiras edições, impressos com caracteres em hebraico, que pareciam misteriosos aos olhos leigos, e alguns volumes que exibiam os ex-libris de personagens famosos ou apresentavam gravuras requintadas. "[...] aos atrativos que nosso país exibe para o turismo cultural, agora se soma este Machu Picchu de papel impresso", diria Neira sobre a coleção.[188] Ao término da cerimônia e após o frenesi midiático, as peças foram colocadas nas caixas de onde

---

188. Neira, 2007.

haviam saído e enviadas para a moderna sala-cofre do quarto andar. Isso deveria marcar o encerramento de um capítulo histórico, o alívio de uma antiga ferida cultural.

No entanto, um mês depois, um bibliotecário que estava fazendo a verificação da coleção relatou várias irregularidades: muitos exemplares estavam em caixas diferentes das que lhes correspondiam e até tinham um código diferente do que constava no inventário de transferência. Além disso, quinze livros que aparentemente não constavam na lista oficial estavam nas caixas. Mas o problema mais grave, o que deveria ter acionado os alarmes, foi que três exemplares estavam impossíveis de serem localizados.[189] O mais notável era o *Luciani Samosatensis Philosophi Opera*, uma edição rara da obra de Luciano de Samosata, o autor da Grécia clássica que escreveu uma famosa crítica contra aqueles que acumulam livros sem tê-los lido.

A suposta perda ameaçava se tornar um escândalo internacional. Não são poucos os países que reivindicam a devolução de bens culturais retirados como troféus de guerra no passado, mas também não são muitos os que perdem o que lhes é devolvido. Quatro meses após a restituição, em março de 2008, foi realizada uma nova verificação de estoque. Foi usado como base um catálogo improvisado, publicado pela BNP há pouco tempo, com o título: "Depois de 126 anos... eles voltaram para casa". As más notícias foram confirmadas: faltavam alguns exemplares e havia excesso de outros.

O suposto catálogo continha erros graves: listava títulos duplicados, sem ordem correlativa, e em alguns casos mencionava livros como peças únicas, embora o inventário anterior indicasse que havia duas peças. O relatório dessa verificação

---

189. Relatório S/N-2007 de Martín López Saldaña, bibliotecário III-DESIB, para Herminia Alayza, diretora-geral do CSBE, de 18 de dezembro de 2007.

especificou que tal desordem tornava as buscas difíceis.[190] Nos meses seguintes, uma auditoria especial confirmou que a suposta vitória moral do país derrotado, que recuperou seus tesouros, poderia se tornar mais uma amarga anedota na história interna de roubos e perdas da BNP: nenhum dos responsáveis das áreas técnicas havia verificado o conteúdo das caixas entregues pelo governo chileno antes de o diretor nacional assinar o ato de recepção.[191] "A situação atual pode estar causando a impossibilidade de determinar de forma conclusiva se os volumes ou peças mencionados e não localizados fizeram parte dos 3.788 volumes ou peças devolvidos pelo Governo do Chile", afirmava o relatório. Segundo os auditores, o problema era comprometedor "para futuras recepções de livros, seja por devolução ou doação".

Ao apresentar as conclusões dessa auditoria, um ano após os acontecimentos, o escritório de controle interno lembrou ao diretor Neira as normas que obrigavam a todos os funcionários públicos a cuidar da segurança e do patrimônio do Estado sob sua responsabilidade e que a tarefa de verificar a doação deveria ter sido realizada pelos bibliotecários das áreas especializadas.

Até aquele momento, não havia evidência de que sequer medidas administrativas tenham sido tomadas em relação à suposta perda dos livros devolvidos pelo Chile. Os auditores indicaram que o diretor da Biblioteca estava obrigado a remediar a situação e informar imediatamente à Controladoria Geral da República. Apesar desses avisos, não houve nenhuma

---

190. Relatório S/N 2008-03-10, de Myriam Cáceres, Alfredo Castellanos e Catherine Zamalloa, equipe de inventário, para Nancy Herrera, diretora-executiva da DEPDB.

191. Relatório Nº 005-2008-02-0855 – "Exame especial à Direção de Patrimônio Bibliográfico, unidade do Centro de Serviços Bibliotecários Especializados, janeiro-dezembro de 2007". O relatório foi enviado ao diretor Hugo Neira pelo Escritório de Auditoria Interna com o Ofício Nº 0231-2008-BNP/OAI, de 31 de dezembro de 2008.

denúncia apresentada nem uma investigação interna dos supostos responsáveis. Na época da restituição, a unidade responsável por verificar e custodiar a coleção recuperada era liderada pela bibliotecária Nancy Herrera.[192] Foi nessa época que Herrera começou a acumular poder. Alguns funcionários se lembram de que ela se gabava de duas coisas: que também era advogada e que tinha contatos influentes no governo da época, inclusive com o presidente da República. "Ela dizia que tomava café com Alan García aos sábados", me contou uma funcionária que a conheceu naquele momento. A Biblioteca Nacional nunca esteve alheia às flutuações políticas do país.[193] Nos bastidores de aparência acadêmica, havia uma batalha entre sindicatos rivais de bibliotecários que competiam para fazer valer suas demandas. Muitas vezes, as escaramuças entre esses grupos incluíam acusações mútuas perante as principais autoridades do governo central e alianças com outras organizações sindicais nas instituições mais importantes do Estado.

Naqueles dias, o poder estava nas mãos do partido Aliança Popular Revolucionária Americana (APRA). Embora se acreditasse que, desta vez, a nova administração de Alan García evitaria a ocupação das instituições públicas – uma questão problemática de seu primeiro governo nos caóticos anos 1980

---

192. Segundo o quadro de pessoal de 2007, Herrera tinha a seu cargo cerca de dez pessoas, incluindo a historiadora Nelly Bobbio, que foi responsável pelo relatório original do *Caso 30 libros*. Suas obrigações específicas são indicadas no Memorando Nº 486-2003-BNP/CSBE de Irma López de Castilla, diretora--geral do CSBE, para Nancy Herrera, diretora-executiva da DEPDB, de 3 de outubro de 2003: "[...] a Direção Executiva de Patrimônio Documental, sob sua responsabilidade, é o órgão técnico do Centro de Serviços Bibliotecários Especializados que, de acordo com o Regulamento de Organizações e Funções (ROF) 2002, tem entre as suas funções o controle do patrimônio documental bibliográfico da Biblioteca Nacional do Peru".

193. *La Biblioteca Nacional está en crisis desde Fujimori*, 7 de março de 2011.

—, o peso do partido era evidente na Biblioteca Nacional. Havia três sinais específicos que confirmavam isso.

O primeiro era que o gabinete do Ministro da Educação estava na própria Biblioteca, em um ambiente no quarto andar que originalmente estava designado para o diretor. O ministro era José Antonio Chang, um empresário e reitor universitário que se tornou um dos homens mais próximos do presidente. Por vários anos, o diretor Hugo Neira teve que usar um escritório no segundo andar, destinado a um funcionário de menor posição na hierarquia. O segundo sinal era que a BNP havia contratado Carla Buscaglia Castellanos, a primeira esposa do presidente García e mãe de sua filha mais velha. Buscaglia estava encarregada de um discreto escritório dedicado a implementar a eliminação de livros excedentes ou em mau estado.

O terceiro sinal era que, poucos meses após assumir o cargo, Neira trouxe Víctor Raúl Mendoza Ferrer como assessor de seu gabinete, um militante veterano do APRA que se orgulhava de ter sido aluno de Víctor Raúl Haya de la Torre, o lendário fundador do partido.[194] A presença do assessor não passou despercebida para um setor dos funcionários e alguns acadêmicos que o viam pelos corredores, devido a um detalhe fundamental: Mendoza Ferrer era dono de uma banca de livros usados na rua Quilca, uma rua de livreiros informais no centro de Lima, onde era possível encontrar desde livros escolares até incunábulos.[195]

Não demorou para que a personalidade expansiva de Mendoza, com sua voz grave e gestos grandiosos, alcançasse novos níveis de poder: três meses antes da restituição dos livros da guerra, Hugo Neira o promoveu a Diretor Técnico do Sistema Nacional de Bibliotecas, um cargo que lhe dava

---

194. Resolução Diretiva Nacional N° 009-2007-BNP, de 8 de janeiro de 2007, assinada por Hugo Neira, diretor nacional da BNP.

195. Reaño, 2004 [vídeo].

controle sobre todas as bibliotecas públicas do país.[196] Nele permaneceu até que uma desavença com o diretor nacional causou seu afastamento repentino.

As conexões com o ambiente do APRA também envolviam Nancy Herrera. Circulava uma versão de que ela havia facilitado a contratação de Buscaglia e mantinha amizade com Mendoza Ferrer.[197] Contudo, os laços comprovados a aproximavam mais do entorno do Ministro Chang. Naquela época, Herrera havia sido reeleita membro do Conselho Diretivo da Associação de Arquivistas do Peru, uma organização criada na década de 1990 e dedicada, de acordo com seu registro público, à pesquisa e consultoria privada em questões de arquivos em geral. O presidente da diretoria era um advogado chamado Juan Antonio Espinoza Morante, que logo se envolveria em uma suspeita triangulação para retirar do Estado a propriedade da marca de um jornal centenário.[198] A operação resultou na venda da marca para a universidade do ministro Chang, quando ele ainda era funcionário público.

Esse não foi o único vínculo da advogada bibliotecária com o poder. Nancy Herrera também fazia parte do conselho diretivo de outra organização privada chamada Associação

---

196. Resolução Diretiva Nacional N° 137-2007-BNP, de 01 de agosto de 2007, assinada por Hugo Neira, diretor nacional da BNP.

197. A mesma versão apareceria anos depois no artigo "Exesposa de Alan trabajaba en la Biblioteca Nacional", do jornal *La Primera*, publicado em 24 de setembro de 2011.

198. O caso foi revelado pelo jornalista investigativo Daniel Yovera no programa de televisão *Es Noticia*, da ATV. A reportagem está disponível em www.youtube.com/watch?time_continue=61&v=JZvnAxhDBRc. Anos depois, Espinoza Morante atuaria como representante de Juan Manuel Espinoza Guzmán, o advogado que Nancy Herrera nomeou como diretor do Departamento de Assessoria Jurídica, durante as investigações administrativas e policiais do Caso Cáceres. Isso é confirmado no depoimento de Espinoza Guzmán à Polícia Fiscal em 01 de agosto de 2011 e em seu documento de defesa perante a Comissão Especial de Processos Administrativos Disciplinares, em 12 de setembro de 2011. A ligação entre ambos está documentada pelo autor.

Cultural Promotora do Parque das Belas Artes, que incluía entre seus membros um ex-ministro do APRA, uma ex-diretora da Biblioteca Nacional e uma professora da universidade do ministro Chang. Herrera estava registrada como secretária de atas. O presidente era Daniel Hernán Valera Loza, um decano da universidade do ministro e tão envolvido em seu círculo que havia participado do conselho do time de futebol profissional patrocinado por aquela instituição de ensino. Os contatos políticos de Herrera não pareciam ser fantasias.

Talvez essas conexões tenham estimulado seu rápido avanço naquela época. Em apenas seis meses, ela passou de uma direção de terceiro nível para ser nomeada Diretora Técnica da BNP, o segundo cargo mais importante da instituição. Foi um progresso surpreendente para alguém que havia demorado dez anos para conseguir uma promoção e que até havia sido repreendida em duas ocasiões por negligências que haviam colocado em risco o patrimônio bibliográfico. Em dezembro de 2003, uma comissão de auditoria interna descobriu que as coleções do cofre estavam dispersas, sem inventário e procedimentos para declarar as peças mais valiosas como patrimônio cultural.[199] Uma auditoria paralela da situação da hemeroteca encontrou que as coleções de jornais e revistas estavam empilhadas, mal registradas, e que nem mesmo havia extintores em bom estado para protegê-las em caso de incêndio.[200]

Em ambos os casos, os relatórios alertavam que a situação poderia resultar na perda de livros ou na deterioração de documentos, e a responsabilidade recaía sobre Nancy Herrera.

---

199. "Exame especial à Direção Executiva de Patrimônio Cultural, do Centro de Serviços Bibliotecários Especializados da Biblioteca Nacional do Peru". Relatório N° 018-2003-BNP/OAI, do Escritório de Auditoria Interna, de 29 de dezembro de 2003.

200. "Exame especial à Hemeroteca da Biblioteca Nacional do Peru". Relatório N° 019-2003-BNP/OAI, do Escritório de Auditoria Interna, de 30 de dezembro de 2003.

O então diretor nacional, o respeitado sociólogo Sinesio López, chegou a consultar um escritório de advocacia privado para determinar a punição que deveria ser imposta a ela. O escritório analisou os fatos e os manuais de funções dos bibliotecários. O resultado da análise mostrou que, de fato, Nancy Herrera havia falhado em suas responsabilidades. No entanto, o estudo recomendou uma simples repreensão verbal em uma reunião particular.[201] Herrera nunca recebeu uma punição efetiva.

Três anos depois, ocorreu o incidente com os livros devolvidos pelo Chile, e a bibliotecária e advogada não iniciou nenhuma investigação interna sobre os exemplares perdidos. Dois anos depois disso, a venda de quatro livros antigos no mercado clandestino de Lima se tornou pública, e ela ainda estava no comando da área responsável. Poucas semanas depois, o roubo de trinta livros do cofre foi detectado, e Herrera pediu que fosse imposto um estrito sigilo a todos os funcionários. No ano seguinte, foi descoberta uma tentativa de roubo do Arquivo Presidencial Cáceres, e Nancy Herrera ocultou a informação. Ela nem sequer registrou esse episódio grave em seu relatório oficial de entrega do cargo ao novo diretor, Ramón Mujica.

Quando Mujica pediu um relatório sobre os livros devolvidos pelo Chile, Herrera atribuiu as discrepâncias a um excesso de confiança: "As instituições envolvidas acreditavam de boa-fé que todo o material que estava listado no CD (com a lista do que foi entregue) também estaria fisicamente presente", afirmou.[202] Ela sugeriu que os livros nunca chegaram a Lima. Em vez de esclarecer as dúvidas, seu relatório fez com que

---

201. Carta do escritório de advocacia León y León a Sinesio López, diretor nacional da BNP, datada de 23 de janeiro de 2004. "Assunto: Envio de parecer legal sobre a exoneração de responsabilidades e aplicação de sanções [...]".
Três dias depois, o escritório de advocacia enviou uma nova recomendação de sanção verbal relacionada ao caso da hemeroteca.

202. Relatório Nº 053-2010-BNP/DT-BNP de Nancy Herrera, diretora técnica, para Ramón Mujica, diretor nacional da BNP, de 19 de novembro de 2010.

Mujica incluísse o caso da restituição nas investigações dos roubos internos. Pela primeira vez, uma análise minuciosa seria realizada para desfazer qualquer mito sobre os acervos perdidos na Guerra do Pacífico.[203] Uma equipe de bibliotecários começou a reunir documentos e opiniões de especialistas sobre esse período da história. Foi uma tarefa especialmente árdua, pois a BNP nunca teve um catálogo definitivo de sua coleção antes do conflito.[204] Tudo o que existia naquela época era uma referência confusa nas memórias de Ricardo Palma: a reivindicação de uma coleção com mais de 50 mil livros, sem especificar se eram títulos, volumes, cópias, quantos ou quais. A outra referência para a equipe de busca era o registro do saqueio. Uma das primeiras descobertas da análise foi que a "Lista Domeyko", considerada uma evidência irrefutável pelos defensores mais fervorosos da restituição, não era totalmente precisa.

A relação do sábio polonês se referia a mais de 10 mil livros, mas a revisão estabeleceu que, na verdade, continha 1.711 títulos, alguns dos quais consistiam em mais de um tomo. O total chegava a 7.527 volumes. "É possível que as listas não estejam completas devido à censura do governo chileno (da época) na publicação, dada a natureza dos objetos levados", sugere o relatório da investigação.[205] A lista foi posteriormente comparada com o catálogo dos livros devolvidos em 2007: menos da metade do carregamento de livros correspondia ao

---

203. Relatório N° 081-2011-BNP/DT-BNP de Silvana Salazar, diretora técnica, para Ramón Mujica, diretor nacional da BNP, de 14 de dezembro de 2011.

204. Esta foi uma das principais críticas de Manuel González Prada a Ricardo Palma em sua duríssima "*Nota informativa (acerca de la Biblioteca Nacional)*", de 1912.

205. Relatório N° 083-2012-BNP/DT-BNP de Ana Cecilia Carrillo Saravia, diretora técnica, para Ramón Mujica, diretor nacional da BNP, de 25 de setembro de 2012. Está anexado o relatório realizado pelo diretor do Centro de Pesquisa e Desenvolvimento Biblioteconômico.

registro do sábio polonês. Deve ter feito parte do que foi retirado por outros meios. O documento incluiu uma seção intitulada "volumes a serem devolvidos" que apontava a diferença: 5.345 volumes da "Lista Domeyko" não retornaram a Lima.

Para esclarecer as dúvidas, a equipe de pesquisa examinou o catálogo online da Direção de Bibliotecas, Arquivos e Museus do Chile e encontrou semelhanças com cerca de 300 exemplares. O problema era que a "Lista Domeyko" também não continha informações completas sobre os títulos, autores ou detalhes de impressão, o que é essencial para identificar uma edição. Era como tentar encontrar um carro roubado sem o número da placa, a cor ou o nome completo do proprietário. A equipe de bibliotecários não conseguia confirmar em todos os casos se eram os mesmos livros. Eles tiveram que se limitar a uma operação matemática: da cifra indicada por Ricardo Palma como a coleção original foi subtraído o número de livros que permaneceram no antigo local após o saqueio; em seguida, os que o próprio Palma recuperou de porta em porta e de mão em mão; depois os que obteve de um presidente chileno com quem mantinha uma amizade intelectual, e, finalmente, os livros que foram devolvidos pelo governo de Michelle Bachelet.

O cálculo revelou que o número mais preciso de livros perdidos devido à guerra, mesmo após a restituição, era de 36.858 exemplares. Nem todos permaneceram em bibliotecas públicas do Chile. Muitos acabaram em coleções particulares de cidadãos chilenos, alguns foram parar em bibliotecas de outros países. E um grupo não menos importante foi comprado e destruído na mesma época pelos habitantes de Lima.

7.

Numa manhã de março de 2015, o diretor Ramón Mujica recebeu em seu escritório na Biblioteca Nacional um homem insatisfeito com a restituição. Miguel de Althaus, um advogado veterano e bibliófilo com olheiras dramáticas, veio doar um livro que havia recuperado de uma livraria antiga durante uma de suas viagens a Santiago. "Ele tem selos ovais da biblioteca na folha de rosto, na página 40 e na página 80", indicava a letra pequena e trêmula da carta que ele escreveu para formalizar a doação. Mujica ficou entusiasmado com a ideia de que um exemplar relacionado à Guerra do Pacífico voltasse como parte de sua campanha para recuperar os livros perdidos. Era uma demonstração de que os bibliotecários, assim como os militares, não deixam seus colegas para trás.

A nova recuperação era um tratado de navegação escrito por um astrônomo espanhol do século XVIII. Tinha quase 500 páginas e, apesar de um leve desgaste devido às traças, estava em bom estado. Não era a primeira vez que De Althaus fazia algo assim. Ele estava envolvido há anos em uma cruzada solitária para recuperar tesouros bibliográficos peruanos perdidos pelo mundo. Algum tempo antes, havia entregado à Marinha do Peru duas cópias do testamento de seu primeiro Comandante Geral, o vice-almirante Martín Guise, um herói inglês das Guerras Napoleônicas que depois ajudou San Martín na libertação da América. De Althaus havia obtido essas cópias após "árduas negociações na Inglaterra".

Vários anos antes, em 2001, ele devolveu outro exemplar que havia encontrado na mesma livraria antiga na capital chilena: o *Ensayo sobre los alphabetos de las letras desconocidas que se encuentran en las antiguas medallas y monumentos de España*, publicado em Madri em 1752. De Althaus comprou o exemplar assim que viu os selos com o brasão peruano, confirmando sua origem. "O antiquário morreu cerca de quatro anos atrás. Era uma pessoa culta, comprei com ele vários livros sobre a guerra nos anos 1980", lembrou o advogado bibliófilo, que foi o primeiro a sugerir a ideia de um pedido oficial de restituição ao Chile, antes que muitos acreditassem que isso fosse possível. Nessa manhã, na sala de Ramón Mujica, De Althaus não apenas devolveria uma relíquia. Ele também levantou a questão de que a devolução de 2007 não havia fechado a ferida do saqueio: ainda havia correspondência e documentos de presidentes peruanos retidos em bibliotecas e arquivos chilenos. Naquela época, a administração de Mujica estava patrocinando a publicação de um livro que expunha essa cicatriz. Era um estudo da renomada historiadora Carmen McEvoy sobre o grande marechal Domingo Nieto, um herói e presidente que desempenhou um papel crucial nos tumultuados primórdios da República. A autora teve que viajar a Santiago para investigar sua correspondência oficial, apreendida durante a guerra. "Nenhum país do mundo ficaria de braços cruzados se os documentos de um de seus presidentes estivessem fora de seu território", afirmou McEvoy naquela época, também apoiando um novo pedido de restituição.

Alguns especialistas recomendaram a Mujica a estratégia de abordar o assunto em um nível acadêmico, que contava com opiniões favoráveis entre os intelectuais dos dois países, e evitar envolver políticos e diplomatas de ambos os lados. A publicação do livro sobre o presidente esquecido parecia ser a ocasião adequada para reintroduzir o tema na agenda pública, mas um novo clima de tensão bilateral complicou o cenário. Poucas semanas antes do lançamento, um programa jornalístico da televisão peruana revelou um caso de espionagem militar por parte do Chile: dois marinheiros estavam sendo investigados em Lima por vazar informações para os serviços de inteligência desse país. O caso gerou mais um desses surtos de nacionalismo que varrem a costa do Pacífico sul-americano de tempos em tempos. A mídia relembrou episódios anteriores de espionagem, incluindo um que terminou com a execução do agente peruano traidor à pátria. O clima talvez fosse propício para resgatar um herói esquecido, mas, de modo algum, para um novo pedido de restituição de patrimônio.

Por alguns minutos, Ramón Mujica e Miguel De Althaus conversaram sobre os livros que haviam retornado sete anos antes. O advogado bibliófilo lembrou que entre os exemplares havia uma Bíblia poliglota muito rara, que foi exibida no dia do retorno. Ele estava certo de tê-la visto e recomendou que fosse feita uma revisão, para garantir que não tivesse desaparecido. Mujica então contou que sua gestão havia confirmado o desaparecimento de três dos exemplares devolvidos pelo Chile. "Nem mencione isso", recomendou De Althaus, acomodando-se na poltrona, como se apenas pronunciar esse fato pudesse enfraquecer qualquer novo pedido de restituição. Não era mais possível: Mujica já havia tornado isso público em algumas de suas entrevistas sobre a suposta máfia de ladrões de livros.

O bibliotecário detetive lembrou das versões chilenas que negavam o saqueio, especialmente a de Vicuña Mackenna, um dos principais historiadores chilenos. "Mas ele foi o principal ladrão – replicou De Althaus –. Ele veio durante a ocupação para ver o que havia. E quando ele não estava, pagava pessoas para comprar ou saquear". Dessa forma, segundo De Althaus, foram retirados do Peru os documentos de todos os generais do primeiro militarismo, um período em que a República nascente era governada por caudilhos com uniforme. "Ele queria deixar o Peru sem história", observou.

"Gostaria de poder afirmar com certeza quais outras coisas peruanas estão lá", comentou Mujica.

Alguns aliados no Congresso estavam pedindo que Mujica mencionasse o assunto durante a apresentação do livro sobre o presidente esquecido. Nas esferas acadêmicas peruanas, circulavam várias referências. De Althaus disse que, após a morte de Vicuña Mackenna, sua viúva vendeu toda a sua coleção para o Arquivo Nacional do Chile. "Lá foram parar documentos coloniais, incluindo os arquivos da Inquisição". O próprio Mujica sabia que uma parte importante dos documentos originais da Companhia de Jesus no Peru estava naquele mesmo arquivo. Outros acadêmicos especializados nessa época afirmavam que os documentos do Ministério das Relações Exteriores do Peru, do período anterior à guerra, agora estavam no Comando Geral do Exército do Chile.

Seria possível recuperar algum dia todo esse patrimônio e fechar de uma vez por todas qualquer ferida em relação ao saqueio? De Althaus tinha uma antiga teoria a respeito: não se podia esperar que a solução viesse dos governos, tinha que ser um ato de filantropia. Era preciso convencer empresários chilenos, que nos últimos anos haviam feito investimentos bem-sucedidos no Peru, a criar um fundo fiduciário para contratar especialistas encarregados de localizar e adquirir exemplares roubados daquela época em coleções particulares ou em casas de antiguidades em seu próprio país. A ideia era que as descobertas fossem doadas à BNP. Em meio ao clima de desconfiança que ambos os países compartilham, tão constante quanto a corrente marítima que percorre suas costas, isso parecia uma especulação acadêmica. A verdade era outra e vinha ocorrendo há várias décadas em completo silêncio.

8.

Um triste lugar-comum da cultura popular diz que nunca se deve emprestar um livro, muito menos devolvê-lo. A migração emocional que ocorre em ambos os atos tem um custo: de todos os objetos culturais criados pelo homem, o livro é o que melhor absorve a essência de seu proprietário, suas memórias, ideias, obsessões. "Um livro amado é um fragmento de vida" — escreveu Julio Ramón Ribeyro — "Poderíamos adivinhar o caráter de uma pessoa, até mesmo traçar sua biografia, examinando não apenas quais livros leu, mas como os leu". A biblioteca de uma pessoa revela o código genético de suas ideias e, quem sabe, até de suas emoções. Por que alguém entregaria um exemplar que se tornou uma relíquia? Mais ainda: por que alguém entregaria uma relíquia de família a um suposto povo rival?

Mujica enfrentou esse dilema bibliófilo durante uma visita inesperada no início de seu mandato. Ele ainda não havia lançado a campanha de busca pelos livros perdidos quando, em uma sexta-feira à tarde, recebeu quatro senhoras octogenárias, duas delas professoras aposentadas, que vieram do sul. Ao entrar em seu escritório, as irmãs Lazo disseram que se tratava de uma invasão chilena. Houve um silêncio de alguns segundos entre os presentes, até que a frase alcançou a região cerebral que processa o humor ácido. Na verdade, as senhoras haviam economizado para viajar juntas a Lima com o único propósito de cumprir o que, disseram, era um sonho de muitos anos: entregar como presente à BNP um exemplar que havia pertencido ao seu avô. Tratava-se de *Tradiciones y artículos históricos*, uma sequência das célebres *Tradiciones Peruanas*, de Ricardo Palma. Na primeira página, podia-se ver a amigável dedicatória do autor ao antepassado das visitantes, datada de janeiro de 1900.

O livro estava guardado em uma pequena caixa de papelão, decorada com uma delicada flor de papel amarela. Não era um vestígio do saqueio, nem havia pertencido à Biblioteca. As irmãs o estavam entregando por um ato de justiça poética. "Elas o receberam como herança, mas ao descobrir que era uma obra de Ricardo Palma, autografada, consideravam moralmente que deveria ser preservada e guardada pela Biblioteca Nacional do Peru", disse-me Mujica. Ele se lembrava desse encontro como um momento muito emocionante: as senhoras relembraram histórias sobre o livro, tomaram um café e tiraram fotos,

> Há quem se orgulhe de ter roubado livros, mas ninguém fica famoso por devolvê-los. A honestidade costuma ser invisível.

sorridentes, ao lado do retrato do Inca Garcilaso que decorava o escritório do diretor.

"Há tantas coisas envolvidas nesse gesto", disse o bibliotecário detetive com um tom emocionado. "Ao mesmo tempo, é um comportamento exemplar para os chilenos e para os próprios peruanos que podem ter manuscritos ou documentos em suas casas que pertenceram à Biblioteca Nacional e ainda não os devolveram". As irmãs Lazo só puderam ficar uma tarde, antes de partir para o seu país no dia seguinte. Mujica mandou colocar a foto delas na galeria de retratos do saguão principal, ao lado de escritores, pesquisadores, artistas, cientistas, políticos e líderes de todo o mundo que apoiavam a recuperação dos livros perdidos.

Há quem se orgulhe de ter roubado livros, mas ninguém fica famoso por devolvê-los. A honestidade costuma ser invisível. No final de 2013, enquanto Peru e Chile aguardavam com tensão o veredicto do Tribunal Internacional de Justiça sobre suas fronteiras marítimas, o biólogo Arturo Silva compareceu à embaixada peruana em Santiago para entregar outro livro da época da guerra. A obra havia sido parte da biblioteca de seu bisavô, filho de um comerciante de lâmpadas. Os pais de Silva o encontraram no meio de uma série de papéis contábeis. No começo, pensaram que era apenas outro papel velho, até que sua mãe notou que o *Flora Fluminensis*, de 1827, era um tratado de botânica com ilustrações magníficas e presumiu que poderia ser valioso.

Quando Silva voltou do México, onde morou por vinte anos, recebeu o livro como herança. Como especialista em plantas, ficou encantado com o exemplar. Logo descobriu que o livro tinha vários selos da Biblioteca Pública de Lima, na folha de rosto e nas páginas internas. "Não gostei de ter um livro público, porque sempre tive a ideia de que o patrimônio pertence às pessoas", ele me disse em uma cafeteria de Santiago, cheia de jovens que não liam livros, mas sim telas de telefones e computadores. "Este livro deve ter sido um saqueio de guerra, vendido, passado de mão em mão e chegado ao meu avô em uma troca. E ele o manteve, não conseguiu vendê-lo ou gostou, sei lá. É história perdida". De qualquer forma, a ideia de devolvê-lo o perseguiu por alguns meses.

O momento preciso chegou durante a disputa de fronteira perante os tribunais internacionais. Silva, que nunca havia estado no Peru, disse que agiu sem premeditação. "Emocionalmente, a decisão pode ter sido precipitada, mas, de qualquer forma, eu já sabia que tinha que fazê-lo". A entrega foi feita no salão Grau. Um funcionário lembrou o momento como uma conversa tranquila, mas carregada de humanidade. Pouco depois, Silva saiu da embaixada com uma sensação de alívio. "Me livrei de uma espécie de carma familiar", comentou.

Quarenta anos antes, outro cidadão chileno transformou sua bibliofilia em um exercício de diplomacia de baixa intensidade. Em novembro de 1976, enquanto ambos os países eram governados por cúpulas militares de tendência nacionalista, o advogado Francisco Escobar Riffo entrou em contato com a embaixada peruana em Santiago para entregar uma peça notável em treze volumes: uma edição francesa, publicada em 1828, da *Historia de la decadencia y caída del Imperio romano*, de Edward Gibbon, um dos historiadores ingleses mais refinados da época do Iluminismo.[206] Era parte dos livros retirados da Biblioteca de Lima durante a ocupação. Escobar Riffo, um devoto de raridades bibliográficas, conseguiu reunir uma coleção pessoal de cem mil volumes. Ele também era proprietário de duas livrarias que denunciavam sua paixão: El Coleccionista e El Bibliófilo. Nunca se soube como ele obteve a obra de Gibbon, mas no dia em que decidiu devolvê-la, enviou uma

---

206. Outros dez volumes chegaram no lote de livros devolvidos pelo Chile em novembro de 2007.

carta ao embaixador peruano explicando que por muito tempo sentiu a dívida pessoal de restituí-los à BNP, "de onde nunca deveriam ter saído".[207] Esse gesto lhe rendeu uma carta oficial de agradecimento da Biblioteca de Lima. Animado com a recepção, Escobar Riffo decidiu investigar a origem de outros livros dos quais suspeitava que também poderiam ser relíquias do saqueio. Um dos mais curiosos era a primeira edição francesa da *Relation des voyages*..., uma compilação das memórias de famosos navegantes ingleses sobre suas viagens pelos confins do mundo: John Byron, o primeiro marinheiro a circunavegar o mundo em menos de dois anos; Phillip Carteret, descobridor de várias ilhas do Pacífico e o primeiro a realizar duas circunavegações; Samuel Wallis, o primeiro europeu a desembarcar no Taiti; e James Cook, o grande explorador que mapeou a Nova Zelândia, descobriu a costa sudeste da Austrália e navegou pelo estreito de Bering.

O livro, publicado em 1774, era apenas um ano posterior à edição original inglesa e foi lançado enquanto os quatro marinheiros ainda desfrutavam da fama de suas façanhas em vida. Apenas esse exemplar já representava um segundo ato de desapego, mas a consulta à embaixada também incluía um suposto manuscrito de Manuel Atanasio Fuentes; uma obra de Erasmo publicada no século XVII; e um livro de 1810 sobre Francisco de Miranda, o ideólogo da Emancipação Americana. "Caso as respostas sejam positivas, em relação a alguns ou todos esses livros, o Sr. Francisco Escobar os devolverá à Biblioteca Nacional de Lima", dizia um comunicado do embaixador peruano em Santiago.[208] Dias depois, após uma análise biblio-

---

207. Ofício de Carlos Jiménez Vásquez de Velasco, diretor de Assuntos Culturais do Ministério das Relações Exteriores, à diretora da Biblioteca Nacional. Lima, 9 de dezembro de 1976. Arquivo Central da BNP.

208. Ofício do embaixador do Peru em Santiago, Chile, José Carlos Mariátegui, ao ministro das Relações Exteriores. Santiago, 11 de abril de 1977.

gráfica, a BNP confirmou que pelo menos um dos exemplares fazia parte do material retirado durante a ocupação: o livro dos viajantes ingleses tinha em sua folha de rosto o antigo selo, um pouco desgastado, mas reconhecível, com o Escudo Nacional do Peru.

9.

Durante os dias em que a promotoria interrogava as testemunhas no Caso Cáceres, ocorreu um misterioso assalto contra Martha Uriarte, a arquivista que havia protegido os documentos do presidente herói encontrados no telhado da Biblioteca Nacional. Isso aconteceu à noite, quando ela voltava do trabalho para sua casa na Unidad Vecinal n° 3, um antigo bairro operário onde as famílias se conheciam há décadas. Dois desconhecidos a surpreenderam pelas costas e tentaram roubar sua bolsa. Uriarte se defendeu como pôde. Em certo momento, ela caiu com um dos assaltantes, em uma luta que a deixaria dolorida por semanas.

Um policial que passava de moto iniciou uma perseguição. Ao ouvir o barulho, alguns vizinhos saíram para ajudá-la e conseguiram recuperar a bolsa e prender um dos criminosos.[209] O outro escapou. Logo em seguida, Uriarte denunciou o capturado, que ainda era menor de idade, na delegacia que ficava a duas quadras de sua casa. Os próprios policiais a advertiram para ter cuidado, porque o jovem era membro de uma facção que poderia orquestrar ataques a partir de uma temida prisão em Lima.

"Naquela noite, não consegui dormir", ela lembraria muito depois, na tranquilidade de sua sala, enquanto me contava o episódio. "Depois me dei conta do que tinha na bolsa".

Arquivo Central da BNP.

209. Processo 10142-2011-0-1801-JR-FP-05 do Quinto Juizado de Família Especializado em Direito Penal, da Corte Superior de Justiça de Lima.

Uriarte estava com sua carteira, dois telefones celulares e dois pen drives com fotos e documentos sobre a tentativa de roubo do arquivo presidencial. Imediatamente, ela suspeitou de que poderia se tratar de um ataque encomendado devido às suas investigações e à informação que estava reunindo. Não era uma ideia absurda, pois coisas semelhantes haviam acontecido recentemente com outros funcionários da Biblioteca Nacional. O exemplo mais claro era o de uma funcionária que, em determinado momento, resistiu à pressão de outros funcionários para que assumisse toda a responsabilidade pelo primeiro roubo de livros. A mulher, que alegava inocência, foi assaltada duas vezes. O primeiro parecia ser um roubo de rua comum, mas no segundo, os desconhecidos disseram a ela que ambos os incidentes eram uma mensagem de suas acusadoras na BNP para que ela se calasse e fosse embora em silêncio. Pouco tempo depois, ela pediu demissão.

Histórias de ameaças e corrupção eram um tema frequente nos corredores da instituição. Eles não passavam de boatos, muitas vezes disseminados por e-mails anônimos, até que um dia a polícia revelou um caso flagrante de extorsão envolvendo três funcionários da Biblioteca Nacional.

Na manhã de 25 de outubro de 2010, quando Ramón Mujica tinha pouco mais de um mês como diretor e estava no exterior, os noticiários informaram sobre a detenção de dois funcionários que haviam tentado extorquir o chefe de segurança da BNP.[210] Os envolvidos eram uma assistente social e um membro da equipe de segurança. Segundo a notícia, ambos haviam tomado posse de um pen drive do funcionário e exigiam mil soles para devolvê-lo. O motivo da chantagem nunca foi revelado, embora na época tenha circulado a versão de que o pen drive continha um suposto vídeo comprometedor

---

210. *Extorsión a jefe de seguridad de la BNP,* 25 de outubro de 2010, *América Noticias.* Lima, Peru: América TV.

relacionado a comportamentos inadequados do funcionário nas instalações. As coisas tomaram um rumo estranho quando, sete meses depois, um dos supostos chantagistas foi encontrado morto em uma pousada: aparentemente, o segurança havia se suicidado ingerindo um pouco de mingau envenenado. Apesar desses detalhes macabros, o caso logo caiu no esquecimento, enquanto o clima na Biblioteca se tornava mais tenso com as investigações sobre o suposto roubo dos manuscritos de Cáceres. Poucos se lembraram disso quando, no meio das investigações internas, uma fonte anônima entregou aos funcionários mais próximos de Mujica um envelope explosivo. No interior, havia um CD com listas não registradas de livros roubados e a evidência mais contundente das intrigas internas: dois vídeos que mostravam um monitoramento secreto do ex-diretor, Hugo Neira, nas próprias instalações da Biblioteca Nacional.[211]

No primeiro vídeo, Neira é visto na área das coleções especiais, acompanhado por uma mulher morena de cabelos negros e um homem branco com óculos, que fala em inglês. O diretor retira dois exemplares das prateleiras. Por um momento, ele explica detalhes das páginas internas, que a mulher traduz para o outro visitante. A filmagem dura pouco mais de quatro minutos. A câmera está escondida entre uma impressora e uma pilha de volumes vermelhos e azuis. A pessoa que está filmando é um funcionário sentado em uma mesa na frente, que finge estar fazendo um registro de alguns livros. "Esse maldito gringo está bloqueando", comenta em voz baixa para uma colega enquanto ajusta a filmadora e dá zoom para capturar os exemplares que Neira tem em mãos. Ele não consegue, e segundos depois vemos o diretor guardando os livros novamente.

---

211. Uma cópia dos documentos e vídeos está nos arquivos do autor. O historiador Hugo Neira recusou um pedido de entrevista para obter sua versão deste episódio. No entanto, em várias ocasiões, ele se referiu à "hostilidade interna" que experimentou durante sua gestão.

No segundo vídeo, Neira aparece alguns metros à direita, sempre ao lado das prateleiras, enquanto conversa com as mesmas pessoas. O áudio é ruim, mas conseguimos entender quando o diretor explica alguns detalhes sobre a mudança para trazer os livros do antigo local. Ele diz que foi feito em caminhões acompanhados por policiais. Logo em seguida, ele comenta de forma irônica que tudo foi feito "perfeitamente à vista dos ladrões". O trio ri por alguns segundos sem perceber que está sendo filmado. Na hora de sair, Neira lança um olhar de notória desconfiança ao funcionário da mesa. As gravações não mostram atividades ilegais. O que elas mostram é que o clima de assédio era sistemático: de acordo com a fonte anônima, os vídeos vieram do computador de uma das funcionárias investigadas, que os guardava em uma pasta intitulada "Chefe".[212]

O surgimento dessa evidência não surpreendeu os funcionários veteranos que se lembravam da renúncia abrupta de Hugo Neira. O clima interno de sua gestão havia se deteriorado precocemente, a ponto de, em seu primeiro ano, ele ter contratado um consultor especializado em segurança. No primeiro documento que Neira enviou a ele para dar as boas-vindas e explicar suas tarefas, havia ênfase nos recentes roubos de livros ocorridos tanto na antiga sede quanto na moderna. "Eu, pessoalmente, recuperei um livro vendido no centro comercial Amazonas com selos da BNP", observou o diretor. "Parece que foi um 'pedido', o que significa que há uma máfia articulada com os livreiros". Ele imediatamente autorizou o especialista a entrar em contato com o Ministério do Interior para iniciar investigações.[213] Não foi o único sinal de alerta. "Não estou

---

212. Uma cópia das informações está nos arquivos do autor, sob acordo de confidencialidade com a fonte.

213. Documento sem número, dirigido por Hugo Neira, diretor nacional da BNP, a Oscar Sánchez, assessor da Alta Direção em assuntos de Segurança, em 2 de agosto de 2007.

satisfeito com o sistema de segurança dos livros", escreveu logo depois para a diretora da área responsável pelas coleções especiais, pedindo que retomasse a tarefa de adicionar fios invisíveis aos exemplares no novo cofre.[214] Os roubos não pararam. Um dia, Neira decidiu documentar as pistas que estava encontrando. Ele fez isso em um memorando endereçado a Nancy Herrera, a funcionária que havia passado de repreensões por negligência a uma posição de crescente poder.[215] "Estou preocupado por não encontrar o livro *Description de l'Univers*", referindo-se a um exemplar raro que havia solicitado recentemente. O diretor nacional havia vasculhado a área de Humanidades e não conseguiu encontrá-lo. Também não estava na área de Geografia Antiga.

Na época em que escreveu essas linhas, ele suspeitava que o volume havia saído do prédio de forma clandestina. "[...] é aconselhável que emitamos uma 'ordem de captura' para esse livro (por assim dizer) para que não saia de nenhuma alfândega", especificou. Então acrescentou um comentário que se referia ao clima interno e à relação específica com Herrera, que estava encarregada da área onde ocorreram as principais perdas de preciosidades bibliográficas. "Não duvido um instante de sua competência nem da honestidade de nossos trabalhadores. A confiança que tenho em você é pessoal e também a coloco por escrito. Mas parece-me que devemos tomar essa medida como precaução". O memorando indicava que a busca interna do exemplar deveria continuar e, ao mesmo tempo, mecanismos de urgência deveriam ser acionados para "declará-lo como um

---

214. Memorando N° 134-2007-BNP/DN de Hugo Neira, diretor nacional da BNP, a Liliana Pérez Sánchez-Cerro, diretora-geral do CSBE, de 26 de outubro de 2007.

215. Memorando N° 155-2008-BNP/DN de Hugo Neira, diretor nacional da BNP, para Nancy Herrera, diretora-executiva do DPDB, de 11 de dezembro de 2008.

bem que corria o risco de entrar no mercado ilegal de livros e sair do Peru, perdendo-o definitivamente".

Não se passou um mês desde essa advertência quando foi feita a primeira denúncia pública de roubo de quatro livros dos séculos XVI ao XIX que estavam no cofre. Na época, o diretor Neira nomeou uma comissão especial para tratar da segurança e fazer um inventário de urgência sala por sala. A revisão revelou dezenas de livros desaparecidos, mas nenhuma medida conseguiu deter os roubos. A pessoa encarregada de coordenar as atividades desse grupo foi Nancy Herrera.[216] Esse era o clima conspiratório que cercava o antecessor de Ramón Mujica.

O próprio Mujica e os membros de sua equipe diretiva começaram a receber críticas desde os primeiros meses em que começaram a investigar o roubo de livros. Em março de 2011, a secretária-geral do sindicato que representava os funcionários investigados, Nelly Bobbio, enviou um ofício ao Presidente da República para protestar contra as declarações de Mujica à imprensa, nas quais insinuava a existência de uma máfia interna.[217] "Consideramos que a imagem e a dignidade dos trabalhadores da Biblioteca Nacional foram violadas com tais afirmações", dizia Bobbio, a mesma funcionária que, em algum momento, relatou o desaparecimento de trinta livros do cofre da BNP. O documento também chegou aos gabinetes do Presidente do Congresso, da Presidente da Comissão de Cultura e da Defensora Pública. A todos foi pedido que interviessem no caso.

Dois meses depois, o sindicato ameaçou processar a diretora técnica, Silvana Salazar, por difamação se ela não

---

216. Memorando N° 017-2009-BNP/DN de Hugo Neira, diretor nacional da BNP, para Mariela Borja La Rosa, diretora-geral da Secretaria-Geral, de 2 de fevereiro de 2009.
217. Ofício N° 026-2011-SITBIN de Nelly E. Bobbio Labarthe, secretária--geral do Sindicato de Trabalhadores da Biblioteca Nacional (SITBIN), para Alan García Pérez, presidente da República, de 8 de março de 2011.

revelasse publicamente os nomes dos envolvidos.[218] No meio do ano, nove trabalhadores do mesmo grupo enviaram uma extensa carta à Ministra da Cultura da época para desacreditar as denúncias do diretor. O tom confrontador era evidente desde as primeiras páginas, onde se referiam a Mujica, um acadêmico de prestígio internacional, como pouco menos que um intruso. "[...] nunca esteve envolvido na gestão do patrimônio cultural peruano, um campo onde se sabe quem é quem", dizia a carta em um tom que deixava poucas dúvidas sobre a atitude dos remetentes. "Um recém-chegado deve sempre ter isso em mente", dizia o documento, que também se dirigia à própria ministra, Susana Baca, uma cantora reconhecida que nunca havia ocupado um cargo público.

Por outro lado, de acordo com os sindicalistas, o "confuso Dr. Ramón Mujica" havia iniciado uma campanha midiática sem muito fundamento, "pelo simples fato de que os documentos foram encontrados no telhado da Grande Biblioteca Pública de Lima". Isso havia levado "[...] algumas pessoas, surpreendidas em sua boa-fé, consternadas e indignadas, a comentar o assunto, condená-lo e culpar os funcionários da área de custódia patrimonial, acreditando que, com base nas declarações irresponsáveis do Diretor Nacional, estivessem envolvidos em irregularidades nos últimos dez anos". Entre os signatários estavam várias funcionárias que haviam participado das tentativas de ocultar os roubos em anos anteriores.[219]

---

218. Carta notarial do SITBIN para Silvana Salazar, diretora técnica da BNP, de 13 de março de 2011. A carta é assinada por Nelly Bobbio, secretária-geral; Delia Córdova, secretária de defesa; Ruth Velarde, secretária de organização; Martín López, secretário de economia; Sonia Herrera, secretária de atas e arquivo; Jason Mori, secretário de disciplina e controle; e Jeny Isabel Mendoza, secretária de imprensa, propaganda e cultura.

219. Carta para Susana Baca de la Colina, Ministra da Cultura. "Assunto: Queixa, protesto e defesa contra as declarações e ações do Dr. Ramón Mujica Pinilla, diretor nacional da Biblioteca Nacional do Peru, que atribui sem nenhum fundamento 'graves irregularidades' cometidas pelas áreas

Da mesma forma que já havia acontecido em outros casos, a carta à ministra apresentava uma construção jurídica e administrativa complexa, repleta de dados incompletos, imprecisos ou falsos, com o objetivo de isentar os suspeitos da responsabilidade. Desta vez, no entanto, a estratégia era ainda mais intrincada: visava transferir a culpa para os autores da descoberta. De acordo com essa tese, agindo por conta própria, o carpinteiro que encontrou os documentos e os trabalhadores do Arquivo Central que os guardaram teriam usurpado funções e violado uma série de protocolos que incluíam a notificação das áreas responsáveis pelo patrimônio bibliográfico, precisamente aquelas que estavam sob a supervisão dos funcionários investigados. O embasamento dessa acusação provinha de um relatório do próprio Escritório de Assessoria Jurídica da BNP, que, em vez de apontar quem deveria custodiar os documentos históricos, culpava os resgatadores por terem "alterado e/ou destruído outras evidências da cena do crime".[220]

Esse último ponto, a localização da cena do crime, era o cerne da estratégia legal: visava concentrar a atenção da polícia e do Ministério Público no telhado, que, neste caso, era considerado um território sem dono, e afastá-la do cofre, o espaço de acesso restrito onde eram guardados os arquivos presidenciais. Essa aparentemente simples observação permitia criar uma série complexa de hipóteses: que os documentos

---

supostamente responsáveis pela custódia dos manuscritos do 'Arquivo Marechal Andrés A. Cáceres' encontrados no telhado da Grande Biblioteca Pública de Lima". Lima, 30 de julho de 2011. Signatários: Nancy Herrera, Ana María Maldonado, Delia Córdova, Martín López, Pilar Navarro, Nelly Bobbio, Sonia Herrera, Ruth Velarde e Nicolás Díaz Sánchez.

220. Em seu relatório de gestão, Mujica descreve o episódio da seguinte forma: "O advogado não apenas alterou a sequência dos eventos, mas também propôs a apresentação de uma denúncia penal contra o marceneiro que fez a descoberta e os arquivistas que receberam o arquivo recuperado". Mais informações em Memoria de gestión BNP 2010-2016, da Biblioteca Nacional do Peru (p. 17).

históricos encontrados eram um grupo desconhecido; que não se podia determinar quando, como e por quem foram levados até lá; e que o resgate dos papéis do herói não havia sido uma conquista, mas sim uma negligência grave. Uma citação textual retirada desse documento emitido pelo chefe da área jurídica, o advogado Juan Manuel Espinoza Guzmán, afirmava que essa ação "não permitiria uma investigação adequada por parte da Polícia Nacional do Peru".

A carta à ministra detalhava informações para desacreditar as denúncias de Ramón Mujica, mas omitia vários dados essenciais, como o fato de que o advogado Espinoza havia sido membro do círculo de Nancy Herrera, que o havia nomeado para esse cargo de confiança oito meses antes da descoberta e da chegada de Mujica à BNP.[221] Também não mencionava que alguns anos antes, em 2001, uma das trabalhadoras sob suspeita, Delia Córdova, havia sido encarregada de criar um guia topográfico das coleções especiais, um tipo de esboço muito preciso que indicava a localização exata de cada peça valiosa dentro e fora do cofre.[222] Embora a carta descrevesse a vida útil do móvel onde os documentos de Andrés Avelino Cáceres foram encontrados escondidos, com ênfase no fato de que estava em processo de descarte, em nenhum momento indicava que a última usuária a quem estava atribuído era a trabalhadora com o código 047.

---

221. A Resolução Diretiva 023-2010-BNP, de 29 de janeiro de 2010, assinada por Herrera, atribui ao advogado Juan Manuel Espinoza Guzmán as funções da Direção-Geral do Escritório de Consultoria Jurídica da Biblioteca Nacional do Peru.

222. Isso é relatado no relatório N° 109-2001-BNP/CESBE, de Lita Grieve, diretora-geral do CESBE, para Martha Fernández, chefe institucional da Biblioteca Nacional, em 12 de junho de 2001.

De acordo com o relatório geral de funcionários naqueles dias, a usuária 047 era Nancy Herrera.[223]

Nesse momento, Ramón Mujica já sabia que a estratégia de desgastá-lo perante as principais autoridades do país era apenas o início dos ataques para conter suas denúncias e removê-lo do cargo: quase simultaneamente, havia se iniciado uma campanha para envolvê-lo em uma série de crimes que incluíam invasão de terras, destruição de patrimônio cultural e assassinato.

***

Algumas semanas antes da carta do sindicato para a ministra, o jornal limenho *La Primera* publicou uma manchete incriminatória: "Empresa do Diretor da Biblioteca Nacional danificou ruínas em Oquendo".[224] A matéria indicava que o consultor jurídico de uma imobiliária ligada a Mujica estava sendo acusado em um tribunal por destruir um sítio arqueológico com o propósito de vender o terreno para fins urbanos. De acordo com a denúncia, ele havia destruído muros pré-colombianos com maquinaria pesada. O jornal afirmava que o advogado da empresa de Mujica talvez fosse punido em breve por sua atividade destrutiva. "Mas o Ministro [da Cultura Juan] Ossio parece que terminará seu mandato sem perceber quem está à frente da principal biblioteca do país", enfatizou o jornal.

O caso estava relacionado com a tumultuada história do Fundo Oquendo, uma antiga fazenda do tamanho de um distrito que pertencia à família do bibliotecário quase desde o início do século XX. Foi uma das quinze fazendas de seu avô,

---

223. Relatório N° 014-2012-BNP/OA-CP, de Marco Antonio Córdova Ramírez, encarregado da Área de Controle Patrimonial, para Francisco Palomares, Diretor-Geral do Escritório de Administração, em 13 de janeiro de 2012.

224. Wiener, 18 de julho de 2011.

Manuel Mujica Carassa, que, na sua época, foi um dos maiores latifundiários do país. Embora a fazenda não tenha sido expropriada durante a Reforma Agrária dos anos 1970, teve uma longa história de ocupações informais e divisões familiares. Atualmente, era um território envolto em uma teia de disputas judiciais e assediado por traficantes de terras, ladrões e assassinos contratados.

Ramón Mujica enfrentou o purgatório judicial muito antes de assumir a Biblioteca Nacional. Em determinado momento, foi gerente-geral da empresa imobiliária da família e, nessa posição, teve que lidar com invasores de suas terras. Primeiro, notificava-os de que estavam ocupando propriedade privada. Se não saíssem voluntariamente, ele iniciava um processo judicial para recuperar cada lote. Foram mais de cem processos judiciais. "Não me lembro quantas horas tive que passar nos tribunais", lembraria anos depois. Apesar de ter ganhado todos os casos, não executou nenhuma desocupação forçada contra os ocupantes. Em vez disso, costumava propor um acordo que incluía uma compensação financeira para que saíssem sem problemas. O processo se complicou quando alguns grupos usaram artifícios para obter reconhecimento legal como possuidores.

Ao longo dos anos, Oquendo se tornou um campo de batalha em um sentido quase literal: de tempos em tempos, histórias de confrontos violentos pelo controle das terras envolvendo traficantes, policiais corruptos e gangues de assassinos de aluguel apareciam nas notícias. "[...] No centro da violência que ocorre na região há uma poderosa família da velha oligarquia limenha que está se beneficiando", afirmava o tabloide de orientação claramente esquerdista. Segundo essa versão, Mujica e seus parentes haviam desrespeitado a lei da Reforma Agrária e estavam em uma campanha agressiva para recuperar terras que agora pertenciam a camponeses pobres.

Nos episódios de despejos, dizia-se que dois moradores e um topógrafo haviam sido assassinados. Poucas semanas depois, um grupo de supostos afetados publicou um anúncio pago no mesmo jornal acusando diretamente "Os Mujica" desses assassinatos e desapropriações. Nas últimas linhas, havia uma pergunta: "Se Ramón Mujica, Diretor da Biblioteca Nacional, despoja criminosamente camponeses de suas terras, o que fará com os tesouros culturais da Nação?". As acusações se agravaram meses depois, quando uma revista recém-lançada retomou o caso com um título semelhante ao primeiro: "Diretor da Biblioteca Nacional envolvido na destruição do patrimônio". Desta vez, o artigo da revista *Siete* até mesmo citava um relatório policial que confirmava a participação do bibliotecário e sua família em desapropriações realizadas por criminosos. "É curioso que o diretor da Biblioteca Nacional, Ramón Mujica, cuja função deveria ser proteger a cultura e seu patrimônio, permita medidas violentas e destruição de vestígios arqueológicos para fins comerciais", dizia o novo artigo.[225] A história continuou em três edições consecutivas, com apelos aos congressistas e invocações ao Ministro da Cultura para deter os supostos crimes do bibliotecário.

O principal promotor dessas denúncias era um homem chamado Víctor Huarancca, que se apresentava como um empresário na luta contra a corrupção. Nos últimos dois anos, Huarancca percorreu todos os espaços possíveis, desde jornais e canais de televisão até gabinetes de congressistas, para repetir sua história a quem quisesse ouvi-la: ele dizia que havia sido despojado de suas terras por uma organização criminosa liderada pela família Mujica. "Eles são os líderes", disse-me num sábado de manhã num café no centro de Lima. "Há um *modus operandi* que eles usam continuamente", enfatizou.

Huarancca, que alegava ter recebido ameaças de morte, estava acompanhado por um colega de aparência rústica que

---

225. Alegría, 2012.

ouvia da mesa ao lado. A história que ele me contou naquele dia teve um longo preâmbulo que remontava à década de 1990 em Chimbote, um porto de pesca a seis horas ao norte de Lima. Naquela época, segundo seu relato, ele havia sido despojado de uma fábrica por outra organização mafiosa que estava ligada ao setor bancário e político. Em 2009, Huarancca decidiu se instalar em um terreno em Oquendo, na província de Callao. Após uma tentativa fracassada de comprá-lo da família Mujica, que estava registrada como proprietária nos registros públicos, optou por negociar com os ocupantes. Foi então, ele alegou, que ocorreu o que estava denunciando. "Alguns policiais e criminosos da família Mujica chegaram e me desapossaram daquele terreno", disse-me o homem, cuja expressão variava entre momentos de calma e desconfiança. Perguntei se não era uma grande coincidência que lhe acontecesse quase exatamente a mesma coisa em duas cidades diferentes. Ele disse que era um sintoma do quanto as coisas estavam ruins no Peru. "Há uma escalada de atos de perversão gravíssimos e ninguém percebe", disse ele. O problema era que as suspeitas também recaíam sobre o denunciante: uma organização de advogados independentes o acusava publicamente de ser um traficante de terras e afirmava que o que havia ocorrido em Lima e em Chimbote não passava de uma estratégia que Huarancca usava para se apropriar de terras e empresas.

 As acusações não passaram despercebidas para os inimigos declarados de Mujica no caso dos livros. O sindicato dos acusados se encarregou de divulgar as histórias em seu blog oficial. Até mesmo algumas personalidades do mundo acadêmico, alinhadas por diferentes motivos com os acusados, intensificaram os ataques ao bibliotecário que perseguia ladrões de livros. "Temos um Mr. Jeckyll [sic] e um Mr. Hyde cultural", disse a historiadora Mariana Mould de Pease à revista que havia publicado a história. "Por um lado, ele recupera legados e, por outro, os destrói", afirmou.²²⁶ A reação não era desinteressada: Mould, viúva de um renomado historiador que foi diretor da Biblioteca Nacional, tinha um conflito pessoal com Mujica pela custódia da coleção de seu falecido esposo. Poderia um homem que se proclamava defensor do patrimônio ser ao mesmo tempo um obscuro predador da história?

A convergência de ambos os lados, aqueles que procuravam desacreditar suas denúncias e aqueles que o acusavam de usurpador e até de assassino, ficou evidente quando o mesmo jornal que publicava anúncios e reportagens sobre Oquendo dedicou um extenso artigo sobre o clima na BNP durante as investigações do caso Cáceres. Lá, quase palavra por palavra, repetiam-se os argumentos do sindicato. "Na opinião de alguns funcionários, os melhores contatos com colecionadores interessados nos valiosos livros guardados pela Biblioteca não são eles, mas o diretor, devido aos círculos que ele frequenta", dizia o artigo do jornal.²²⁷ A nova hipótese seguia a mesma lógica que os investigados haviam usado contra o marceneiro e os arquivistas que descobriram a tentativa de roubo: acusar o acusador.

***

Certo dia, depois da primeira onda de acusações, Ramón Mujica colocou sobre uma mesa o mapa daquele círculo do inferno chamado Oquendo. Era uma grande folha de papel branco, cruzada por linhas pretas que separavam os territórios da antiga fazenda. Na parte inferior, havia um pequeno retângulo destacado com marcador amarelo. Era um terreno localizado em uma área industrial à beira-mar. "Isso é tudo o que tenho em Oquendo", disse-me o bibliotecário acusado de usurpador. Ele

---

226. Mujica vs. Mujica, 2012.
227. Wiener, 3 de setembro de 2011.

parecia tenso, com a expressão de alguém que está pensando em várias coisas ao mesmo tempo. Acabara de acontecer outro episódio em sua longa batalha contra traficantes de terras e funcionários mafiosos que antecederam sua posição na BNP: numa manhã de sexta-feira, o vigia de sua propriedade o havia chamado com urgência para informar que um grupo de pessoas, liderado por um perito judicial e acompanhado de policiais, havia entrado à força.

Quando Mujica chegou ao local, do outro lado da cidade, deparou-se com um ato praticamente consumado: era um despejo decorrente de um contrato de aluguel que duas pessoas completamente alheias a ele haviam feito sobre seu terreno, uma forma de fraude na qual o proprietário original era totalmente excluído da cena. Houve um confronto. O perito queria continuar com a diligência. "Tive que chamar a imprensa para denunciar esse roubo escandaloso", lembrou o bibliotecário. Naquele momento, ele conseguiu interromper a fraude, mas as consequências surgiriam meses depois: a revista que retomou o caso usaria as fotos daquela diligência como suposta prova de que era Mujica quem tentava tomar a propriedade de um camponês.

"Esta é a área onde o Cholo Jacinto atua", disse o bibliotecário enquanto circundava uma parte do mapa na mesa. Ele se referia a Jacinto Aucayari, um assaltante, sequestrador e assassino que, durante anos, aterrorizou Lima à frente de uma gangue apelidada de "Os enxertos do Fundo Oquendo". Agora, ele era um chefe que dirigia operações a partir da prisão.[228] "Nesta história há de tudo: promotores, juízes, autoridades e criminosos. É incrível", comentou Mujica, que tinha uma pasta com documentos do caso sobre a mesa. Ele então começou a

---

228. Jacinto Aucayari Bellido morreria posteriormente de um ataque cardíaco em sua cela na prisão La Capilla, em Juliaca, Puno, em abril de 2017.

desenrolar uma trama de interesses tão complexa que, em certo ponto, atingiu seu círculo pessoal.

Em 2003, Mujica renunciou ao comando do negócio da família devido a diferenças insuperáveis. A principal delas surgiu quando ele descobriu por acaso que seus parentes haviam contratado a esposa de Cholo Jacinto como equipe de segurança. "Decidi deixar a empresa e pedi para me tornar independente", disse-me enquanto apontava para o pequeno retângulo com marcador amarelo. Era a parte que lhe pertencia do patrimônio da família, juntamente com duas áreas menores. A separação levou quatro anos.

Quando ocorreram os incidentes com as ruínas dos sítios arqueológicos, fazia tempo que dois dos terrenos não lhe pertenciam mais, e ele só conservava aquele que quase perdeu devido a uma manobra judicial. O que não havia terminado era a intriga familiar: no mesmo ano em que seria nomeado diretor da Biblioteca Nacional, os advogados de seus próprios familiares maquinaram uma denúncia contra ele por usurpação de terras.[229]

"Um homem afirmou que me viu chegando com uma arma na mão e liderando trinta capangas", recordou com uma expressão irônica, semelhante a um personagem de Saramago que sorri como se a risada doesse. O processo seria posteriormente arquivado nos registros judiciais, mas ficou gravado naquele catálogo da condição humana que era o caso Oquendo.

O relato daquela manhã terminou com uma ligação: o bibliotecário tinha que voltar à perseguição dos ladrões de livros. Pouco tempo depois, começou a segunda onda de ataques. As reportagens acusatórias foram prontamente divulgadas pelo sindicato dos acusados, pela historiadora em conflito com

---

229. Declaração de Carlos Condorcahuana Roca, representante legal da Promotora Oquendo S. A., ao Departamento de Investigações da Polícia (Deinpol), em 20 de fevereiro de 2010. Lá, ele fornece detalhes da ampliação da denúncia apresentada pela Villas Oquendo S. A. e Promotora Oquendo S. A. em 17 de fevereiro de 2010.

o bibliotecário e pelas pessoas envolvidas no tráfico de terras. Mujica, um intelectual experiente em longas batalhas legais, afirmava que era o preço a pagar por ser um funcionário público: todos os seus inimigos se alinhavam. O objetivo, ele me escreveu em um e-mail, era lançar sombras sobre o que havia sido uma campanha transparente contra a corrupção na Biblioteca Nacional. Ele interpretava as versões que o difamavam como uma reação desesperada daqueles envolvidos nos roubos: uma evidência de que ele estava se aproximando muito da verdade. "São capazes de tudo", ele me disse. "Você percebe agora que isso é uma guerra?".

V

O Peru é um país de bibliotecários maltratados. Mariano José de Arce, que recebeu do Libertador San Martín o título de Primeiro Bibliotecário da Biblioteca Nacional, foi exilado devido às suas convicções políticas, quando a Independência ainda não estava totalmente consolidada. Francisco de Paula González Vigil, o bibliotecário clérigo, foi excomungado três vezes devido às suas obras e, ao morrer, só pôde ser enterrado em um cemitério por ordem do Presidente da República. Ricardo Palma, o bibliotecário mendigo, foi publicamente criticado por Manuel González Prada, um brilhante jovem intelectual da geração sucessora, que o acusou de ser um gestor desordenado, destruidor de livros e autor ultrapassado. Carlos Romero, o bibliotecário mais longevo da BNP, se aposentou sob suspeitas nunca resolvidas de cumplicidade no incêndio e no roubo de livros.

No imaginário universal, existe a ideia borgiana de uma biblioteca como uma versão do paraíso. No Peru, ela pode ser uma antessala do inferno. A última testemunha dessa maldição foi também o membro mais notável dessa irmandade de guardiães injustiçados: Jorge Basadre, o bibliotecário historiador, passou à posteridade como autor dos evangelhos da vida republicana, o homem que reconstruiu a Biblioteca Nacional a partir das cinzas. No entanto, trinta anos após sua morte, sua própria biblioteca pessoal esteve prestes a ser jogada nas ruas de sua cidade natal como um inquilino indesejado.[230]

---

[230]. Até setembro de 2005, a biblioteca Basadre pertencia ao seu único filho, Jorge Basadre Ayulo. No início desse ano, o então presidente do Governo Regional de Tacna manifestou seu interesse em comprar a coleção que, após a morte do historiador, havia permanecido sob os cuidados da família por um quarto de século. Naquela época, duas iniciativas oficiais haviam sido tomadas para valorizar seu legado: a primeira foi a restauração da casa onde

> No imaginário universal, existe a ideia borgiana de uma biblioteca como uma versão do paraíso. No Peru, ela pode ser uma antessala do inferno.

Os detalhes do episódio indignaram as comunidades de acadêmicos e bibliófilos peruanos. O problema surgiu porque, durante um ano, o Governo Regional de Tacna, proprietário da coleção, manteve os livros trancados na antiga residência do erudito, uma bela mansão com fachada de pedra no coração da cidade. O que começou como o embrião de um centro cultural, conforme um acordo com o Instituto Nacional de Cultura (INC)[231], eventualmente se transformou em um local disputado para aluguel. Os quartos e pátios adjacentes à biblioteca foram palco de eventos políticos, casamentos e batizados de pessoas influentes. Não muito tempo atrás, serviu para um festival de culinária.

Em meio a versões confusas, o Banco da Nação, proprietário do imóvel, propôs recuperá-lo e transformá-lo em seu próprio espaço para as artes e a cultura. A reivindicação foi feita por meio de uma ação judicial. Após meses de disputa, um juiz ordenou o despejo. O processo foi percebido como uma afronta pública em uma cidade orgulhosa de seu heroísmo na fronteira: no início do século XX, quando Basadre era criança, Tacna era um território ocupado pelo Chile após a Guerra do Pacífico. O bibliotecário historiador era parte de uma geração que se considerava sobrevivente de um cativeiro. Sua obra o transformaria em um ícone patriótico: havia uma praça, uma universidade e uma província com seu nome. O despejo de sua biblioteca era um ultraje temperado com rumores: dizia-se que exemplares foram perdidos, que outros materiais estavam se deteriorando devido à umidade e até que seus responsáveis emprestaram livros sem anotar quem os pedia ou garantir que fossem devolvidos.

"[...] Se o objetivo era preservar e difundir o patrimônio documental que deixou Jorge Basadre, os resultados são

---

ele nasceu; a segunda, a recuperação de seus restos mortais, que estavam em Lima. A compra foi acordada em 250 mil dólares.

231. O Instituto Nacional de Cultura foi o órgão de direção antecessor do Ministério de Cultura, que foi criado em 2015.

deploráveis", denunciou um correspondente. O fato de o episódio ocorrer enquanto a Biblioteca Nacional era saqueada por ladrões de livros confirmava a barbárie de um país que celebra monumentos de pedra, mas menospreza os testamentos de seus heróis intelectuais. Ramón Mujica tomou a notícia como a gota d'água da negligência nacional e enviou urgentemente duas especialistas da BNP para estudarem o caso.

A biblioteca de Basadre ocupava a ala esquerda do casarão. No momento em que as portas se abriram, centenas de partículas subiram na intensa luz que entrou com as visitantes. Era a poeira dos mausoléus. A funcionária que tinha as chaves deu as boas-vindas com um sorriso, mas pediu para não tirarem fotos. "É para proteger os livros", disse. No entanto, o ambiente não refletia essa aparente preocupação: uma densa camada de poeira cobria a mesa principal, uma mesa auxiliar, um armário com janelas de vidro e todas as prateleiras de madeira. Basadre sorria em uma foto ampliada como um pôster. Outro retrato dele, sem moldura, estava pendurado entre as altas rachaduras de uma parede.

"Este é o tesouro de Tacna", disse a anfitriã. As especialistas da BNP colocaram luvas de borracha para a inspeção. Entre os volumes encadernados em couro, logo encontraram uma edição de 1732 de *Lima Fundada*, o célebre poema heroico de Pedro de Peralta Barnuevo sobre a Conquista do Peru. O entusiasmo foi breve: a capa estava solta e muitas de suas páginas estavam corroídas e manchadas de mofo. Nas horas seguintes, outras peças valiosas vieram à luz: uma edição de 1722 da *História General del Perú*, de Garcilaso, que é a segunda parte de seus famosos *Comentarios Reales*; um belo *Atlas General Vidal-Lablache* de 1898, com mais de 420 mapas e 46 mil referências sobre os últimos conhecimentos geográficos do mundo; e uma coleção dos diários de debates do Congresso que remontava ao final do século XIX. Naquele primeiro dia, as especialistas observaram que os livros e caixas de documentos estavam sujos, em um ambiente com paredes rachadas.[232]

No dia seguinte, a inspeção se concentrou na sala adjacente. Ali estava guardada a escrivaninha do historiador e a principal riqueza da coleção: sessenta caixas roxas com o arquivo documental de Basadre.[233] Também era a área onde surgiam as maiores ameaças. A mais grave era uma infiltração no teto. Os responsáveis tiveram que colocar um grande plástico sobre as estantes para proteger os livros de literatura e história. A chefe da missão explicou que isso não ia ajudar por muito tempo: uma mancha do tamanho de uma claraboia se expandia na parede. "É uma espécie de câncer que atinge a parede", disse a especialista e começou a dar algumas recomendações para remediar o problema.

Nesse momento, um barulho do lado de fora a interrompeu. Era uma marcha de comerciantes que protestavam contra as restrições à venda de roupas usadas. O tumulto atravessava a fina parede que separava a biblioteca da rua. Em outra cidade, isso teria sido uma anedota. Em Tacna, podia ser o retorno de um fantasma: a multidão que, alguns anos atrás, esteve perto de condenar esse tesouro às chamas.

Isso aconteceu numa manhã de outubro de 2008. Uma multidão protestava contra os efeitos de uma lei recente que reduzia as receitas locais do imposto minerário. Percorreram as principais ruas da cidade e se concentraram em frente à sede do governo, localizada ao lado da Casa Basadre. Ao meio-dia, um boato fez explodir os ânimos. O grupo mais aguerrido afugentou a golpes de garrafa o punhado de policiais

---

232. Relatório n° 095-2012-BNP/DT-BNP de Ana Cecilia Carrillo, diretora técnica, para Ramón Mujica, diretor nacional da BNP, de 24 de outubro de 2012.

233. Esta coleção incluía correspondência, recortes e folhetos, e notas de seus trabalhos, como os apontamentos para La vida y la historia, seu livro de memórias.

que defendiam o prédio e ateou fogo no interior. Também queimou um móvel de madeira na rua, a metros da biblioteca. Um espectador registrou em vídeo como o vento empurrava a fumaça e as chamas em direção aos terrenos vizinhos. Por um momento, parecia que as paredes da histórica casa do governo podiam desabar e propagar o fogo.

Um dramaturgo viu a tragédia se aproximar: as faíscas caíam perto da antiga casa do bibliotecário historiador.[234] Uma companhia de bombeiros se interpôs para protegê-la. Poderia ter sido uma terrível ironia para o legado do homem que recuperou a Biblioteca Nacional das ruínas do incêndio de 1943. Naquela época, nada aconteceu, mas cinco anos depois, a coleção pessoal de Basadre estava novamente em risco.

A intervenção da Biblioteca Nacional acelerou os processos de funcionários públicos que estavam sendo acusados de negligência ou coisas piores pelos intelectuais da cidade. A coleção foi transferida para um local do Governo Regional. Nos meses seguintes, uma comissão realizou um inventário. Foi então confirmado que, como diziam os rumores, faltavam mais de 200 livros e dezenas de revistas.[235] As autoridades de Tacna anunciaram que uma investigação seria realizada.

Durante o mesmo período, na BNP, havia pelo menos uma dezena de investigações sobre o roubo de livros antigos. Mujica devia ter percebido, naquele momento, que sua cruzada também não terminaria bem.

2.

Uma manhã de abril, Ramón Mujica recebeu como um encorajamento a última vontade de um bibliófilo. Nesse dia, a senhora

---

234. Entrevista com José Giglio, dramaturgo e diretor do Arquivo Regional.
235. Ferrer, 9 de setembro de 2013.

Guenilda Alayza Petersen de Quiñones, uma septuagenária de voz suave e modos refinados, compareceu à Biblioteca Nacional para entregar uma coleção de mais de mil livros legados no testamento de seu pai, o eminente escritor e diplomata Luis Alayza y Paz Soldán. Sobre a mesa do escritório de Mujica, podia-se ver uma amostra de luxuosas edições em capas vermelhas, verdes e pretas: catorze volumes dos séculos XVII, XVIII e XIX. A herdeira observou que, na verdade, isso era um remanescente da doação total.

A transferência havia começado com uma primeira entrega em 1963, uma segunda em 1972, e esta terceira, que alguns parentes e conhecidos haviam pedido para reconsiderar, dadas as denúncias de roubos na BNP. Alguém chegou a sugerir que havia destinos menos arriscados, como a biblioteca do Instituto Riva Agüero, uma mansão famosa por suas coleções históricas, ou a do Club Nacional, o círculo de alta sociedade mais antigo da América do Sul, que tem sua sede num elegante palácio de estilo neorrenascentista no centro de Lima.[236] Ela rejeitou as sugestões. Estava convencida de que a cruzada do bibliotecário detetive era o contexto ideal para cumprir o testamento. No total, a biblioteca doada por Alayza Paz Soldán girava em torno de seis mil títulos.

A coleção já era célebre porque, meio século antes, colocou sob a custódia da BNP os manuscritos e pinturas originais do poeta José María Eguren, o solitário simbolista peruano, um criador multifacetado que César Vallejo imaginou como "um príncipe oriental que viaja em busca de sagradas bailarinas impossíveis". O erudito Alayza y Paz Soldán recebeu das irmãs de Eguren uma mala cheia de álbuns, pinturas e apontamentos

---

236. O Club Nacional teve entre seus bibliotecários o eminente historiador Raúl Porras Barrenechea, que levou como assistente seu então aluno, o jovem e recém-casado Mario Vargas Llosa. O Nobel peruano conta esses detalhes no prefácio do livro El escritor en su paraíso: treinta autores que fueron bibliotecarios (Periférica, 2014), de Ángel Esteban.

encadernados. Quando ambas morreram, o guardião quis garantir que tudo fosse enviado à segurança dos cofres. Nessa entrega atual, quase uma vida depois, vieram mais troféus. O mais notável era um exemplar intitulado *Guía Política, eclesiástica y militar del Virreynato del Perú*, um anuário estatístico e político publicado pelo sábio Hipólito Unanue em 1793. Era uma peça cobiçada por colecionadores e estudiosos, pois contém dados muitas vezes desconhecidos para os historiadores, e os exemplares completos são muito raros.

No entanto, a principal característica desse guia é o fato de que poderia ser considerado o antecedente peruano da era Google no final do século XVIII: a primeira pedra de um projeto que Unanue concebeu para reunir todo o conhecimento do Vice-Reino, a fim de que qualquer cidadão pudesse aproveitá-lo em seus assuntos pessoais e para que as autoridades governassem melhor.[237] O conjunto inicial consistia em cinco guias com dados sobre economia, educação, história, demografia, geografia e as ideias mais importantes de seu tempo. A meta do sábio era chegar a comparar décadas completas. No momento de recebê-lo, Ramón Mujica percebeu que o exemplar incluía o mapa desdobrável do Peru feito por Andrés Baleato, o famoso piloto e cartógrafo que instruiu os últimos navegadores da Colônia.[238]

— É notável que uma filha cumpra a vontade do pai, porque não são muitas que fazem isso hoje em dia — brincou Mujica minutos antes da cerimônia — Nem as filhas nem as esposas.

— Talvez as esposas não, porque não são do sangue; mas as filhas sim, porque são do sangue — respondeu a doadora, satisfeita.

Guenilda Alayza tinha a atitude de uma matriarca bondosa que organiza os assuntos da família. Naquela manhã, estava

---

237. Cayo, 1985, p. 254-256.
238. Ortiz, 2016.

acompanhada por um sobrinho de meia-idade, engenheiro da indústria petrolífera, que, na última década, desenvolvera uma militante bibliofilia. O sobrinho contou que ela soube desta sua paixão por meio de uma breve menção em um artigo jornalístico. A novidade lhes permitiu se aproximar, afinal, o sangue chama. Um dia, ele foi visitá-la, e ela tirou o testamento para ler a parte que se referia especificamente à coleção. "Então me disse: 'Não se trata de mim, trata-se do meu pai. E a vontade do meu pai sempre foi que esses livros estivessem na Biblioteca Nacional'. Depois disso, não havia mais nada a dizer". Quando Guenilda Alayza decidiu mudar-se da casa em que morava para um apartamento, ele acolheu a biblioteca em sua casa, enquanto ambos aguardavam o momento oportuno.

Guenilda recordava a primeira entrega dos livros. Seu pai ainda vivia na antiga casa familiar em El Olivar de San Isidro, uma área de residências de estilo europeu cercada por um grande jardim público no coração do distrito financeiro de Lima. Naquele dia, o convidado principal foi o Ministro da Educação. Na comitiva oficial, havia um funcionário da Biblioteca Nacional especialmente deslumbrado com a doação: o crítico literário e historiador Estuardo Núñez, um especialista em crônicas de viagem. A razão era que ao longo de sua vida como bibliófilo, Alayza y Paz Soldán havia reunido uma vasta coleção de livros escritos por aventureiros e cientistas europeus que percorreram o Peru em séculos passados. Ele mesmo foi membro dessa fraternidade de nômades: percorreu o Peru cidade por cidade, às vezes a cavalo, e de cada lugar escrevia uma narrativa que explicava sua história e detalhava seus costumes. O resultado foi uma obra em onze volumes intitulada *Mi país*.

Apenas a seção dedicada aos viajantes cobria completamente uma das paredes de sua biblioteca pessoal. Guenilda Alayza também recordava que, ao terminar essa primeira cerimônia de doação, um repórter perguntou a Estuardo Núñez qual parte da coleção ele considerava mais valiosa, e o estudioso mencionou claramente os autores que descreveram o país com o mesmo assombro que seu pai.

— Foi um homem que amou o Peru e, quando viu que ia morrer, legou sua biblioteca, que também era seu amor — disse Guenilda Alayza naquela manhã no escritório do bibliotecário detetive.

Ramón Mujica também é filho de um bibliófilo e conhecia o peso emocional imposto por um testamento como esse: a obrigação de proteger a última tentativa de transcendência de um ser humano agora em trânsito para a eternidade. Então, ele reservou alguns minutos para contar as medidas que havia adotado desde que descobriu o roubo de livros: instalar um moderno sistema de segurança com dezenas de câmeras de vídeo espalhadas por todo o edifício; fazer ampliações e melhorias no sistema de cofres e dar ênfase ao processo de digitalização dos materiais antigos para colocá-los na internet e torná-los visíveis a todos – a maneira que ele considerava mais eficaz para proteger o patrimônio. Mujica agradeceu a doação como o maior gesto de confiança para um bibliotecário que perseguia ladrões de livros.

— Está sendo entregue no momento certo à pessoa certa — respondeu Guenilda Alayza.

Então, a herdeira forneceu um detalhe que parecia ser mais uma dessas coincidências tão frequentes nesta história: seu pai havia decidido começar, em vida, a doação de sua coleção para a Biblioteca Nacional porque tinha uma estreita amizade com o diretor da época, o acadêmico e filósofo Carlos Cueto Fernandini. A revelação surpreendente – que nenhum dos presentes na reunião conhecia – era que, naquela época, Cueto também estava lidando com o roubo de livros. Ele até teve que apresentar uma denúncia devido à gravidade do problema, da mesma forma que Mujica. Após uma breve investigação, a Polícia Fiscal encontrou o responsável, um sujeito acusado de roubar mais de 300 exemplares.[239] Em meio a esse clima policial, o diretor da época recebia as mesmas manifestações de apoio de pessoas que devolviam livros da Biblioteca Nacional comprados no mercado negro. Um empresário lhe enviou de volta um exemplar de 1768 escrito pelo marinheiro inglês John Byron sobre sua viagem ao redor do mundo e seu naufrágio na Patagônia chilena, "que foi subtraído da instituição por um leitor inescrupuloso".[240] Um eminente historiador escreveu-lhe dizendo que tinha vários exemplares suspeitos e, quando se constatou que eram roubados, Cueto Fernandini foi pessoalmente à sua casa para recolhê-los. "Deixo expressa constância de que antes de comprar os livros, você, distinto amigo, fez tudo o que um homem de bem pode fazer para se certificar de que eles não tinham procedência ilícita", escreveria mais tarde em uma carta de agradecimento.[241]

Não foi o único gesto de confiança em relação a Cueto Fernandini. Em meio à sua própria busca por ladrões de livros, o educador foi recebido quase desde o início de sua gestão com uma série de contribuições inesperadas: um ex-prefeito de San Isidro doou o cobiçado *Libro de Cabildo de la ciudad de Huamanga*, com todas as sessões dos vereadores do século XVI; o diretor de uma escola entregou um exemplar da *Gaceta Extraordinaria del Gobierno de Lima*, de 22 de dezembro de 1824,

---

239. Ofício da Subdireção de Fazenda n° 031, de Alberto Rodríguez, diretor-geral do Ministério da Fazenda e Comércio, para Carlos Cueto Fernandini, diretor da Biblioteca Nacional, de 30 de novembro de 1962. Arquivo Central da BNP.

240. Carta de Carlos Cueto Fernandini, diretor da Biblioteca Nacional, a Federico Schwab, da empresa E. Iturriaga y Cía. S.A., de 7 de dezembro de 1962. Arquivo Central da BNP.

241. Carta de Carlos Cueto Fernandini, diretor da Biblioteca Nacional, para Félix Denegri Luna, de 7 de dezembro de 1962. Arquivo Central da BNP.

o informativo que tornou públicas as cartas dos Libertadores após a vitória na Batalha de Ayacucho; o presidente da maior corporação mineradora do país presenteou com um volume luxuosamente encadernado contendo as duas partes do Dom Quixote, na edição madrilena de Melchor Sánchez de 1655; e o poeta José Alfredo Hernández, amigo e companheiro de aventuras de Martín Adán, deixou em seu testamento mais de dois mil livros e folhetos e meio milhar de revistas.[242]

Nesse contexto, chegou a primeira parte da Coleção Alayza y Paz Soldán. Os diretores da Biblioteca Nacional sempre souberam que o rio da verdade flui entre as luzes da generosidade e as sombras do crime: a antiga fronteira entre o bem e o mal.

— Há peças muito raras aqui, manuscritos de diferentes épocas — comentou Mujica com entusiasmo enquanto examinava um dos volumes trazidos por Guenilda Alayza.

A cerimônia estava demorando porque os responsáveis por preparar os documentos cometeram erros nos nomes dos doadores e foi necessário corrigi-los em duas ocasiões. Para disfarçar o embaraço de sua equipe, Mujica brincou dizendo que era preciso enviar alguns desses distraídos para a guilhotina. A piada soou tão descontraída que teve um efeito inesperado: o sobrinho de Guenilda Alayza se animou a comentar que esses eram detalhes menores em comparação com as peripécias que haviam enfrentado na própria Biblioteca Nacional para aceitar a doação. "Eu vim até aqui há cerca de três anos para ver como fazer da melhor maneira", comentou. Para facilitar as coisas, ele havia entregado uma lista com todos os exemplares prontos para o envio, mas os trâmites se embrenharam em idas

---

242. Carta de Carlos Cueto Fernandini, diretor da Biblioteca Nacional, a Bernardo Moravsky, testamenteiro de José Alfredo Hernández, de 7 de setembro de 1962. Arquivo Histórico da BNP.

e vindas burocráticas, até chegarem a um impasse. Era como se o beneficiário resistisse ao benfeitor.

Talvez a explicação estivesse na crise interna da Biblioteca Nacional: as negociações começaram em outubro de 2009, durante a gestão de Hugo Neira. Nessa altura, já havia sido descoberto o desaparecimento de trinta livros valiosos do cofre e uma atmosfera de ocultação se instalou entre os funcionários que entrariam em guerra quando Ramón Mujica iniciou a campanha para buscar os livros perdidos. "É bom que você saiba: chegar até você foi bem complicado", comentou o jovem engenheiro bibliófilo. Convencido de que estavam bloqueando suas chamadas, ele teve que usar um telefone público e só assim conseguiu se comunicar com o escritório do novo diretor.

Havia outro vínculo esquecido por trás dessa doação: Luis Alayza y Paz Soldán não apenas atuou como filantropo, mas em 1943 foi um dos três notáveis chamados pelo governo para formar a subcomissão que investigou as causas do incêndio da Biblioteca Nacional. O trio – que incluía o escritor e diplomata José Gálvez e o eminente médico Honorio Delgado – apresentou seu relatório nos dias em que Jorge Basadre recebeu a tarefa de dirigir a reconstrução. Este seria um dos primeiros documentos oficiais do caso que o bibliotecário historiador leria ao assumir o cargo. "[...] seu parecer se tornou, posteriormente, um documento importante, pois negou que a causa do sinistro tivesse sido um curto-circuito e considerou evidente sua origem intencional", escreveu Basadre em suas memórias.[243] Isso significa que Alayza y Paz Soldán conhecia a infâmia que pode existir dentro de uma biblioteca quando decidiu doar sua coleção. A última parte de seus tesouros chegava em outro momento tão crítico que, desta vez, o diretor em exercício precisaria agir como um bibliotecário detetive.

---

243. Basadre, 1981.

3.

De todos os episódios de despojos e saques ocorridos na BNP, o mais abominável é o mistério da herança desaparecida. O perseguidor da verdade nesse caso foi justamente Jorge Basadre, o bibliotecário historiador. A primeira pista surgiu numa quinta-feira, 9 de janeiro de 1947, no jornal *El Comercio*. Era um breve telegrama da agência AP. "O legado do doutor Hohenau à Biblioteca de Lima", dizia o título do pequeno quadro que competia na mesma página com o recente assassinato de um empresário peruano, uma expedição chilena à Antártida e as últimas declarações do líder vietnamita Ho Chi Min sobre a guerra na Indochina.[244]

A notícia referia-se a Paul Hohenau, um cidadão austríaco de origem judaica que, nos anos 1930, foi cônsul honorário do Peru em Viena. Hohenau, uma figura conhecida nos altos círculos da diplomacia europeia da época, faleceu quase três anos antes em São Francisco, nos Estados Unidos, onde se refugiou quando Hitler iniciou a ocupação da Áustria. Para escapar do cerco nazista, ele se passou por peruano graças ao seu passaporte diplomático. "Como prova de que jamais esqueceu a maneira como nosso país abriu suas portas e salvou sua vida do terror totalitário, ele consignou em seu testamento, pouco antes de morrer, que entregava metade de sua respeitável economia à Biblioteca Nacional", afirmou outro telegrama da época.[245]

Mal haviam se passado quatro anos desde o incêndio da Biblioteca Nacional, e vários intelectuais viram esse gesto como um ato de justiça poética. "Em tempos em que a filantropia é uma flor exótica e a generosidade precisa ser procurada como algo impossível, a notícia que é objeto deste comentário encerra

---

244. El legado del doctor Hohenau a la Biblioteca de Lima, 9 de janeiro de 1947.

245. La mitad de una cuantiosa fortuna ha sido donada a la Biblioteca Nacional, 21 de janeiro de 1947.

uma rara e nobre realidade", escreveu o jurista e professor Raimundo Morales de la Torre, um dos colunistas mais lidos da época. "É como se ele quisesse entregar à sua pátria de adoção, num só instante, todo o afeto e toda a ternura que, no momento da dor e da perseguição injusta e impiedosa, ela soube trazer à sua estranha fronte, desejosa de paz e justiça", acrescentou.

Em um mundo que havia acabado de sair da Segunda Guerra Mundial, a contribuição do antigo cônsul era uma declaração dramática sobre o valor das bibliotecas como últimos depositários da história da humanidade. A ideia de Paul Hohenau era que sua fortuna ajudasse a estabelecer uma sala com seu nome dedicada a promover as relações de paz ao longo do continente. As boas notícias trouxeram uma sombra: o testamento havia sido impugnado. Duas filhas de Hohenau queriam declará-lo nulo para reivindicar toda a fortuna como herança.

Dois dias após a notícia, Basadre recebeu uma intrigante carta que continha informações-chave para desvendar o caso.[246] O remetente era um homem chamado Guillermo Simon, que havia sido funcionário do consulado do Peru em Viena e agora morava em Lima. Simon havia trabalhado diretamente para Paul Hohenau. Na carta, escrita à máquina e em alemão, o informante inesperado fazia referência à nota no jornal e oferecia uma lista detalhada do patrimônio que estava em jogo devido ao testamento: dinheiro em contas em Zurique e Berna, que Hohenau não conseguira retirar da Suíça ao escapar; uma conta em Nova Iorque com um milhão de dólares, da qual recebia juros; duas casas bem localizadas em Viena, uma das quais havia servido como sede do consulado peruano; o valor da venda de uma mina na Estíria e uma fazenda na Iugoslávia; e várias outras contas em Budapeste, em alguma cidade da

---

246. Carta de Whilhem Simon para Jorge Basadre, diretor da Biblioteca Nacional. Lima, 11 de janeiro de 1947. Arquivo Central da BNP.

França e possivelmente em Nice, onde sempre deixava dinheiro depositado em um hotel. "As moedas estrangeiras e moedas de ouro que o Dr. Hohenau tinha em Viena foram roubadas por sua secretária, Eugenia Kornelius", escreveu Simon. Segundo o antigo homem de confiança do cônsul, a mulher agiu durante sua ausência em conluio com um advogado que guardava as chaves do cofre; depois, ela escapou para Beirute. Era a primeira referência às sombras desta história. A segunda aparecia em algumas linhas adicionadas à mão por Simon no rodapé da página: "Se o Peru só foi notificado dois anos depois, talvez as herdeiras tenham tido tempo para esconder várias coisas". Poderia ter parecido uma especulação gratuita, não fosse o fato de alguns conhecidos confirmarem a Basadre as credenciais do inesperado informante.

Nesse mesmo dia, o bibliotecário historiador enviou uma carta ao cônsul do Peru em São Francisco, informando-lhe sobre os dados que havia recebido do antigo funcionário consular. "Simon viu o testamento porque imaginou ser um dos beneficiados por ele e também tem em seu poder cartas do Dr. Hohenau nas quais ele manifesta a intenção de favorecer a Biblioteca Nacional de Lima com a doação", apontou.[247] Era verdade: um documento oficial da cidade de São Francisco o credenciava como beneficiário de uma modesta parte da herança.

Também devia ser verdade que ele havia participado de um dos momentos mais escabrosos dessa história. "Simon diz que por volta de 1935, as filhas, por razões econômicas, chegaram a internar o Dr. Hohenau em um manicômio em Milão", escreveu Basadre. Segundo a versão que ele coletou de seu informante, o sexagenário teve que ser resgatado do confinamento com a ajuda da legação do Peru em Viena. "Peço-lhe

---

247. Carta de Jorge Basadre, diretor da Biblioteca Nacional, para José Francisco Mariátegui, cônsul do Peru em São Francisco. Lima, 11 de janeiro de 1947. Arquivo Central da BNP.

que me avise, se possível, tudo o que puder sobre este assunto, no qual, naturalmente, temos um duplo interesse, institucional e patriótico", finalizou o bibliotecário historiador. O que se seguiu nos dias subsequentes foi um intenso intercâmbio de correspondência entre Basadre e as sedes diplomáticas peruanas em São Francisco e Nova Iorque. O caso Hohenau se tornou uma obsessão para o homem que estava restaurando a Biblioteca a partir das cinzas.

Basadre se encontrou com várias pessoas que haviam conhecido o falecido benfeitor. A informação que ele estava reunindo servia para exigir uma ação decidida do governo peruano diante do que havia sido uma elaborada trama familiar ou um descuido diplomático incomum: segundo suas descobertas, o administrador público de São Francisco convocou os beneficiários do testamento para uma audiência quando havia passado apenas um mês da morte de Hohenau. O representante peruano naquela cidade deveria ter sido notificado, mas não havia notícias da intervenção do consulado nessa diligência. Agora Basadre conhecia mais detalhes da artimanha das duas filhas, que agiram em conluio com seus maridos, e de seus novos movimentos para finalmente se apropriarem da fortuna.

"Segundo informações particulares, os herdeiros chegaram recentemente a Viena e há a possibilidade de que uma manobra seja tentada para prejudicar os interesses dos outros beneficiários no testamento", escreveu o diretor da Biblioteca a um alto funcionário do Ministério de Relações Exteriores. "Sugiro que Vossa Senhoria considere a conveniência de notificar a legação do Peru na Suíça para que faça todas as averiguações necessárias o mais rápido possível", acrescentou.[248]

---

248. Carta de Jorge Basadre, diretor da Biblioteca Nacional, ao secretário--geral do Ministério de Relações Exteriores e Cultura. Lima, 14 de janeiro de 1947. Arquivo Central da BNP.

As investigações de Basadre permitiram reconstruir a história atribulada do Dr. Paul Hohenau. O cônsul peruano em Nova Iorque, José Luis de Cossío, o conhecera de perto e lembrava-se dele como um diplomata brilhante, que até recebera a Ordem do Sol por seus serviços distintos no consulado de Viena. De Cossío tinha sido seu convidado em inúmeras reuniões sociais, acompanhadas por suas respectivas esposas. Em uma dessas ocasiões, Hohenau havia compartilhado seu desejo de deixar seus bens, no futuro, para uma instituição peruana que, de preferência, deveria estar ligada à cultura. Foi De Cossío quem sugeriu que escolhesse a Biblioteca Nacional.

Em uma noite, em outro desses jantares, o cônsul de Nova Iorque encontrou com uma dama vienense conhecida, que lhe contou detalhes sobre Hohenau: "ela me disse que ele era uma pessoa muito rica que tinha uma mansão em Viena, com tesouros de caráter artístico em porcelanas e quadros", recordaria em uma carta a Basadre.[249] Segundo essa convidada, o filantropo era proprietário de mais de vinte e cinco casas na Áustria e outras propriedades na Tchecoslováquia. "No banco de São Francisco, ele é considerado um magnata europeu", indicou o diplomata.

A fortuna econômica estava marcada por um drama familiar: Hohenau tinha, de fato, duas filhas que ele deserdara por sua alegada falta de amor filial.[250] Ambas viviam em Nova Iorque. "Ele reclamava muito delas, pois, apesar da doença no estômago que o levou à sepultura, elas não o acompanhavam nem cuidavam dele como um pai merece", recordou o cônsul

---

249. Carta de José Luis de Cossío, cônsul do Peru em Nova Iorque, a Jorge Basadre, diretor da Biblioteca Nacional. Nova Iorque, 22 de janeiro de 1947. Arquivo Histórico da BNP.

250. A referência a esta situação vem do cônsul peruano em São Francisco, José Francisco Mariátegui, e está incluída na carta que enviou a Basadre em 13 de janeiro de 1947. Arquivo do Ministério de Relações Exteriores do Peru.

De Cossío. A distância tinha chegado a tal ponto que, quando Hohenau morreu, nenhuma de suas filhas respondeu ao chamado do consulado peruano em São Francisco. De Cossío lembrava que, de qualquer forma, aguardaram a chegada de uma delas para o enterro. Apesar de terem mantido o corpo esperando por vários dias, ninguém apareceu. "Finalmente, ele foi enterrado por quatro amigos e eu, que fui ao cemitério e depositei algumas flores por amizade pessoal e, de certa forma, pelo bem que esse senhor estava fazendo pelo meu país". Havia sido um homem perseguido em sua pátria e traído por sua família.

Basadre tinha motivos para se sentir comovido com a história de Hohenau: ele mesmo tinha conhecido a Alemanha nos primórdios do nazismo e uma vez compareceu a um comício no qual os oradores principais foram Goebbels e Hitler. "Era preciso procurar assento muitas horas antes de a cerimônia começar, e o público era sistematicamente embriagado com música, hinos e listas de mortos em confrontos de rua", escreveria em suas memórias. O historiador da República nunca esqueceu a forte impressão deixada pela habilidade retórica do futuro ministro da propaganda e pelo paroxismo despertado pelo líder nazista entre os presentes. "Vi mulheres fora de si e em transe apenas porque entravam e ouviam esse homem, por tanta gente desprezado", observou.

Naquele dia, ele passou por uma experiência pessoal de xenofobia quando um militante o ouviu falar espanhol. Basadre teve que se apresentar como um acadêmico estrangeiro, com sangue alemão pela via materna, e teve que continuar a conversa em alemão. Dezesseis anos depois desse episódio, ele estava em busca de uma vítima do nazismo e de uma herança perdida. Sua insistência em investigar o caso permitiu que ele soubesse que o consulado em São Francisco foi de fato notificado a tempo da herança deixada por Hohenau. O problema foi que o cônsul da época simplesmente não compareceu. Mesmo o banco designado para executar o testamento considerou que os bens na Áustria estavam muito longe e desistiu de participar. "É minha obrigação dizer que, de nossa parte, o assunto foi muito malconduzido", escreveu o cônsul De Cossío.

    A razão pela qual Hohenau finalmente legou sua fortuna à BNP pode ter raízes em suas memórias familiares: seu pai era Salo Cohn, um dos financistas mais proeminentes da Áustria, conhecido por se aposentar dos negócios para se dedicar a obras de caridade. Cohn era lembrado por ter doado, em 1896, uma fabulosa coleção à biblioteca da Comunidade Judaica de Viena, adquirida do bibliógrafo e colecionador S. J. Halberstamm.[251] A coleção continha 28 exemplares publicados entre 1476 e 1492, o ano da invasão da América. Isso representava um terço dos incunábulos em língua hebraica conhecidos. Também incluía 176 livros do século XVI, a edição príncipe do Talmud de Jerusalém e o primeiro livro impresso em todo o Oriente Médio, entre outras raridades. O valor da coleção equivalia ao orçamento total da biblioteca vienense por doze anos.

    A doação de Salo Cohn e outros membros notáveis da comunidade judaica permitiu um crescimento constante da biblioteca até o dia em que esta teve sua própria tragédia: em 1938, foi confiscada pelo serviço de inteligência das SS. A operação foi organizada minuciosamente por Adolf Eichmann, o mesmo oficial que mais tarde cuidaria da logística para levar prisioneiros judeus aos campos de concentração. Em meio à campanha de confisco que abalou Viena naqueles dias, a Gestapo apreendeu os bens e propriedades de Paul Hohenau.

    Quando Jorge Basadre começou suas investigações, restavam apenas vestígios de um patrimônio saqueado. "Um dos quadros de sua propriedade, *Calle campesina bajo la lluvia*, do grande pintor Jacob Emil Chlinder [sic] (1842-1892), está no

---

251. Hacken, 2002.

Ministério da Educação de Viena, sem razão que o justifique", alertou Basadre ao Ministério das Relações Exteriores. Era parte da riqueza que o funcionário refugiado em Lima havia detalhado. "Outro de seus grandes quadros chamado *Mercado de caballos*, de Julio von Blaas (1846-1923), está em posse do Dr. Buchal, sem que haja comprovantes de que lhe foi vendido".[252] A localização destas obras de arte é outra das áreas cinzentas desta história.

Em 5 de dezembro de 1938, as peças procuradas pelo bibliotecário historiador foram colocadas à venda pela casa de leilões Dorotheum, uma das mais antigas e prestigiadas da Europa. A nova administração nazista do estabelecimento anunciou-a como um "leilão voluntário de móveis para o lar". O catálogo da venda apresentava a pintura de Schlinder na capa: uma cena rural de pessoas que caminham por uma trilha ladeada por árvores altas de galhos finos.[253] A outra pintura, de von Blaas, ia na última página: uma feira de camponeses que compram e vendem dezenas de cavalos nos arredores de uma vila.

A página de instruções começava com o seguinte aviso: "As pessoas que, de acordo com as regulamentações legais, são judias ou são consideradas judias, estão excluídas como compradores nos leilões da Dorotheum, e, portanto, não podem entrar nem nas salas de exibição nem nas salas de leilão". Os clientes admitidos tiveram à vista desde móveis de sala e tapetes persas até enfeites de prata, esculturas de mármore, pinturas e livros. Não é difícil supor que as quinhentas peças oferecidas nos dois dias que durou o leilão eram pertences de Hohenau: a venda foi realizada em uma das casas que lhe confiscaram, a que havia sido sede do consulado peruano.

---

252. Ofício N° 24 D., de Jorge Basadre, diretor da BNP, ao secretário-geral das Relações Exteriores. Lima, 7 de fevereiro de 1947. Arquivo Central da BNP. O nome do autor do primeiro quadro é, na verdade, Emil Jakob Schindler.

253. Freiwillige Versteigerung der Wohnungseinrichtung, 5 de dezembro de 1938.

Basadre conhecia o destino da primeira obra. Quanto à segunda, o *Mercado de caballos*, seu paradeiro permaneceu desconhecido por alguns anos, até que, ao final da guerra, as herdeiras de Paul Hohenau iniciaram uma reivindicação junto às autoridades aliadas que controlavam a Alemanha. Em janeiro de 1951, a pintura foi encontrada por oficiais da Seção de Monumentos, Belas Artes e Arquivos, responsável pela recuperação e restituição dos tesouros saqueados pelos nazistas na Europa. Era uma das obras destinadas ao museu pessoal de Hitler. "A pintura veio para a Coleção Linz através de Almas Dietrich", escreveu S. Lane Faison Jr., um especialista em arte que se alistou na marinha dos Estados Unidos e agora estava encarregado da Unidade de Investigação de Arte Saqueada das forças de ocupação em Munique.[254]

Faison se referia a uma comerciante de arte alemã que havia sido uma das principais fornecedoras do Führer. A comerciante recebeu o quadro de um colecionador que afirmou tê-lo comprado em uma galeria de Viena. Os investigadores americanos rastrearam a origem da peça até um advogado chamado Sieger, que a havia obtido de um colega e amigo vienense. "Este último, presumimos, é o Dr. Buchal, mas esse é precisamente o elo que precisamos para completar a cadeia", observou o tenente Faison, um dos mais famosos recuperadores de arte que entrariam para a história como os *Monuments Men*.[255] Era o mesmo rastro que Basadre estava tentando seguir desde Lima: o papel do advogado a quem Hohenau confiou suas obras de

---

254. Carta de S. Lane Faison Jr., oficial da Divisão de Propriedade da Alta Comissão Aliada para Alemanha (HICOG, sigla em inglês), para William A. Lovegrove, oficial cultural do Escritório do Comissário de Terras para Württemberg-Baden. Munique, 19 de janeiro de 1951. Ardelia Collection. Arquivos Nacionais dos Estados Unidos.

255. A biografia de Faison pode ser consultada na página Monuments Men Foundation for the Preservation of Art: https://www.monumentsmenfoundation.org/the-heroes/the-monuments-men/faison-lt.-cdr.-s.-lane-jr

arte ao fugir em 1938. Não se passou nem um ano e o sujeito as vendeu no leilão do Dorotheum. Agora, eram reivindicadas por suas herdeiras.

As filhas de Paul Hohenau argumentavam que a doação à BNP era nula, pois tinha um propósito beneficente não permitido pelas leis da Califórnia, o estado onde o testamento foi redigido. Somente a efetiva atuação de um prestigioso advogado americano conseguiu deter o pedido de nulidade que estava prestes a ser aceito por um tribunal local. "Graças à sua intervenção, foi possível chegar, em princípio, a um acordo com os advogados das outras partes", escreveu o cônsul do Peru em São Francisco.256 Segundo esse acordo, o patrimônio recuperado de Paul Hohenau seria inicialmente destinado ao pagamento de suas dívidas, compromissos específicos, custos judiciais e honorários dos executores do testamento e advogados. Somente então "o espólio existente na Califórnia e no exterior seria dividido igualmente entre as filhas do falecido e a mencionada Fundação Paul Hohenau".

No entanto, a herança nunca chegou ao Peru. Todas as negociações de Basadre foram infrutíferas. O nome de Hohenau quase caiu no esquecimento junto com essa nova pilhagem da Biblioteca Nacional. Uma das últimas pistas foi uma carta certificada que Guillermo Simon enviou ao presidente Fernando Belaunde nos anos 1960. "A embaixada norte-americana em Lima me informou que apenas o Senhor Presidente poderia reivindicar o restante", afirmava o antigo colaborador de Hohenau. Em outro giro dessa história circular, nessa época o embaixador do Peru em Viena era o pai de Ramón Mujica.

4.

---

256. Carta de José Francisco Mariátegui, cônsul geral do Peru em São Francisco, para Jorge Basadre, diretor da Biblioteca Nacional. São Francisco, 13 de janeiro de 1947. Arquivo do Ministério de Relações Exteriores.

Numa tarde de julho, Ramón Mujica se encontrou com um dos advogados penalistas mais notórios de Lima para analisar um novo caso de corrupção na Biblioteca Nacional. Havia indícios de que uma empresa de sistemas de armazenamento tinha conspirado com funcionários da própria BNP para manipular a compra de estantes especiais que reforçariam o controle dos livros antigos no cofre. Nem mesmo essa obra tão essencial estava livre da voracidade dos corruptos.

O advogado convidado para conduzir a acusação legal era César Nakasaki, lembrado por ter defendido o ex-presidente Alberto Fujimori em vários casos de corrupção e violações aos direitos humanos. Ele também tinha sido advogado de outros políticos e militares envolvidos em crimes famosos. Até aquele momento, nenhuma das denúncias da Biblioteca por vários crimes apresentava avanços significativos, fosse por erros de seus advogados ou pela negligência do Ministério Público. O controverso Nakasaki, um mestre em litígio, parecia ser a melhor escolha para remediar essa paralisia: alguém com um conhecimento detalhado das brechas legais que frustram os processos contra os corruptos.

Naquela tarde, vestido com um impecável terno cinza e o cabelo sempre engomado, Nakasaki tinha a aparência de um veterano que comparece a um encontro com amadores. "Os crimes não são negociáveis", disse às cabeças da área jurídica da BNP, que o ouviam atentamente na mesa de reunião de Mujica. Ele se referia à arbitragem solicitada pela empresa vencedora da licitação porque, após vários atrasos e trabalhos acidentados, a Biblioteca cancelou o contrato. Os advogados de Mujica explicaram que haviam descoberto uma série de irregularidades no processo: em primeiro lugar, a licitação por concurso foi formulada de maneira que nenhuma empresa do mercado conseguisse cumprir, exceto a que seria beneficiada; além disso, essa empresa apresentou uma carta-fiança falsa entre seus documentos de respaldo; por último, ao revisar seus antecedentes, descobriu-se que ela não tinha experiência prévia no setor. "Parece que eram pedreiros", comentou Mujica com um tom que enfatizava o ridículo da situação.

Nenhuma empresa nessas condições teria conseguido vencer o concurso sem a ajuda de cúmplices dentro da Biblioteca. Nakasaki afirmou que, de acordo com o que ouvira, não estavam diante de uma controvérsia que poderia ser resolvida por um árbitro, mas diante de uma série de crimes que deveriam ser levados aos tribunais. "Devo iniciar as denúncias por todos os crimes, começando pelos crimes de função. Por que quem é que atacou a Biblioteca aqui? Foi apenas o fornecedor particular ou a Biblioteca foi atacada por seus próprios funcionários que fecharam os olhos?", deduziu no mesmo tom pedagógico que usava para dar aulas em uma universidade privada. Mujica acompanhava atentamente a reação de seus funcionários diante da lógica jurídica do convidado; o momento também servia para medir a habilidade das pessoas encarregadas das denúncias.

A chefe da equipe jurídica da Biblioteca, uma mulher de meia-idade com atitude defensiva, relatou que havia um agravante: enquanto realizavam os trabalhos de preparação para instalar o sistema de estantes móveis, os operários da empresa fornecedora causaram uma séria avaria que comprometia o sistema elétrico, o sistema de alarme e o ar-condicionado. O estrago colocava em risco a segurança das coleções, que foram guardadas em centenas de caixas de papelão: cada dia que passava sem resolver o problema significava que os exemplares antigos tinham que permanecer mais tempo em condições não habituais, expostos a mudanças de temperatura, acidentes e até roubos internos.

A advogada perguntou se seria possível fazer uma compra paralela com outra empresa de estantes enquanto a disputa com a primeira contratada era resolvida. "Declare emergência por perigo iminente", recomendou o advogado penal Nakasaki. A medida deveria ser sustentada pela opinião de um especialista em materiais antigos. "O CSBE, nossa própria área técnica!", reclamou Mujica, aborrecido: era a seção que por anos esteve sob o controle dos funcionários investigados por roubo de livros; agora tinha que ser peça fundamental em uma estratégia para protegê-los. "Claro, quem mais especializado na conservação de livros neste país do que vocês", comentou Nakasaki. Em seguida, ele recomendou que toda essa documentação fosse entregue em perfeita ordem ao procurador anticorrupção do Estado, que, aliás, tinha sido seu aluno.

A reunião era uma espécie de clínica jurídica na qual os advogados da Biblioteca faziam consultas e César Nakasaki respondia com habilidade acadêmica. O penalista disse que uma investigação interna deveria ser conduzida para determinar quais funcionários estavam envolvidos com a empresa e iniciar ações penais imediatas contra eles: se houvesse certeza de que um crime foi cometido, tratava-se de um contrato criminalizado e não havia nada a ser negociado. "Estou pensando que esse mesmo argumento pode ser usado para a questão da impressora", disse Ramón Mujica sobre o outro episódio que revelou a corrupção na instituição.

A compra de uma máquina de última geração foi licitada, mas o que chegou foi um elefante branco. Alguns fatos tornavam o caso ainda mais flagrante. Na época da compra, um funcionário havia levado uma folha impressa a cores como prova da qualidade da nova aquisição para o setor editorial. Todavia, ao examiná-la, foi descoberto que o interior da máquina continha peças compradas em um mercado informal de Lima e que o número de série havia sido pintado à mão. "Os responsáveis deram a conformidade quando a máquina nem sequer havia chegado à Biblioteca", observou o bibliotecário.

A folha de prova a cores era uma farsa. A nova impressora nunca funcionou.

Havia algo estranho nessa vulnerabilidade da Biblioteca que Mujica não conseguia resolver: a ineficácia em levar todos os tipos de crimes à justiça. Poderia ser um ladrão de livros flagrado enquanto retirava do cofre um exemplar do século XVII, mas também um funcionário que foi pego colocando uma escultura roubada no porta-malas de seu carro, uma diretora que falsificava documentos ou um grupo de funcionários que permitiu a perda de um lote de computadores recém-comprados. "Acho que encontrei na BNP a caverna de Ali Babá", ele me disse uma vez, quando foi descoberto um esquema para conceder benefícios fiscais milionários a gráficas e editoras que não atendiam aos requisitos legais.[257]

O sistema parecia feito para que ninguém recebesse uma punição exemplar. As comissões nomeadas para conduzir os processos administrativos, compostas por outros trabalhadores, deixavam os casos prescrever, e as novas comissões designadas para sancionar a negligência das primeiras também deixavam vencer seus prazos, em um verdadeiro carrossel de impunidade.[258] Nem mesmo o departamento jurídico estava livre de sombras. Mujica teve que trocar sua equipe de advogados mais de dez vezes. Uma das substituições mais abruptas ocorreu quando ele

---

257. Relatório N° 076-2015-CG/EDUS-EE do Departamento de Controle, Educação Social e Cultura da Controladoria Geral da República, tomos I a V. Autenticado em 8 de abril de 2015.

258. Esta situação já havia sido alertada pelo ex-diretor Hugo Neira durante a coletiva de imprensa de fevereiro de 2011, na qual foi anunciado o fechamento da BNP para avaliar a extensão das perdas. Quando questionado se sua administração havia conduzido investigações internas diante dos indícios de roubos, Neira respondeu: "As comissões internas, em minha experiência, são muito desconfortáveis e difíceis para aqueles que as constituem. Você denunciaria um colega de trabalho? Você ousaria enfrentar as tensões pessoais se descobrisse algo?". Consulte o minuto 45:11 do vídeo disponível em https://www.youtube.com/watch?v=poikswdHSdk.

descobriu que a chefe do departamento era uma ex-promotora que, tempos atrás, havia sido afastada do cargo em meio a denúncias de prevaricação e lavagem de dinheiro. Houve um momento em que a perseguição aos ladrões de livros se tornou algo mais profundo: uma incursão às raízes do mal na função pública. Como poderia um bibliotecário enfrentar o Leviatã da corrupção? No livro que leva o nome desse monstro bíblico, o filósofo inglês Thomas Hobbes escreveu: "Todo homem deve esforçar-se pela paz, na medida em que tenha esperança de consegui-la, e caso não a consiga, pode procurar e usar todas as vantagens da guerra". A reunião com o advogado penalista César Nakasaki era um sintoma de que haviam passado para a segunda fase.

5.

À medida que o tempo passava e as denúncias não saíam do Ministério Público, a campanha de Ramón Mujica começou a se tornar incômoda. Alguns acadêmicos comentavam entre si que isso se tornara uma questão pessoal, para não admitir que talvez Mujica estivesse errado. Pessoas do governo, que publicamente afirmavam apoiar sua cruzada contra os traficantes de livros, enviavam indiretas para que encerrasse de uma vez por todas o assunto. As tensões eram evidentes desde o dia em que o Ministério da Cultura, em vez de reforçar a batalha jurídica da Biblioteca, decidiu retirar sua principal ferramenta concedida pela lei: o poder de declarar como patrimônio cultural os exemplares valiosos que precisavam dessa proteção.[259] Era como retirar da polícia a autoridade para portar armas.

---

259. Ofício N° 968-2013-SG/MC de Mario Huerta, secretário-geral do Ministério da Cultura, para Ramón Mujica, diretor nacional da BNP, de 6 de dezembro de 2013.

Até então, podia-se entender como uma questão de rivalidade diante do valor que apenas um erudito como Mujica sabia dar às coleções e pelo sucesso das exposições e conferências que ele organizava paralelamente às investigações internas sobre os roubos. O que nem mesmo Mujica esperava era o golpe que viria de dentro: nos dias em que avaliava novas estratégias para impulsionar os casos no Ministério Público, o bibliotecário que perseguia ladrões de livros recebeu um relatório técnico que colocava em dúvida tudo o que havia sido descoberto nos últimos anos. A autora do documento era Luisa María Vetter, uma arqueóloga e cientista que tinha três meses como diretora técnica, o segundo maior cargo na hierarquia da Biblioteca Nacional.

O relatório deveria estabelecer as cifras exatas do que foi roubado. No entanto, o que apresentava eram questionamentos sobre a forma como os funcionários de Mujica haviam feito as estimativas. "A direção técnica manifesta que a questão dos livros Não Localizados/Perdidos é preocupante e delicada, e lamenta que as listas de livros não tenham sido especificadas com maior perícia para obter melhores resultados", dizia nas conclusões.[260] Vetter apontava que o inventário que havia disparado os alarmes em 2011, indicando que havia quase mil livros e documentos perdidos, não era totalmente confiável; também afirmava que as peças faltantes não ultrapassavam a metade desse número.

Mas a alegação mais grave — que representava um golpe para a campanha do bibliotecário detetive — era que a cifra de mais de quatro mil livros não localizados da Coleção Justo não deveria ser considerada definitiva, sendo necessária uma nova análise para evitar "suposições". O suporte deste documento eram dois relatórios confusos, com informações incompletas,

---

260. Memorando N° 374-2015-BNP/DT-BNP, de Luisa María Vetter, diretora técnica, para Diana Nagaki, diretora-geral interina do Escritório de Assessoria Jurídica da BNP, de 2 de junho de 2015.

que repetiam as antigas recomendações de organizar a Biblioteca e deixavam sem resposta a incógnita essencial sobre a magnitude dos roubos. "[...] o processo de busca não foi concluído", dizia um desses relatórios para explicar a dúvida.[261] O que não era mencionado era que essa suposta busca já durava mais de sete anos.[262] Luisa Vetter era uma pesquisadora que vinha ocupando importantes posições no Ministério da Cultura, precisamente. Mujica a havia convocado, por recomendação de uma colega próxima, com a certeza de que ela contribuiria com rigor acadêmico à gestão técnica e solidificaria a luta contra os ladrões de livros. Sua experiência anterior no Estado parecia estar alinhada com a campanha: anos antes, ela havia estado à frente do sistema de museus e conhecia de perto os processos de recuperação de peças roubadas que frequentemente eram apreendidas no exterior. Também poderia se tornar um elo importante com o ministério, alguém que entenderia a complexidade do problema e facilitaria as coordenações.

Vetter, uma mulher pequena com um olhar intenso sob uma franja sólida, impôs desde o início um ar de severidade ao seu cargo; dava a impressão de que chegava com um desejo de fiscalização, ou foi assim que vários funcionários entenderam

---

261. Relatório N° 098-2015-BNP/CSBE/DPDB de Hugo La Rosa Cordero, da Direção Executiva de Patrimônio Documental Bibliográfico, para Gerardo Trillo, diretor geral do CSBE, de 26 de maio de 2015.

262. Em 18 de outubro de 2007, a funcionária Carla Buscaglia, responsável pelo processo de descarte, informou ao diretor Hugo Neira sobre os progressos na revisão do lote de livros que seria eliminado. Relatou o resgate de títulos que poderiam ser utilizados para criar uma sala de Educação: "Da mesma forma, estamos separando os livros da Coleção Justo, todos os livros do século XIX, os com mais de cem anos, os autografados e todos aqueles que, por algum motivo, consideramos valiosos". Os detalhes estão no Relatório N° 028-2007-BNP/CCRBEE-cbc. De acordo com o quadro de alocação de pessoal daquele ano, a responsável pela Direção de Patrimônio Documental Bibliográfico era Nancy Herrera. Nelly Bobbio também trabalhava nessa seção. Outros investigados estavam na Direção de Serviços e Investigação Bibliográfica.

quando ela anunciou que levaria tempo para revisar os documentos da diretora técnica anterior. Pouco depois, dois membros dessa equipe foram demitidos e outros foram removidos de seus escritórios com pouco tato. O clima de tensa adaptação continuava quando os advogados da Biblioteca pediram informações atualizadas sobre os roubos: era necessário responder a uma nova carta aberta, publicada semanas antes de sua chegada, na qual o sindicato dos investigados acusava o diretor nacional de não ter provado suas denúncias.[263]

Os primeiros indícios de que Luisa Vetter tinha uma ideia diferente da situação na Biblioteca surgiram em meados de abril, quando ela completou um mês no cargo. Naqueles dias, ela emitiu um primeiro relatório que questionava as cifras de livros roubados[264], afirmando que nem mesmo era possível estabelecer o tempo necessário para cotejar as listas de supostas perdas porque as novas estantes ainda não haviam sido instaladas e os livros estavam guardados em caixas. Com apenas quatro semanas em cena, a funcionária desqualificava um histórico de indícios recolhidos ao longo de cinco anos.[265] O principal desses indícios era aquele que o antecessor de Mujica, o historiador Hugo Neira, alertou como uma das incógnitas nunca resolvidas de sua própria gestão: entre as pilhas de livros para descarte — aqueles que seriam doados ou destruídos — havia uma hemorragia de peças valiosas. Três meses antes da chegada

---

263. A carta foi assinada, mais uma vez, pelo grupo formado por Nancy Herrera, Nelly Bobbio, Delia Córdova, Ana María Maldonado, Pilar Navarro e Sonia Herrera, entre outros. O documento foi recebido pelo Setor de Tramitação Documental em 29 de janeiro de 2015, com o número de registro 01651.

264. Memorando N° 244-2015-BNP/DT-BNP de Luisa María Vetter, diretora técnica, para María Angélica Porras, diretora-geral do Escritório de Assessoria Jurídica da BNP, de 16 de abril de 2015.

265. Memorando N° 118-2015-BNP/DT-BNP de Martha Uriarte, diretora técnica, para María Angélica Porras, diretora-geral do Escritório de Assessoria Jurídica da BNP, de 18 de fevereiro de 2015.

de Vetter, uma comissão detectou nesse lote a falta de 1.300 exemplares que pertenciam ao acervo antigo; pelo menos quinze desses livros eram da Coleção Justo.[266]

Na mesma época, ocorreu outro episódio significativo: um trabalhador que estava revisando algumas caixas encontradas nos depósitos do prédio original encontrou mais de 400 livros antigos, incluindo quarenta exemplares que pertenciam ao legado do famoso bibliófilo argentino.[267] Por vários anos, os investigados no caso do arquivo presidencial encontrado no telhado dessa sede usaram como álibi a desculpa de que todos os acervos valiosos foram transferidos para o prédio moderno na mudança de 2009. O fato de muitas peças da coleção ainda estarem esquecidas em depósitos desmontava essa versão e revelava muito mais do que apenas outro caso de negligência.

Vetter não deu crédito a esses antecedentes em seus relatórios. Ela também não acreditou em um documento tão recente que ainda deveria estar morno em sua mesa quando assumiu o cargo: um relatório que, após essas pesquisas e descobertas, estabelecia as perdas totais em mais de 5 mil exemplares. O documento era assinado por Martha Uriarte, sua antecessora, a única funcionária que vinha combatendo a máfia desde o distante dia em que Mujica foi nomeado diretor.

Ramón Mujica nunca recebeu o relatório final de Vetter. Em uma manhã de agosto, começou o expediente do dia com a notícia de que o documento havia sido enviado diretamente ao Ministério da Cultura. Assim que o bibliotecário exigiu

---

266. Relatório N° 65-2014-BNP/CDCD-CAPPD de Carlos Javier Rojas, presidente da Comissão Ad Hoc para o Pré-descarte, para Martha Uriarte, presidente da Comissão de Desenvolvimento de Coleções e Descarte, de 17 de dezembro de 2014. A comissão também contou com a participação de Ana María Maldonado, Delia Córdova e Nelly Bobbio.

267. Relatório Nº 08-2014-BNP/CSBE/DESIB/TCM de Teófilo Cuéllar, bibliotecário I, para Martha Uriarte, diretora técnica da BNP, datado de 26 de novembro de 2014.

explicações, os funcionários tentaram, ansiosamente, esclarecer os fatos. Minutos depois, lhe informaram que a chefe temporária da equipe de advogados havia decidido encaminhar o documento sem esperar a autorização que era devida em um assunto tão grave. Mujica estava furioso: nem mesmo os trabalhadores mais relutantes em sua gestão, simpatizantes dos investigados, haviam se atrevido a desobedecer dessa maneira. Houve uma reunião de emergência. Todos os altos funcionários de confiança foram convocados ao escritório do diretor. Vetter já não estava entre eles. Ao analisar a situação, a secretária-geral, que pouco antes havia liderado a equipe jurídica, explicou que não podiam retirar o documento, pois uma vez apresentado ao ministério, fazia parte do expediente sobre o roubo de livros. A saída seria enviar um novo documento para explicar o caráter apócrifo do anterior e deixar claro que tinha sido feito às costas da administração, sem rigor metodológico e com o objetivo de induzir ao abandono das denúncias.

A sala onde tantas estratégias legais e administrativas foram estudadas contra os suspeitos dos roubos serviu agora para outro interrogatório, entre os retratos de Inca Garcilaso e do Libertador San Martín. Por vários minutos, o bibliotecário questionou a seus diretores se compreendiam as repercussões do que acabara de acontecer. Alguém disse que se devia à pressa de uma advogada inexperiente. Outro presente especulou se havia sido uma jogada articulada a partir do ministério, onde era evidente que não faltavam inimigos. Um terceiro perguntou em voz alta se o sindicato dos suspeitos havia se infiltrado na direção, à maneira de espiões. Mujica disse que, viesse de onde viesse, não era um erro, mas uma bomba-relógio instalada com a clara intenção de derrubar todas as investigações dos casos emblemáticos. Em seguida, deu a ordem para demitir os envolvidos. Vetter apresentou sua carta de renúncia na segunda-feira seguinte.[268]

O episódio estava longe de ser uma disputa entre acadêmicos sobre um assunto controverso da história. Era a confrontação entre duas concepções sobre o caminho em direção à verdade: a convenção positivista da certeza como algo que só se pode demonstrar com os dados da realidade acessíveis ao observador, própria de algumas ciências, em contraste com um sentido hermenêutico da verdade como algo que está por desvendar por trás dos fatos, o árduo caminho em direção ao Sol da Justiça que alguns homens decidem percorrer até o final, mesmo às custas da própria tranquilidade. A essa altura, Mujica já tinha muitos sinais contra si: pessoas que chegaram com a promessa de ajudar e acabaram traindo sua confiança, pessoas que afirmavam estar contra a corrupção e pouco depois se viam envolvidas em negócios ilícitos, pessoas que sabiam da luta interna e disseminavam ideias ou versões falsas nas redes sociais.

Em certa ocasião, perguntei a Mujica se valia a pena enfrentar tanta resistência e se expor a tantas intrigas por causa do roubo de alguns livros e documentos antigos que, na verdade, não importavam a ninguém. "Eu penso nisso todos os dias desde que acordo: se vale a pena ter deixado de lado minha esposa e meus filhos quando mais precisavam de mim. Saio de casa muito cedo e quando volto eles já estão dormindo. Ou seja, será que vale o esforço? Porque ninguém vai me agradecer por isso, está muito claro para mim. Eu faço isso porque estudei a Idade Média, porque acredito nos cruzados, porque tenho ideais, porque tenho vocação de historiador, porque amo meu país e penso que o destino me colocou em um lugar onde devo cumprir totalmente minha função de diretor da Biblioteca

---

268. Aceito pela Resolução Diretiva Nacional Nº 074-2015 BNP, de 11 de agosto de 2015, assinada pelo diretor nacional Ramón Mujica. Não há menção por serviços prestados.

Nacional. E simplesmente não vou permitir que isso continue, aconteça o que acontecer, e que quem quer que seja pague o preço", respondeu.

6.

O urubu é o abutre do Peru. É uma ave preta e feia que, na imaginação limenha, está associada aos lixões, à carniça e à podridão. Em uma noite de setembro de 2016, Mujica fez instalar no telhado da Biblioteca Nacional a escultura de um urubu gigante. Era uma imagem perturbadora: vista da rua, no canto esquerdo da fachada, parecia uma gárgula enorme prestes a se lançar sobre a humanidade como um anjo exterminador. O complemento da mensagem estava sob as asas: pendurada na ave como um homem em asa delta, ia a efígie de São Francisco de Assis, vestido com o hábito marrom, corda na cintura e uma auréola de luzes elétricas que brilhava na escuridão.

A autora era a artista plástica Cristina Planas, que nos últimos anos se dedicara a um projeto criativo para resgatar o valor ecológico da ave: apesar de sua feiura, nos tempos coloniais, ela ajudou a evitar pragas e a manter a cidade limpa. Agora, em tempos de crise política e moral, Planas atribuía a ela o sentido metafórico de uma recicladora social que podia devorar a corrupção que estava sufocando o país. O poder simbólico da obra era tão forte que várias galerias lhe haviam fechado as portas. Um dia, Planas conversou com Mujica e então fez sentido lançar a mensagem por meio de uma intervenção artística na instituição cultural mais antiga da República. Seria uma das atividades centrais para o aniversário da Biblioteca Nacional.

Para cumprir com o que deveria ser quase um ritual de purificação, o ato começou horas antes com uma procissão. Um grupo de funcionários, trabalhadores e espontâneos se reuniu na Plazuela de San Pedro, na rua de trás. Em poucos minutos, um caminhão de mudanças trouxe uma dúzia de cabeças pretas, feitas de fibra de vidro, que deveriam ser carregadas por duas pessoas cada uma. O estranho espetáculo de monumentos à ave mais feia da cidade atraiu dezenas de pessoas. Uma orquestra popular animava o encontro com *marineras* e *huaynos*, músicas tradicionais. Mujica chegou poucos minutos depois e pegou um megafone. "As aves costumam carregar todo tipo de significados", disse aos presentes. Em seguida, explicou o sentido curativo que a artista havia dado à sua obra. Nesse momento, os sinos da igreja de São Pedro deram um toque que assustou a todos, e Mujica brincou que era um sinal de saudação à iniciativa.

Era um momento festivo até que uma repórter de televisão se aproximou para fazer algumas perguntas. Então, o bibliotecário que perseguia ladrões de livros soltou detalhes de uma reviravolta recente na investigação do Ministério Público sobre o emblemático Caso Cáceres. Tinham se passado cinco anos desde a descoberta do roubo. "É uma vergonha que, sendo esses manuscritos de um herói da Guerra do Pacífico e ex-presidente da República do Peru, uma procuradora se atreva a dizer que não são patrimônio cultural porque não estavam declarados como tais", disse, exasperado. Era um episódio tão flagrante que não podia ser ignorado, mas a autoridade encarregada de preparar a acusação não mostrava interesse em levá-la adiante.

Mujica não disse isso às câmeras, mas apenas dias antes tinha descoberto outro sintoma da podridão interna: uma gravação em que uma funcionária do sistema de bibliotecas pedia um favor a um trabalhador para garantir sua permanência no cargo.[269] Naquela tarde, o bibliotecário preferiu evitar mais entrevistas e se concentrar no ato cultural. Quando deu o sinal, os funcionários e trabalhadores presentes levantaram as pesadas

---

269. Uma cópia do áudio encontra-se no arquivo do autor.

cabeças de urubu e as conduziram pela rua, em fila indiana, até o hall da Biblioteca. Uma vez dentro, no auditório, Mujica abriu uma mesa de críticos de arte e acadêmicos para explicar ao público o poderoso simbolismo da escultura da ave carniceira que estava prestes a revelar e como ela aludia à cruzada contra os ladrões de livros e corruptos em geral. "Na verdade, trata-se de um emblema de renovação social e espiritual", disse. Em seguida, fez uma fascinante dissertação sobre a antiga ideia de atribuir significados moralizadores ou emblemáticos a seres alados: "Na literatura barroca, o galo representa a vigilância; a coruja, o conhecimento ou a sabedoria; o pelicano, que fere o peito para alimentar seus filhotes com seu próprio sangue, é uma imagem medieval da eucaristia cristã. Até mesmo Jorge Basadre deu à revista oficial da Biblioteca Nacional, após o incêndio deste edifício em 1943, o nome de *Fénix*, porque era a ave mítica que ressurgia das cinzas. Para os incas, o beija-flor era o símbolo do xamã, que se alimentava do néctar das flores e da ayahuasca, e as penas negras do carcará-andino, um falcão real, simbolizava, a origem celestial da dinastia incaica. De fato, numerosos cronistas explicam o nascimento dos incas como se surgissem de ovos de ouro, prata e cobre, como se os incas em si mesmos fossem de origem alada, os reis pássaros que haviam criado seu ninho solar em Cusco, decorado com penas multicoloridas".[270]

O especialista em anjos e santos explicou que a associação do urubu limenho com São Francisco de Assis, o padroeiro dos ecologistas, era um sinal dos tempos; afinal, o novo Pontífice Romano, apesar de ser jesuíta, havia escolhido o nome do santo mendigo que renunciou às riquezas materiais e dedicou-se ao

---

270. Esta última versão foi registrada na época pelo sábio Raúl Porras Barrenechea, que escreveu que na mitologia andina "os homens nascem de três ovos, de ouro, de prata e de cobre, que dão origem aos curacas [líderes], às ñustas [princesas do Império Inca] e aos índios comuns". Essa última citação é do livro El legado quechua: indagaciones peruanas.

socorro dos mais pobres. A ideia da artista, observou Mujica, era que o urubu da Biblioteca saltasse de telhado em telhado como um despertador de consciências, no centro do próprio poder, como São Francisco ao chegar a Roma. "A corrupção é uma doença, como dizia González Prada já em seu tempo, que penetrou nos ossos e no sangue de nossas instituições públicas", insistiu no mesmo edifício onde um roubo fora descoberto justamente no dia em que o Presidente da República o nomeava diretor.[271] "Estamos convencidos, e nisso concordo com os psicólogos, de que para curar as doenças da alma é preciso visibilizá-las, é preciso poder falar sobre elas para torná-las uma realidade contra a qual estamos lutando", disse enquanto percorria o auditório com o olhar. Essa única ideia resumia os últimos seis anos da BNP.

As palavras de Mujica tinham sido tão diretas quanto poderiam ser, dadas as circunstâncias de ser um funcionário público. Teriam permanecido assim, se não fosse por um dos membros da mesa, o crítico de arte Gustavo Buntix, um curador de atitude excêntrica, amante de rituais e especialista em explorar as relações entre arte e violência, política e religião. Buntix, um acadêmico formado com honras em Harvard, fez uma leitura complexa da escultura do urubu e imediatamente a associou a episódios de "uma patologia maior que nos habita e nos corrói". Bastava dar uma olhada nas manchetes dos jornais: havia decisões judiciais aberrantes prestes a deixar impunes roubos de livros, penas brandas em casos recentes de feminicídio e tráfico de pessoas, e quando o crime era punido, revelava-se a obscenidade dos perdões em massa a traficantes de drogas concedidos pelo último governo aprista. "Encontramos o inimigo,

---

271. Resolução Suprema Nº 002-2010-MC, de 15 de setembro de 2010, assinada por Alan García Pérez, presidente constitucional da República, e Juan Ossio, ministro da Cultura. A resolução retira de Nancy Herrera a incumbência da direção nacional da BNP e nomeia Ramón Mujica.

e o inimigo somos nós", exclamou Buntix, parafraseando uma famosa tirinha estadunidense. Nesse contexto, a intervenção que estava prestes a ser inaugurada era um ato de urgência. "Talvez os urubus de Planas nos falem da possibilidade renovada da arte como trato intestinal da sociedade", disse com modulação histriônica. "O que o trato intestinal faz é metabolizar, transformar em vida própria e energia nova tudo o que se tornou putrefação e excremento dentro do nosso próprio paraíso". Buntix, que havia visto a obra com o halo de São Francisco aceso, não quis sair sem uma informação reveladora: no dicionário da Real Academia Española, a palavra "aura" está associada ao brilho ao redor de certos corpos, como as cabeças dos santos, mas também a uma ave carniceira de imagem terrível e odor repugnante.

Minutos depois, anunciou-se a iluminação do urubu contra a corrupção. O público, trabalhadores e convidados saíram para a Avenida Abancay para assistir à apresentação de uma esquina. As pessoas que passavam pelo local ficaram surpresas com o que parecia ser uma evacuação. Os curiosos pararam nas quatro esquinas do cruzamento com a Miró Quesada. De repente, alguém falou pelo megafone e convidou todos a olhar para cima, como se fossem ver óvnis. Em poucos segundos, a imagem do urubu e do santo emergiu da escuridão no meio de aplausos. Então, viu-se o detalhe especial que Ramón Mujica tinha anunciado: São Francisco, pendurado na ave de rapina mais monstruosa já vista nos telhados de Lima, destacava-se com atitude severa, o braço direito estendido e o indicador apontando diretamente para o prédio principal do Ministério Público, que estava na calçada em frente. "A nenhum promotor e a nenhum juiz em particular", havia dito o bibliotecário. "Aponta para a consciência dos magistrados. Aponta para nossos valores patrióticos. Aponta para tudo o que somos e o que deveríamos ser para nos renovarmos como sociedade e como nação". Houve aplausos e brincadeiras sobre quem deveria se sentir aludido. Após um brinde, a orquestra montou uma pequena festa popular no hall da Biblioteca. Mujica estava na porta com sua esposa, prestes a sair, quando foi abordado por uma mulher de casaco azul e óculos que vinha rondando a cerimônia há algum tempo. Ela tinha uma atitude hostil que contrastava com o clima festivo do salão. Era a diretora do Colégio de Bibliotecários, entidade que representa a categoria. Sua intenção era reclamar com o bibliotecário por suas denúncias sobre o roubo de livros. Ela dizia que isso havia manchado a profissão, que ele nunca tinha dado nomes específicos e que deveria buscar a ajuda dos técnicos em vez de atacá-los.

Mujica respondeu que não era verdade, que os supostos responsáveis já estavam denunciados e que, precisamente por isso, cabia aguardar os resultados das investigações em vez de soltar nomes para a plateia. "Pelo contrário, convido você a me ajudar a acabar com os roubos", propôs a ela. A mulher resistiu com um gesto de aborrecimento e se retirou abruptamente. A última coisa que disse foi que o bibliotecário se arrependeria do que tinha feito. Quase ninguém notou o incidente, devido à agitação que vinha do hall, mas Mujica ficou contrariado e levou alguns minutos para recuperar o bom humor.

Era a primeira vez que a líder do sindicato dos investigados se aproximava para comentar algo sobre o assunto desde que assumira como diretor. Era estranho que sua aparição ocorresse no dia em que inaugurava o símbolo mais poderoso desde o lançamento da campanha para encontrar os livros perdidos. Mujica me disse que a mensagem lançada naquela noite traria reações semelhantes. O clima não melhoraria. Havia um novo governo, e a mudança de administração alimentava rumores sobre sua saída. Um boato dizia que o sindicato dos investigados só esperava a troca de diretor para retomar posições e contra-atacar. No final, dizia o boato, todo mundo esqueceria a campanha e as denúncias, e as coisas voltariam à obscura normalidade.

Naquela noite, após superar o momento desagradável, Ramón Mujica parecia satisfeito, como alguém que acabou de gravar uma mensagem em pedra para ser lida pelos visitantes do amanhã. A mensagem estava dita, e o especialista em anjos e santos a resumiu com os olhos fixos no trânsito caótico da Avenida Abancay: "Na iconografia vice-real, o Inferno é, de fato, um trato digestivo, e o demônio é uma boca que engole os pecadores eternamente".

7.

Certa noite de outubro, o homem que perseguia ladrões de livros apresentou seu testemunho no Grande Templo da Fraternidade da Grande Loja dos Antigos, Livres e Aceitos Maçons da República do Peru. Ramón Mujica estava convidado como palestrante para uma conferência com o título: "Lições aprendidas e propostas anticorrupção". O local onde o aguardavam parecia uma sala de jogos medieval: o chão quadriculado em branco e preto como um tabuleiro de xadrez gigante, os assentos divididos em dois setores frente a frente, longas varandas de cada lado cobertas por bandeirinhas coloridas cheias de símbolos, a porta ladeada por duas colunas e, no extremo oposto, o palco, abrigado pelas imagens do Sol, da Lua e um olho dentro de um triângulo, também conhecido como "o olho que tudo vê". "A Maçonaria é uma associação essencialmente fraternal e uma escola de superação espiritual", dizia o folheto de apresentação.

A sala foi se enchendo de membros das diferentes lojas, homens e mulheres, jovens e veteranos. Mujica faria a apresentação inicial. O bibliotecário anunciou que não teorizaria sobre o assunto, mas apresentaria sua experiência pessoal na Biblioteca Nacional. Então começou um relato em sua linguagem apocalíptica habitual, cheio de imagens poderosas, que remontava ao dia de sua posse e às primeiras pistas do saque que havia descoberto. "Nunca imaginei que o simples fato de iniciar esse processo revelaria os interiores burocráticos da corrupção. A Biblioteca havia se tornado o ventre aberto da Besta e eu o via pela primeira vez em toda sua dimensão infernal", apontou. Mujica comparou suas descobertas com as mandíbulas desse monstro bíblico. Primeiro dente da Besta: logo que iniciou o inventário para estabelecer as perdas, vários funcionários renunciaram em grupo para criar desordem e sabotar o processo. Segundo dente da Besta: um dos quatro sindicatos o acusou perante a Defensoria Pública, o Congresso da República e até a Organização Internacional do Trabalho, como se suas denúncias sobre os roubos internos de livros fossem na verdade uma política de abuso de autoridade. Terceiro dente da Besta: no início de sua gestão, o sistema de informática da BNP havia sido manipulado dolosamente e houve um momento em que não se podia saber se as informações dos arquivos alterados correspondiam aos exemplares existentes nas estantes. Quarto dente da Besta: seus funcionários descobriram memorandos da gestão anterior que exigiam que todos os trabalhadores guardassem sigilo profissional a respeito da perda dos livros, sob pena de multa e dois anos de prisão.

Quinto dente da Besta: durante os trabalhos de inventário, descobriu-se que alguém apagava os registros avançados todas as noites, para sabotar o processo, que tinha um prazo muito apertado. Sexto dente da Besta: os dez advogados que passaram pela chefia da área legal da BNP nos últimos seis anos estabeleceram tipificações contraditórias dos crimes denunciados, a ponto de essas brechas serem agora usadas como rota de fuga pelos supostos responsáveis. A prova de fogo: durante o delicado trabalho de inventário, um livro antigo foi roubado de maneira ardilosa, com a suposta intenção de deslegitimar a cruzada e intimidá-lo; o caso foi denunciado por sua gestão, mas apesar das evidências, o poder judiciário condenou o responsável a apenas dois anos de prisão suspensa. "Tudo passa por água morna, e a Besta se alimenta em seu reino de impunidade", comentou o bibliotecário entre murmúrios de surpresa.

Era como se o público estivesse ouvindo pela primeira vez o testemunho daquela escuridão que a ética maçônica tentava combater. Ramón Mujica incluiu em seu relato outros tipos de corrupção que enfrentou em seu cargo de diretor: a compra de uma nova impressora que acabou sendo sucata, a licitação de um primeiro grupo de estantes que resultou em fraude, um caso milionário de fraude fiscal por meio de certificados de investimento fraudulentos emitidos por diferentes funcionários. Uma verdadeira máquina do crime. Mujica explicou que vinha do mundo das artes e da academia, e que, por isso, sua guerra era também simbólica: falou sobre a ideia do suborno como uma mordida e da mordida como um derivado da palavra latina *mors*, que é a personificação da morte; falou do demônio como uma grande boca; do inferno como um estômago onde as almas penadas são cozidas em enormes caldeirões de fogo e onde os diabos, que costumam ser misturas de serpentes e dragões, são visualizados como seres híbridos, meio homem, meio animal.

"O fascinante aqui, e Dante diz isso em sua Divina Comédia, é que o inferno não é uma criação de Deus, mas do homem. E é por isso que se vocês estudarem quais são as punições no inferno para os pecadores, na verdade são os próprios vícios do pecador, que agora se transformaram em bestas selvagens que devoram sua própria alma e o levam a um egoísmo que impede a transcendência. A alma irredimível é aquela que não pode transcender porque vive presa às suas próprias trevas e abismos". Ele queria dizer que todo crime é apenas um sintoma de uma podridão maior, como diziam os antigos homens: a eterna crise que nos arrasta para o abismo do mal.

Naquela noite, Mujica não tinha como saber o quanto suas palavras se relacionavam com os outros dois palestrantes do programa: o então controlador geral da República, Edgard Alarcón, e o fiscal supremo Tomás Gálvez. Ambos representavam duas instituições às quais o bibliotecário havia pedido ajuda para enfrentar a corrupção na biblioteca. Instituições que, além disso, estavam no centro das últimas crises políticas do país. O controlador e o fiscal ouviram o bibliotecário com a expressão de solene vazio de quem ouve um sermão de domingo. Em seguida, foi a vez do fiscal.

Gálvez, a quem o apresentador anunciou como um especialista na luta anticorrupção, disse que a principal causa da impunidade era que não havíamos entendido o verdadeiro motivo do crime. "Cem por cento da corrupção tem como motivo a avidez lucrativa dos agentes do delito; dos funcionários e servidores públicos em particular", afirmou. O corrupto quer acumular lucros, e a única forma de combater essa ganância é atacar o patrimônio adquirido de maneira ilícita. "Se não atacarmos a causa, como esperamos ter algum resultado preventivo razoável?". A pergunta ressoou em um silêncio sepulcral.

Quatro membros da loja maçônica ouviam da mesa de honra. Mujica fazia anotações como se estivesse preparando uma declaração. O problema, prosseguiu o fiscal, estava no desenho do sistema penal: muitos julgamentos terminavam em penas suspensas, raramente confiscava-se o patrimônio criminoso obtido com o delito, e nem mesmo se exigia a reparação do dano à sociedade de maneira eficaz. "Neste momento em que enfrentamos dois grandes problemas de corrupção e insegurança cidadã, temos um código que praticamente nos impede de investigar", insistiu o perseguidor público. O instrumento central da administração da justiça estabelecia formalidades demais para introduzir provas no processo e garantias quase absolutas ao acusado. "Obter uma condenação é praticamente impossível", admitiu.

Minutos depois, o controlador geral mostrou as dimensões do monstro: um "Estado-elefante" com 1,3 milhões de funcionários públicos regidos por mais de 600 mil leis e regulamentos, e no qual as poucas agências de controle existentes estavam subordinadas aos próprios investigados. Se Mujica havia falado da corrupção como uma doença, o controlador definiu cada novo caso como um cadáver. "Temos que parar de ser o médico legista que, no final, vai ver a causa da morte", disse Alarcón.

Poderia ter sido um momento de clareza no meio da noite escura em que havia caído a guerra contra os ladrões de livros: finalmente, todas as falhas, inconsistências, lacunas e jogadas perversas que Mujica denunciou publicamente mais de uma vez e que haviam impedido o castigo aos responsáveis foram expressas no centro nevrálgico do Estado e no mesmo palco. "Somos um país bastante corrupto", disse naquela noite o controlador geral. "Infelizmente, fala-se do código da impunidade", alertou o fiscal supremo. Poderia ter servido como o exame de consciência público necessário, não fosse o fato de que pouco depois o próprio controlador Edgar Alarcón se envolveu em um escândalo por fazer negócios privados proibidos, e o Congresso o removeu do cargo em meio a uma crise política que resultou na renúncia do ministro da Economia.[272]

"A Maçonaria busca o conhecimento da verdade", dizia o folheto da conferência. Ao final do programa, cada palestrante recebeu de um mestre da loja um troféu transparente que exibia o compasso da liberdade e o esquadro da retidão. O último a recebê-lo foi o controlador. Foi a última atividade pública em

---

272. Hernández, 21 de junho de 2017.

que Mujica expôs a crise interna da Biblioteca Nacional. Seis dias depois, a Promotoria Anticorrupção arquivou a denúncia do Caso Cáceres.[273]

8.

Uma manhã de outubro, Mujica compareceu pessoalmente à sede do Ministério Público para apelar contra o arquivamento de sua denúncia. Estava acompanhado por uma advogada do escritório particular que o representava. Ele próprio estava financiando um dos processos para defender a causa da Biblioteca Nacional. Uma equipe de televisão o reconheceu por suas recentes aparições nos noticiários e, segundos depois, o bibliotecário estava novamente ao vivo para anunciar o novo recurso em sua batalha legal contra a impunidade. A mensagem não foi bem recebida pelo Ministério da Cultura.

Mujica era um fardo que o novo governo não precisava: alguém que apontava o tempo todo as profundas fissuras do crime no Estado. A mais recente era que a resolução da promotoria estava baseada em datas equivocadas e incluía descrições distorcidas da cena do crime. A pressão midiática obrigou o Ministério Público a dar explicações. Até o recém-eleito Congresso da República, agora dominado pela oposição, o convidou para contar o que estava acontecendo. O problema foi que, ao mesmo tempo, o episódio abriu uma brecha insuperável com o novo ministro da Cultura, Jorge Nieto Montesinos, um analista político que meses antes costumava aparecer na televisão. Nieto nunca concedeu ao bibliotecário uma reunião para discutir em detalhes o assunto das denúncias. Também não apoiou sua campanha, nem mesmo deu sinais se pretendia validá-la ou não.

---

273. Hidalgo, 28 de setembro de 2016.

Naquela manhã, na promotoria, Mujica estava há dois meses em um limbo burocrático. Quando chegou ao seu escritório, descobriu pelo site do Ministério da Cultura que o ministro Nieto havia criado uma comissão temporária para avaliar e analisar a situação da Biblioteca Nacional. A medida suspendia a autonomia do diretor e o submetia a um regime temporário de intervenção. O homem que por mais de seis anos havia perseguido ladrões de livros passava a ser o investigado. No dia seguinte, Ramón Mujica renunciou.

"Em plena campanha de combate à corrupção, é claro que minha gestão não goza da confiança nem do respaldo do Ministro da Cultura", dizia a carta que o bibliotecário enviou ao novo Presidente da República, Pedro Pablo Kuczynski, um ex-banqueiro de Wall Street que chegou ao poder com a proposta de neutralizar as forças corruptas e obscuras da última ditadura.

Houve reações divergentes: acadêmicos indignados versus suspeitos felizes. O centro da gravidade da disputa passou para as redes sociais. "A nomeação dessa comissão me parece um tratamento inaceitável", escreveu o ex-diretor Sinesio López. "Quanto mais tempo vamos suportar?", perguntou o renomado artista visual Rafael Hastings. "Exijo desculpas públicas e retificação", disse a historiadora Carmen McEvoy. Vários intelectuais direcionaram críticas aos primeiros passos do novo ministro. "Não é possível suportar tantos maus tratos, ainda mais de alguém que começa a dar sinais de não estar à altura do cargo que ocupa", comentou Juan Ossio, o primeiro ministro da Cultura do país, que em seu tempo convocou Mujica para dirigir a BNP.

O sindicato dos investigados respondeu com ímpeto semelhante na direção oposta. "A Biblioteca Nacional do Peru encerra uma etapa de direção nacional repleta de desencontros, incomunicação e ausências", alegou um comunicado do Colégio de Bibliotecários, que reivindicou o cargo de diretor para um de seus associados. O que parecia ser apenas um debate acalorado entre apoiadores e críticos logo se revelou como uma nova fissura no maltratado muro da verdade: o relatório da comissão não foi divulgado com a intensidade com que foi anunciado, porque no final de suas funções, dois meses depois, descobriu-se que o grupo de fiscais tinha sérios conflitos de interesse; alguns de seus membros eram representantes de empresas fornecedoras da Biblioteca.[274]

  O governo levou seis meses para nomear um novo diretor. O escolhido foi Alejandro Neyra, um jovem diplomata e escritor de romances de espionagem. Neyra quis dar uma nova abordagem à sua gestão. Uma de suas primeiras medidas foi cancelar a campanha *Se buscan libros perdidos*. As fotos das dezenas de intelectuais que, por anos, apoiaram a recuperação do patrimônio foram arrancadas das paredes do prédio moderno e o cartaz com a capa de um livro roubado foi retirado do site oficial. A limpa incluiu o documento digital que continha todos os selos usados pela Biblioteca ao longo de sua história, uma ferramenta necessária para antiquários e colecionadores identificarem peças que eventualmente aparecem no mercado negro.

  "Já se passaram mais de cinco anos desde essa campanha", me disse Neyra em uma primeira conversa por telefone. "Houve algumas recuperações [de livros antigos], algumas entregas, mas acredito que foi um tempo relativamente longo para ver os resultados". O novo diretor achava que o problema dos roubos havia sido exagerado e que vários dos chamados casos emblemáticos tinham poucas chances de sucesso.

  Uma tarde, visitei Alejandro Neyra no mesmo escritório onde, há muito tempo, Ramón Mujica havia iniciado sua campanha contra os traficantes de livros. Neyra estava de mangas

---

274. Carta de Delfina González del Riego, diretora nacional interina da BNP, a Salvador del Solar, ministro da Cultura, de 27 de dezembro de 2016. A carta consta no anexo 11 do relatório final da referida comissão.

arregaçadas e parecia um advogado que acabara de vencer um caso: a Biblioteca Nacional do Chile havia enviado de volta um novo lote de 720 livros saqueados da Biblioteca de Lima durante a Guerra do Pacífico. "O gesto partiu deles", admitiu cordialmente. Os bibliotecários chilenos começaram a selecioná-los durante um inventário de seus acervos iniciado em 2013 – precisamente no auge da campanha internacional que o novo diretor da BNP acabara de eliminar – e agora ele podia exibi-los como um sucesso na recuperação do patrimônio perdido.

Falamos sobre as denúncias. Neyra, que tinha formação em Direito, mas nunca havia atuado, disse-me que quase todas estavam mal formuladas e que no famoso Caso Cáceres nem sequer havia algo a denunciar. De acordo com um relatório que lhe havia sido entregue, os documentos estavam completos, e isso encerrava o assunto: se o arquivo presidencial não havia saído do perímetro da Biblioteca, mesmo que fosse por alguns metros, então não houve roubo.[275] Perguntei se o fato de terem sido encontrados abandonados no telhado, muito longe de seu local de custódia, não era evidência de que estavam sendo subtraídos. Sugeri que era como encontrar no estacionamento de um banco um milhão de dólares que deveria estar no cofre.

"O *modus operandi* não interessa para o julgamento", respondeu com um gesto que começava a mostrar irritação. "Para um advogado, isso não é crime, e para um promotor, também não será".

Os tempos haviam mudado: agora, o novo diretor da Biblioteca Nacional admitia o argumento de defesa dos denunciados. Antes de encerrar a conversa, perguntei se ele acreditava

---

275. O mesmo argumento aparece no pronunciamento da 53ª Promotoria Provincial Penal de Lima Especializada em Crimes contra o Patrimônio Cultural, de 26 de julho de 2017, relativo ao Ingreso 12-2011-PC. Três semanas depois, o procurador do Ministério de Cultura Henmer Alva Neyra apresentou recurso de queixa perante a autoridade hierárquica superior e solicitou a formalização da denúncia correspondente ao caso.

que em algum momento houve um roubo sistemático dos tesouros da Biblioteca Nacional. "Eu acredito no que Ramón Mujica viu, mas quando ouço essas senhoras falando de seus casos, em algum momento eu começo a duvidar". Quando ele me disse isso, Alejandro Neyra tinha menos de um mês como diretor da Biblioteca Nacional.

Em questão de dias, o governo que o nomeou foi abalado pelo grande escândalo de corrupção Lava Jato, o pagamento de subornos e financiamento de campanhas políticas em troca de obras públicas cometido pela gigante brasileira da construção, Odebrecht. No meio de revelações que mostravam a podridão de quase toda a classe política, descobriu-se que uma empresa do presidente da República prestou serviços de consultoria financeira a essa construtora enquanto ele ocupava o cargo de ministro da Economia e Finanças. Também se soube que, posteriormente, já como primeiro-ministro, Kuczynski assinou um decreto que permitiu à Odebrecht participar de uma licitação, apesar da lei que proibia contratações públicas com empresas envolvidas em investigações por corrupção.

De acordo com essas acusações, esse vínculo lhe teria rendido lucros de cerca de 5 milhões de dólares. As descobertas iniciais motivaram um pedido de impeachment contra o presidente por "incapacidade moral". A moção deveria ser votada no Congresso. Quando seu destino parecia selado, Kuczynski foi salvo por um suposto pacto de última hora em troca do indulto humanitário ao ex-ditador Alberto Fujimori, o líder histórico da principal força opositora, que cumpria vinte e cinco anos de prisão por corrupção e crimes contra os direitos humanos. O aparente acordo foi cumprido com a libertação de Fujimori na véspera de Natal. Em meio à agitação geral, que incluiu a renúncia de vários altos funcionários e membros do gabinete contrários ao indulto, Alejandro Neyra aceitou o cargo de Ministro da Cultura. Por uma espécie de sincronia cósmica, nesses dias, o urubu anticorrupção do antigo telhado da Avenida Abancay foi removido.[276] Com isso, desaparecia o último vestígio de que alguma vez houve uma campanha aberta contra a corrupção na Biblioteca Nacional.

A retirada do símbolo passou despercebida em meio à agitação pública. Apenas dois meses depois, a aparição de novas evidências motivou uma segunda tentativa de impedir o presidente. Enquanto as possibilidades estavam sendo debatidas, a oposição lançou um míssil devastador contra o governo: áudios e vídeos que evidenciavam a compra de votos de congressistas para salvar Kuczynski do primeiro pedido de impeachment. No dia seguinte, abalado por um terremoto político comparável apenas à queda da última ditadura, o presidente foi forçado a renunciar. Ele fez isso em uma mensagem à Nação gravada em vídeo. Na imagem, o presidente eleito mais breve da era democrática aparecia cercado por seus ministros. À extrema direita, na segunda fila desse gabinete agonizante, estava Alejandro Neyra, o bibliotecário diplomático que havia cancelado a campanha para recuperar os livros perdidos.

A maioria dos investigados pelas denúncias de Ramón Mujica continuava trabalhando na Biblioteca Nacional.

9.

"Um homem é, antes de mais nada, uma mensagem, um signo", escreveu a poeta russa Olga Sedakova, uma estudiosa do inferno de Dante. Em seus últimos dias na Biblioteca Nacional, era provocador tentar entender qual imagem revelava melhor esse homem que usava uma linguagem apocalíptica para explicar a experiência cotidiana sobre o bem e o mal. Um especialista em

---

276. A autora Cristina Planas explicou que, embora a escultura tenha gerado várias reclamações do Ministério Público, a retirada da obra fazia parte de seu caráter itinerante previamente estabelecido.

anjos e santos que persegue ladrões de livros? Um bibliotecário detetive que combate os corruptos? Um crente? Um iludido? Na Divina Comédia, fala-se do monstro Gerião – com rosto de homem honesto e corpo de serpente – como a encarnação da fraude ou do engano.[277] Ramón Mujica havia descoberto um monstro de várias cabeças na realidade e não deixou de enfrentá-lo um único dia: recuperou relíquias perdidas com o mesmo ímpeto com que denunciava os supostos traficantes do patrimônio cultural da Nação e outras máfias.

Quando os sinais de impunidade ficaram evidentes, uma ministra chegou a sugerir que ele plantasse evidências para se livrar de uma vez por todas dos escorregadios mafiosos. Mujica rejeitou a ideia de forma incisiva, porque a justiça que buscava não podia vir de atos obscuros. Em vez de lavar as mãos com as denúncias já feitas, como a lógica de sobrevivência aconselhava, ele apresentou recursos legais até o último dia em que ocupou a posição de principal bibliotecário do país. Apenas alguém que tem a certeza de algo extraordinário pode se arriscar a falhar dessa maneira. Alguém com um senso de transcendência. "Se eu vi mais longe é porque estou sentado sobre os ombros de gigantes", escreveu Isaac Newton em uma carta, seguindo um aforismo medieval do século XII, que o bibliotecário detetive costumava citar para explicar o sentido de sua busca. Significava que um homem é apenas um ponto no grande livro da natureza humana.

Mujica me explicara essa certeza muito tempo atrás, durante uma de nossas primeiras entrevistas. Naquele dia, me contou que uma de suas experiências definidoras na juventude foi um retiro que fez na Abadia de Getsêmani, o mosteiro mais antigo ainda em funcionamento nos Estados Unidos. Ele decidiu passar alguns dias no coração da ordem trapista, cujos monges vivem sob uma disciplina rigorosa. "Meu problema era

---

277. Há uma explicação interessante no livro Curiosidad: una história natural, de Alberto Manguel (p. 512-513).

que eu não conseguia ficar em silêncio. Nunca me aconteceu isso. Eu não conseguia nem rezar o Pai Nosso. Eu tinha algo como um rádio ligado o tempo todo na minha cabeça, me dizendo coisas. Era uma reação psicológica a um contexto de silêncio absoluto. Você não sabe o que é estar em um lugar onde se uma gota cair, você ouve. E você tem que ficar assim por quinze dias. Desculpe-me, mas no terceiro dia você quer se jogar pela janela, porque já não sabe o que vem de onde. E em mim ocorreu essa explosão, esse imaginário infernal. Mas foi muito bom, porque no terceiro ou quarto dia um padre mexicano se aproximou de mim e disse: 'Você é peruano, esta é a ocasião para falar'. E eu disse a ele: 'Sim, padre, mas você está quebrando seus votos de silêncio'. 'Não', ele me disse. 'Eu estou aqui há mais de cinquenta anos. Já não há nenhuma diferença: fale ou não fale, eu já estou em silêncio'. Eu disse a ele: 'Que sorte você tem, porque ninguém desliga o rádio dentro de mim. Eu tenho uma voz que me diz: você está em silêncio. É o diabo que me fala, mentindo para mim'. 'É muito fácil', ele disse. 'Vá esta noite ao cemitério, sente-se na sepultura de Thomas Merton[278], ouça e tente diferenciar entre o silêncio de Deus e o silêncio dos mortos. Se conseguir isso, terá entendido o silêncio dos trapistas'. Fui e, de fato, a partir da meia-noite o céu estava amarelo, estava nevando, um gelo horrível. Você ouvia os uivos dos cachorros acordados, porque estávamos nas montanhas, as Smoky Mountains. E eu não sei o que aconteceu comigo, mas estive em oração por cerca de seis horas, congelado. Foi extraordinário. No dia seguinte, tentei explicar ao meu amigo o que tinha acontecido comigo e percebi que estava manipulando as coisas e que era impossível reconstruir com a cabeça essa

---

278. Merton foi um escritor místico e estudioso das religiões comparadas, que se tornou monge da Ordem Trapista em meados do século XX. Chegou a ser professor no mosteiro de Getsêmani, onde está seu túmulo. Uma de suas obras foi a coleção de poesias Figuras para um Apocalipsis.

experiência vivencial, porque eu a desvalorizava e a estragava. Depois disso, disse a mim mesmo: vivi tudo o que tinha que viver aqui. E parti".

A busca pela verdade costuma ser um caminho de expiação. "Dos passos que foram dados e das mortes que morremos, não devemos nos arrepender", diz uma frase de Herman Hesse que o bibliotecário Basadre colocou no início de suas memórias no último terço do século XX. Muitos anos depois, já no novo século, o bibliotecário Mujica poderia usá-la como epígrafe para a história de uma grande perda. Diante de um cenário de corrupção como nunca antes visto, a surpresa era que sua campanha para perseguir ladrões de livros tivesse durado tanto. "Quem em sã consciência aceita um cargo público neste país sabendo que é muito provável que haja dissabores?", perguntou uma noite de novembro o acadêmico jesuíta Juan Dejo, em um discurso para celebrar o prêmio que uma importante fundação acabara de conceder a Mujica por seu trabalho como historiador. Apenas alguns dias haviam se passado desde sua renúncia. A cerimônia, em uma bela casa colonial no centro de Lima, tinha uma certa atmosfera de desagravo. Havia acadêmicos de diferentes gerações, familiares e amigos, e até um grupo de trabalhadores que o havia ajudado até o final.

Naquela noite, com uma voz por vezes trêmula, Mujica reconheceu as consequências de ter levado uma vida submetida primeiro ao rigor da academia e depois ao esmagador desafio de ser bibliotecário: os mais afetados por anos de ausências esporádicas eram seus filhos, agora adolescentes, mas um dia entenderiam que a vocação de um estudioso é como um sacerdócio. "É preciso se imolar na busca da verdade", disse.

Tempo depois, nas semanas que antecederam a queda do governo que o fez sair da Biblioteca Nacional, Ramón Mujica recebeu a notificação de que a última de suas denúncias sobre o roubo de documentos antigos havia sido arquivada.[279] Seus advogados disseram que já não fazia sentido seguir uma causa que nem o próprio Estado se esforçava para vencer. Então, depois de refletir um pouco, o erudito que perseguia ladrões de livros não apelou da decisão. Seus dias como bibliotecário haviam terminado.

---

279. Aviso de notificação 2324-2018 da 1ª Promotoria Corporativa Especializada em Crimes de Corrupção de Funcionários de Lima, Caso N° 506015505-2016-289-0, de fevereiro de 2018.

BIBLIOGRAFIA

Alaperrine Bouyer, Monique. Del Colegio de Caciques al Colegio de Granada: La educación problemática de un noble descendiente de los incas. *Bulletin de l'Institut Français d'Études Andines*, v. 30, n. 3, 2001.

Alegría, Julio. Director de Biblioteca Nacional involucrado en destrucción de patrimonio. *Revista Siete*, v. 41, pp. 10-11, 2012.

Amunátegui Solar, Domingo. *José Toribio Medina*. Santiago de Chile: Prensas de la Universidad de Chile, 1932.

Báez, Fernando. *Historia universal de la destrucción de los libros*. Caracas: Random House Mondadori, 2004.

Basadre, Jorge. *La Biblioteca Nacional de Lima 1943-1945*. Lima: Ediciones de la Biblioteca Nacional, 1945.

Basadre, Jorge. *Historia de la República del Perú (1822-1833)*. Lima: Editorial Universitaria, 1968.

Basadre, Jorge. La nueva actualidad de Vigil. En Valderrama, L., Lohmann, G., Martin, L., Gutti y C., B., Núñez, E., y Basadre, J. La Biblioteca Nacional del Perú, aportes para su historia. *Separatade Fénix*, v. 21, pp. 58-71, 1971.

Basadre, Jorge. *La vida y la historia*. Ensayos sobre personas, lugares y problemas. 2. ed., 1981.

Basbanes, Nicholas A. *A Gentle Madness Bibliophiles, Bibliomanes and the Eternal Passion for Books*. Chapel Hill: Fine Books Press, 2012.

Blanding, Michael. *The Map Thief*. Nova York: Gotham Books, 2014.

Boletín de la Biblioteca Nacional. (1956-1957), v. 19-20, pp. 14-16.

Bromsen, Maury A. Medina, el americanista. En Bromsen, Maury A. (ed.). *José Toribio Medina, Humanista de*

América. Santiago de Chile y Washington: Editorial Andrés Bello y Unión Panamericana, 1969.

Buonocore, Domingo. La biblioteca del general Agustín P. Justo. *Revista Universidad*, Santa Fe, Universidad Nacional del Litoral, v. 57, 1963.

Cantillo Nieves, María Teresa. Terminología minera de origen americano en *El Arte de los Metales* (1640) de Álvaro Alfonso Barba, 2008. Recuperado de http://www.cervantesvirtual.com/obra/terminologa-minera-de-origen-americano-en-el-arte-de-los-meta-les-1640-de--lvaro-alonso-barta-0/.

Cayo Córdova, Percy. Hipólito Unanue, Guía Política, eclesiástica y militar del Virreynato del Perú, para el año de 1793. *Lexis*, v. 9, n. 2, pp. 254-256, 1985.

Dager, Joseph. La historiografía peruana en la segunda mitad del siglo XIX. *Revista Complutense de Historia de América*, pp. 135-179, 2000.

Díaz, Gonzalo. *Hombres y documentos de la filosofía española IV*. Madrid: Consejo Superior de Investigaciones Científicas, 1991.

Eco, Umberto. (Confesiones de un bibliófilo. *El Mundo*, 23 de mayo del 2001. Recuperado de http://www.elcultural.com/version_papel/OPINION/544/Confesiones_de_un_bibliofilo.

El legado del doctor Hohenau a la Biblioteca de Lima. *El Comercio*. El autor agradece a la experta en archivos Martha Uriarte por las primeras pistas sobre esta historia. 9 de enero de 1947.

Estabridis, Ricardo. Un cuaderno de grabados de Halbeeck y una serie de anacoretas del Cuzco. *Kantú*, agosto del 1989.

Feliú, Guillermo. Medina, el hombre. En Bromsen, M. A. (ed.). *José Toribio Medina, humanista de América*. Santiago de

Chile y Washington: Editorial Andrés Bello y Unión Panamericana, 1969.

Ferrer Rivera, Liz. Tacna: Detectan falta de 233 libros en la biblioteca de Basadre. *La República*, 9 de septiembre del 2013. Recuperado de http://larepublica.pe/archivo/737285-tacna-detectan-falta-de-233-libros-en-la-biblioteca-de-basadre.

Foro Militar General. *Los Mitos de la Guerra del Pacífico (Chile-Perú)* [Mensaje en un foro]. Octubre del 2015. Recuperado de http://www.militar.org.ua/foro/los-mitos-de-la-guerra-del-pacifico-chile-peru-t29540-60.html.

Freiwillige Versteigerung der Wohnungseinrichtung. *Dorotheum–Wien*, 5 de diciembre de 1938. Recuperado de http://digi.ub.uni-heidelberg.de/diglit/dorotheum1938_12_05/0003?sid=18f56707a80765a--7fe424669f5ea6d4c.

Galarza, Gonzalo. Pérdidas de nuestra historia. *El Comercio*, 12 de agosto del 2009, p. A2.

Godoy Orellana, Milton. Ha traído hasta nosotros desde territorio enemigo, el alud de la guerra: confiscación de maquinarias y apropiación de bienes culturales durante la ocupación de Lima, 1881-1883. *Historia*, v. 2, n. 44, pp. 287-327, julio-diciembre del 2011.

Guibovich, Pedro M. La usurpación de la memoria: el patrimonio documental y bibliográfico durante la ocupación chilena de Lima, 1881-1883. *Jahrbuch für Geschichte La-teinamerikas*, v. 46, n. 1, pp. 83-108, diciembre del 2013. Doi: 10.7767/jbla.2009.46.1.83.

Guibovich, Pedro. *Censura, libros e Inquisición en el Perú colonial, 1570-1754*. Sevilla: Consejo Superior de Investigaciones Científicas, Universidad de Sevilla y Diputación de Sevilla, 2003.

Hacken, Richard. The Jewish Community Library in Vienna: From Dispersion and Destruction to Partial Restoration. *BYU All Faculty Publications*, 2002. Recuperado de http://scholarsarchive.byu.edu/facpub/1335.

Hernández Sánchez, Roger. Edgar Alarcón: las 6 claves de las acusaciones contra el contralor. *El Comercio*, 21 de junio del 2017. Recuperado de https://elcomercio.pe/politica/edgar-alarcon-cinco-cla-ves-acusaciones-formuladas-432489.

Hidalgo, David. Tesoros de la Biblioteca Nacional están a la venta en mercado negro. *El Comercio*, 26 de enero del 2009. Recuperado de https://es.scribd.com/document/211768604/Trafican-con-tesoros-de-la-Biblioteca-Nacional-del-Peru.

Hidalgo, David. Un ejemplar robado es una prueba de que el robo tuvo cómplices en casa. *El Comercio*, 16 de julio del 2012, p. A2.

Hidalgo, David. Fiscalía anticorrupción archiva el caso más grave de robo a la Biblioteca Nacional. *Ojo Público*, 28 de septiembre del 2016. Recuperado de http://ojo-publico.com/305/fiscalia-anticorrupcion-archiva-el-caso-mas--grave-de-robo-biblioteca-nacional.

Incunables jesuíticos, una historia latinoamericana. *Clarín*, 9 de diciembre del 2007. Recuperado de http://edant.clarin.com/dia-rio/2007/12/09/sociedad/s-06101.htm.

La Biblioteca Nacional está en crisis desde Fujimori. *La Primera*, 7 de marzo del 2011. Recuperado de https://www.diariolaprimera-peru.com/online/actualidad/biblioteca-crisis-fujimori-81278/.

La entrevista de Guayaquil aclárose [sic] con valiosas cartas. *La Nación*, 3 de agosto del 1940.

La guerra de los libros. *Qué Pasa*, 1878, abril del 2007.

La mitad de una cuantiosa fortuna ha sido donada a la Biblioteca Nacional. *La Voz de Tarma*, 21 de enero de 1947, p. 1.
Lohmann Villena, Guillermo. Libros, libreros y bibliotecas en la época virreinal. En Valderrama, L., Lohmann, G., Martin, L., Gutti y C., B., Núñez, E., y Basadre, J. La Biblioteca Nacional del Perú, aportes para su historia. *Separata de Fénix*, v. 21, pp. 17-24, 1971.
Losada, Cristóbal. *Memoria que el Director de la Biblioteca Nacional presenta al Sr. Ministro de Educación Pública, años 1953 y 1954*. Lima: Biblioteca Nacional, 1955.
Lothrop, S. K. Philip Aisworth Means, 1892-1944. *American Antiquity*, v. 11, n. 2, pp. 109-112, octubre de 1945.
Ludeña, Hugo. Defensa del patrimonio cultural. Los delitos culturales: ¿Qué pasó con las colecciones de manuscritos que reunieron Jorge M. Corbacho y Emilio Gutiérrez de Quintanilla? *Tipsche*, v. 6, n. 5, pp. 103-133, 2006.
Manguel, Alberto. *La biblioteca de noche*. Traducción de Carmen Criado. Bogotá: Grupo Editorial Norma, 2006.
Majluf, Natalia. En busca de Gil de Castro. Rastros de una (Auto)biografía. En *José Gil de Castro, pintor de Libertadores*. Santiago de Chile: Museo Nacional de Bellas Artes, 2014.
Martin, Luis. La biblioteca del Colegio San Pablo (1568-1767), antecedente de la Biblioteca Nacional. En Valderrama, L., Lohmann, G., Martin, L., Gutti y C., B., Núñez, E., y Basadre, J. La Biblioteca Nacional del Perú, aportes para su historia. *Separata de Fénix*, v. 21, pp. 25-36, 1971.
Mochkofsky, Graciela. Fervor de Buenos Aires. *Letras Libres*, agosto del 2014.
Momigliano, Arnaldo. Ancient History and the Antiquarian. *Journal of the Warburg and Courtauld Institutes*, v. 13, n. 3/4, pp. 285-315, 1925.

Moral, Bonifacio Fr. Catálogo de escritores agustinos españoles, portugueses y americanos. *La Ciudad de Dios, revista religiosa, científica y literaria.* XXXVIII, 134, 1895.

Moreno, Rodrigo. El Estrecho de Magallanes como antesala del Pacífico: evolución cartográfica y toponimia entre los siglos XVI y comienzos del XVIII. *Anuario de Estudios Americanos*, v. 70, n. 2, pp. 419-439, julio-diciembre del 2013.

Moses, Bernard. *Spanish Colonial Literature in South America.* Londres, New York: The Hispanic Society of America, 1922.

Mujica, Ramón. *Rosa limensis*. Mística, política e iconografía en torno a la patrona de América. Lima: Instituto Francés de Estudios Andinos, Fondo de Cultura Económica y Banco Central de Reserva del Perú, 2001.

Mujica, Ramón. *La imagen trasgredida*. Estudios de iconografía peruana y sus políticas de representación simbólica. Lima: Fondo Editorial del Congreso, 2016.

Mujica vs. Mujica. *Revista Siete*, v. 46, pp. 14-15, 2012. Recuperado de https://issuu.com/semanariosiete/docs/siete_46_todos.

Neira, Hugo e Irma López De Castilla. Prólogo de *Después de 126 años... volvieron a casa*. Catálogo de los libros devueltos por Chile a la Biblioteca Nacional del Perú. Lima: Fondo Editorial de la Biblioteca Nacional del Perú, 2007.

Núñez, Estuardo. Mariano José de Arce, primer bibliotecario". En Valderrama, L., Lohmann, G., Martin, L., Gutti y C., B., Núñez, E., y Basadre, J. La Biblioteca Nacional del Perú, aportes para su historia. *Separata de Fénix*,v. 21, pp. 44-57, 1971.

Olórtegui V., Ruly A. La conservación de las antigüedades. El patrimonio cultural en el Perú. Discurso, debate y propuestas, 1900-1921. En León, D., A. Loayza y M. Garfias (eds.). *Trabajos de historia.* Religión, cultura y política en el Perú, siglos XVII-XX. Lima: Universidad Mayor de San Marcos, 2011, p. 252.

Ortiz Sotelo, Jorge. *El piloto Andrés Baleato y la cartografía peruana*. Lima: ONG Oannes, 22 de septiembre del 2016. Recuperado de http://www.oannes.org.pe/upload/20160922102218163000257.pdf.

Patriau, Mariella. Lo que Chile se llevó. *Panorama*. Lima, Panamericana TV, abril del 2007.

Porras Barrenechea, Raúl. Una joya bibliográfica peruana. *En Memoria que el Director de la Biblioteca Nacional presenta al Sr. Ministro de Educación Pública, años 1953 y 1954*. Lima: Biblioteca Nacional, 1955.

Porras Barrenechea, Raúl. *Obras Completas*. Vol I. Lima: Fondo Editorial Universidad Nacional Mayor de San Marcos, 1999.

Pretell García, Milko H. La filosofía de Ildefonso de Peñafiel. En Ballón, J. C. (ed. y coord.). *La complicada historia del pensamiento filosófico peruano*. Siglos XVII y XVIII. Tomo I. Lima: Universidad Nacional Mayor de San Marcos y Universidad Científica del Sur, 2011, pp. 525-572.

Proceedings. Annual Meeting of The American Anticuarian Society. American Antiquarian Society, 20 de octubre de 1920. Recuperado de http://www.americanantiquarian.org/proceedings/44817310.pdf.

Rivara de Tuesta, María Luisa. La filosofía colonial en el Perú: El trasplante y recepción de la filosofía en América. En *La filosofía en la América colonial*. Santafé de Bogotá: El Buho, 1996, pp. 219-274.

Raimondi, Antonio. *El Perú*. Tomo II. Historia de la geografía del Perú. Lima: Imprenta del Estado, 1876.

Reaño Alcántara, José. "A pura letra: Entrevista a Víctor Raúl Mendoza Ferrer". [YouTube]. 2014. Recuperado de https://www.youtube.com/watch?v=0dr6lEeWCPw.

Reyes, Alfonso. *Libros y libreros en la antigüedad*. Madrid: Fórcola Ediciones, 2011.

Rodríguez, Odile. El fondo peruano en la Biblioteca Justo. *Boletín Fénix de la Biblioteca Nacional del Perú*, v. 8, pp. 412-421, 1945.

Rosso, Cintia N. y Josefina G. Cargnel. Historiadores y etnógrafos: escrituras jesuíticas en el siglo XVIII. Los casos de Lozano y Paucke. *Anuario de la Escuela de Historia Virtual de la Escuela de Historia de la Universidad Nacional de Córdoba*, v. 3, n. 3, pp. 62-77, 2012.

Salazar, Silvana. *Inventario en la Biblioteca Nacional del Perú. Testimonio y estudio de caso*. Lima: Editorial Universitaria Universidad Ricardo Palma, 2012.

Sander, Max. Bibliomania. Journal of Criminal Law and Criminology, v. 34, n. 3, pp. 155-161, 1943. Recuperado de http://scholarlycommons.law.northwestern.edu/cgi/viewcontent.cgi?article=3218&contex-t=jclc.

Saranyana, Josep-Ignasi (dir.) y Carmen-José Alejos Grau (coord.). *Teología en América Latina Vol II/1*: Escolástica barroca, Ilustración y preparación de la Independencia (1655-1810). Madrid y Frankfurt: lberoamericana-Vervuert, 2005.

Sheperd, William R. South American Historical Documents Relating to the Period of Revolution from the Collection of George M. Corbacho. *Hispanic Society of America*, v. 2, n. 1, 1919.

Truslow, Frederic J. Peru's recovery of cultural patrimony. *The Journal of International Law and Politics*, New York University, v. 15, n. 4, pp. 839-856, 1983.

Toribio Medina, José. *La Imprenta en Lima 1584-1824*. Valladolid: Editorial Maxtor.

Ulloa, Alberto, 1898. Introducción. *Revista de Archivos y Bibliotecas Nacionales*, v. 1, n. 1, 1952.

Vásquez Bazán, César. Chile saquea el Archivo Nacional del Perú [Mensaje en un blog]. Enero del 2015. Recuperado de http://cavb.blogspot.pe/2012/09/chile-saquea-el-archivo-nacional-del.html?-view=classic.

Venderían en Londres un libro robado de la Biblioteca Nacional. *La Nación*, 29 de octubre del 2003. Recuperado de http://www.lanacion.com.ar/540143-venderian-en-londres-un-libro-robado-de-la-biblioteca-nacional.

Weeks, Jonh M. *The Library of Daniel Garroson Brinton*. Filadelfia: University of Pennsylvania Museum of Archaeology and Anthropology, 2002.

Wiener, Raúl. Empresa de Director de Biblioteca Nacional dañó ruinas en Oquendo. *La Primera*, 18 de julio del 2011.

Wiener, Raúl. Rara desaparición de libros en la Biblioteca Nacional. *La Primera*, 3 de septiembre del 2011. Recuperado de https://www.diariolaprimeraperu.com/online/politica/rara-desaparicion-libros-biblioteca-nacional-93839/.

500 libros dañados en inundación de la Biblioteca Nacional. *La República*, 5 de agosto del 2007. Recuperado de http://archivo.la-republica.pe/05-08-2007/500-libros-danados-en-inundacion-de-la-biblioteca-nacional.

REFERÊNCIAS

Barbón, María Soledad. El Cabildo de Lima, lector de Terralla y Landa. *Caliope*, v. 16, n. 1, pp. 161-177, 2010.

Biblioteca está en crisis desde Fujimori. *La Primera*, 7 de marzo del 2011. Recuperado de https://www.diariolaprimeraperu.com/online/actualidad/biblioteca-crisis-fujimori-81278/.

Chesman, Javier. Nota sobre el doctor Figueroa. *Boletín del Instituto Riva Agüero*, 1, 1952.

Exesposa de Alan trabajaba en la Biblioteca Nacional. *La Primera*, 24 de septiembre del 2011. Recuperado de https://www.diariolaprimeraperu.com/online/politica/exesposa-alan-laboraba-biblioteca-nacional-95436/.

Hampe, Teodoro (comp.). *La tradición clásica en el Perú virreinal*. Lima: Fondo editorial de la Universidad Nacional Mayor de San Marcos, 1999.

Los jesuitas y la modernidad en Iberoamérica (1549-1773). Lima: Fondo Editorial de la Pontificia Universidad Católica del Perú, Universidad del Pacífico e Instituto Francés de Estudios Andinos, 2007.

Manguel, Alberto. *Curiosidad*. Una historia natural. Trad. por Eduardo Hojman. D. F., México: Editorial Almadía, 2015.

Medina, José Toribio. *La Imprenta en Lima 1584-1824*. Valladolid: Editorial Maxtor, 2013.

Ratto, Cristina. La ciudad dentro de la gran ciudad: las imágenes del convento de monjas en los virreinatos de Nueva España y Perú. *Anales del Instituto de Investigaciones Estéticas*, v. 94, pp. 67-68, 2009.

Villegas, Fernando. La relación entre arte y política en los orígenes del arte popular: el proyecto peruano mestizo de José Sabogal y la polémica del Premio de las Artes a Joaquín López Antay. *Revista de Historiografía*, v. 19, n. X, pp. 75-87, 2013.

DOSSIÊ FOTOGRÁFICO

Cartaz da campanha *Se buscan libros perdidos*, iniciada em 2011 e cancelada em 2017. / BNP

Antes de ser presidente da República, Pedro Pablo Kuczynski apoiou a campanha. Uma vez no poder, seu governo a cancelou. / BNP

Um mural interno exibia o apoio de intelectuais como o Nobel de Literatura Mario Vargas Llosa, o antropólogo Julio Cotler e a historiadora de arte Natalia Majluf, entre outros. / Audrey Cordova

Manuscritos do Arquivo Presidencial de Andrés A. Cáceres, exatamente como foram encontrados no telhado da antiga sede da BNP. O episódio ocorreu no mesmo dia em que Ramón Mujica foi designado diretor nacional. / BNP

Selos utilizados pela Biblioteca Nacional ao longo de sua história. Eles permitem identificar exemplares roubados que ocasionalmente surgem no mercado negro. / BNP

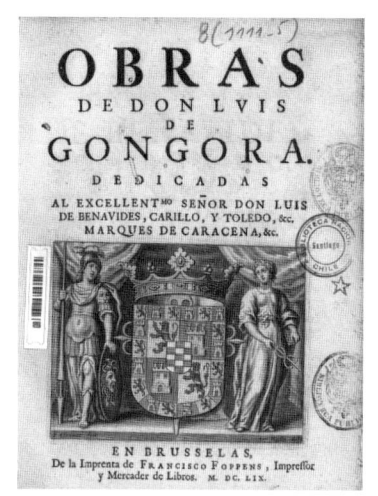

Folhas de rosto de obras sequestradas durante a Guerra do Pacífico e devolvidas pelo Chile em 2007. O exemplar mais antigo desta mostra é uma edição das obras de Quevedo impressa em 1659. / BNP

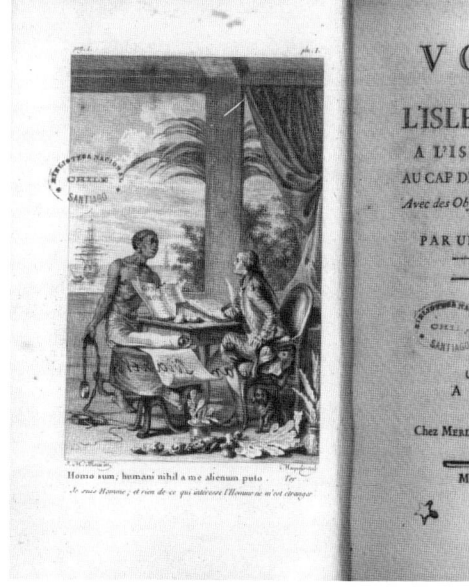

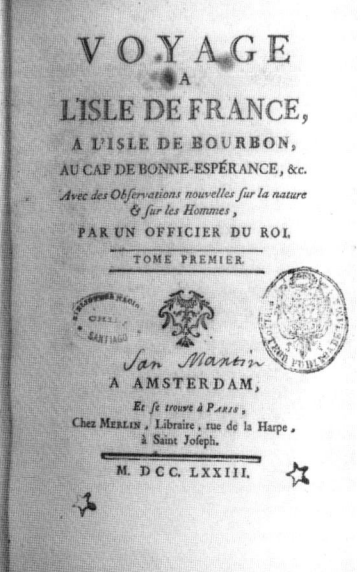

O *Quaderno de Directorio Espiritual para el probecho de las almas* apareceu no início de 2012 na biblioteca Dumbarton Oaks, de Washington. / Arquivo César Itier

O estudioso francês César Itier, especialista na língua quéchua, guardava uma cópia em preto e branco que ajudou a comprovar sua origem e sua imediata devolução ao Peru. / Arquivo César Itier

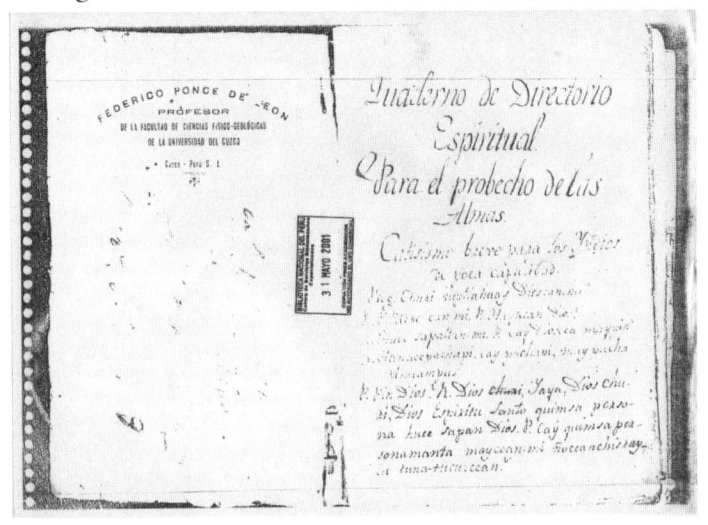

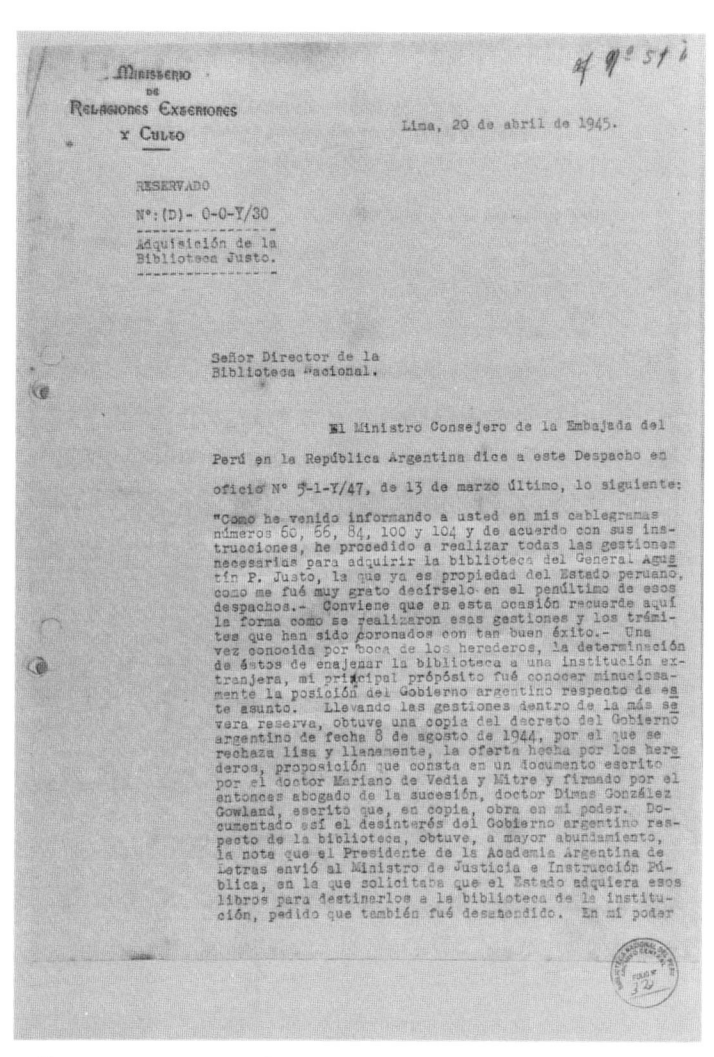

Ofício do Ministério das Relações Exteriores a Jorge Basadre para informá-lo das ações secretas de José Jacinto Rada, ministro conselheiro da embaixada do Peru em Buenos Aires, para garantir a compra da biblioteca do General Agustín P. Justo. Abril de 1945 / Arquivo Central da BNP.

> BIBLIOTECA NACIONAL DEL PERU
>
> Lima, 18 de Enero de 1947
>
> Señor
> José Luis de Cossio
> Consulado General del Perú
> 10 Rockefeller Plaza
> New York 20, N.Y.
>
> Muy estimado amigo :
>
> Respondo a su muy cordial de fecha 9 del presente mes, en la que me comunica que el 15 han salido en el vapor "Joseph G. Cannon" los libros con destino a esta Biblioteca, según telegrama de la firma Alberto Scott and Company de San Francisco.
>
> Reciba por todas las gestiones hechas con este motivo, los sentimientos de agradecimiento en nombre de esta Casa.
>
> En vista de que ha estado Ud. en San Francisco algún tiempo, tengo interés en acopiar el mayor número posible de datos respecto de la Fundación dejada por el Dr. Hohenau a esta Biblioteca. Se sabe por ejemplo que el testamento lo hizo el Dr. Hohenau en San Francisco el 19 de Agosto de 1940 y allí estableció la Fundación que se refiere a esta Institución. Su deceso se produjo en 1944. El Administrador Público de San Francisco, Phil C. Katz, cuya oficina es 463 City Hall citó para el 6 de Noviembre de 1944 a todos los interesados en la herencia. Consecuentemente, el Cónsul peruano debe haber acudido a esa citación. Le voy a agradecer bastante, me proporcione los datos que tenga a bien en relación a esta cuestión que atañe grandemente a los intereses del País.

Carta de Jorge Basadre a José Luis de Cossío, cônsul geral do Peru em Nova Iorque, Estados Unidos, solicitando informações sobre a herança deixada pelo filantropo austríaco Paul Hohenau à Biblioteca Nacional. Janeiro de 1947 / Arquivo Central da BNP.

Carta de José Luis de Cossío, cônsul geral do Peru em Nova Iorque, Estados Unidos, a Jorge Basadre, diretor da Biblioteca Nacional, fornecendo detalhes sobre a triste história de Paul Hohenau e a herança que ele deixou para a Biblioteca. Janeiro de 1947 / Arquivo Central da BNP.

Ramón Mujica na conferência sobre experiências anticorrupção organizada pela *Muy Respetable Gran Logia de los Antiguos, Libres y Aceptados Masones de la República del Perú*. À esquerda, o então controlador Edgar Alarcón, e à direita, o promotor Tomás Gálvez. / Audrey Cordova

AGRADECIMENTOS

Se eu parar para olhar para trás, até o início desta história, vejo um caminho salpicado de encontros decisivos e conversas tão precisas quanto a combinação de um cofre. Estendo a todos meus agradecimentos:

Na Argentina, ao estudioso Horacio González, que me ajudou a amarrar as pontas soltas de uma história sul-americana em seu escritório na Biblioteca Nacional de Buenos Aires; e a Víctor Aizenman e Lucio Aquilanti, antiquários que me abriram as portas de seus incríveis refúgios para bibliófilos.

No Chile, ao bibliotecário Mario Monsalve, por ser meu anfitrião na famosa coleção de Toribio Medina; e ao professor Rodrigo Moreno, por aplicar sua erudição em mapas antigos para me dar as chaves de um diário perdido; a Pablo Basadre, que me acompanhou em busca de troféus de guerra perdidos, e a Anita Sanhueza, pela hospitalidade e cumplicidade incondicional em um momento crucial.

Na França, ao professor César Itier, cujo espanhol perfeito me permitiu reconstruir uma odisseia livresca extraordinária. Na Espanha, a Adelaida Caro, da Biblioteca Nacional de Madri, por se dar ao trabalho de revisar livros antigos em busca de pistas para resolver um crime, e ao mestre Toño Angulo, por confiar nesta história e me encorajar a contá-la desde o início.

Nos Estados Unidos, a Tammy Lau, da Universidade do Estado da Califórnia, que estava disposta a procurar em seus arquivos apenas para tirar uma dúvida minha; a David Block, da Biblioteca da Universidade do Texas, por contar suas aventuras livreiras em um café de Miraflores; ao professor Almerindo Ojeda, da Universidade da Califórnia em Davis, por me contagiar com a paixão pelas gravuras como peças do grande quebra-cabeça da arte universal; a Sara V. Guengerich, professora de Literatura Hispano-Americana da Universidade Tecnológica do Texas, por resgatar de sua memória uma pista esquecida por vários anos; ao explorador Paolo Greer, por responder às minhas perguntas da longínqua Fairbanks, no Alasca, e me deixar ouvir suas histórias no meio de uma confraria de aventureiros em Lima; a Rebecca Noonan Murray, do Museu Metropolitano de Arte de Nova Ioque, cuja experiência nos saques de arte pelos nazistas me deu pistas para reconstruir uma das cruzadas do bibliotecário historiador Jorge Basadre; a Angela Helmer, do Departamento de Linguística e Línguas Modernas da Universidade da Dakota do Sul, por me dar luzes sobre a maior joia da Biblioteca Nacional; a Barbara Gray, bibliotecária principal da Escola de Graduados de Jornalismo da CUNY, por me dar o impulso preciso para buscar no labirinto da Big Apple; aos queridos Marco Avilés, por ler o manuscrito do Maine, e a José Carlos de la Puente, por detectar meus erros do Texas; e especialmente a Leonel Hidalgo, meu irmão mais velho, por me levar com tanto esmero à Biblioteca Pública de Nova Iorque, quase pela mão, como quando éramos crianças.

Ao mestre Héctor Feliciano, por me ouvir com entusiasmo entre México e Lima, e afinar meu olfato quando esta história era apenas uma soma de anotações em meu caderno.

No Peru, a Mario Cortijo, por ter colocado em minhas mãos a primeira pista de um grande mistério; ao guru Julio Villanueva Chang, por me ajudar a definir o tom, como os músicos, e por suas valiosas instruções para ver o invisível; aos queridos Diego Salazar e Elda Cantú, por editarem o perfil inicial que publiquei na revista Etiqueta Negra e me fazerem perguntas que me obrigaram a contar melhor cenas decisivas; a Hildegard Willer, por me traduzir cartas do alemão que estiveram guardadas por décadas; aos acadêmicos Juan Ossio, Milko Prettel, Natalia Majluf, Ricardo Kusunoki e Jorge Ortiz

Sotelo, por seu tempo e contribuições cruciais para este buscador profano; a Martha Uriarte, Daniel Rossini e José Carlos Cuadros, cuja paixão por bibliotecas e arquivos me poupou anos de buscas e trâmites; a Silvana Salazar, pela transparência no momento oportuno e pela clareza ao me explicar cenários complexos; a Roxana Tealdo, pela cumplicidade que me deu acesso a cenas muito valiosas; a Margarita Roel, por conversas improvisadas que eram grandes lições de arte, e a Delfina González del Riego, por me mostrar os segredos da paleografia para entender um delito; e, é claro, ao meu editor, Víctor Ruiz Velazco, pela leitura atenta e o cuidado que todo autor espera.

Quero agradecer à minha equipe do *OjoPúblico* pelo vigor e pelo enorme desafio de crescermos juntos enquanto eu trabalhava neste livro.

Meu agradecimento total à família Mella Pardo, pelo carinho e pelo refúgio no vértice dos últimos dias.

É hora de contar que devo meus primeiros livros e o amor pelas enciclopédias ao meu pai, Luis Hidalgo, a quem serei eternamente grato.

E no encerramento deste intenso capítulo da minha vida, quero expressar os maiores e mais sinceros agradecimentos à minha mãe, Dennis Vega, que testemunhou eu assumir o desafio mais significativo de todos e esteve lá como antes, como sempre. A ela devo tudo o que escrevo.

ÍNDICE ONOMÁSTICO

A

A. S. W. Rosenbach, 102
Adelaida Caro, 175
Adolf Eichmann, 272
Agustín Justo, 87, 88, 89, 90, 93, 95, 97, 100, 109, 143
Alan García, 219, 220, 221, 240
Alaperrine, 148
Alberto Casares, 15, 80, 81, 82, 83, 85
Alberto Fujimori, 302
Alberto Ísola, 33
Alberto Manguel, 47, 122, 124, 150, 214, 304
Alberto Rodríguez, 263
Alberto Ulloa Cisneros, 208
Alegría, 246
Alejandro Neyra, 300, 301, 302, 303
Alexander Selkirk, 181
Alfonso Reyes, 201
Alfredo Castellanos, 218
Alfredo García Burr, 196
Almerindo Ojeda, 59, 60, 61, 62, 63
Ana Cecilia Carrillo Saravia, 121, 224, 257
Ana María Maldonado, 136, 139, 140, 242, 283, 284
Ana Tironi, 213, 214
Andrés Avelino Cáceres, 16, 18, 177, 243

Andrés Baleato, 260
Ángel Esteban, 259
Angrand, 38
Anselmo Barreto Corbacho, 128
Antonio Machoni, 215
Antonio Raimondi, 179
Antonio Ricardo, 50
Antonio Ruiz de Montoya, 64
Apóstolo João, 54
Aristarco de Samos, 168
Aristóteles, 33, 162, 468
Arnaldo Momigliano, 197
Arturo Silva, 232, 233
Atahualpa, 41, 47, 146, 207
Augusta (Palma), 108
Augusto B. Leguía, 104, 105, 106
Augusto La Torre, 26

B

Báez, 201
Baltasar Gracián, 70
Bartolomé Meza, 147, 148
Bartolomé Mitre, 74, 89
Basadre (do Chile), 198
Beatriz Coya, 105
Benito Juárez, 111
Benjamín Vicuña Mackenna, 208
Bernabé Cobo, 50
Bernardo Jorquera, 211
Bernardo Moravsky, 264

Bernardo O'Higgins, 195
Bernardo Sartolo, 172
Bertram Tamblyn Lee, 102
Blasco Núñez de Vela, 94
Bolívar, 101, 104, 105, 109, 110
Bridget Gazzo, 68
Bromsen, 208
Buonocore, 88

C

Campanella, 168
Cantillo, 145
Carl Jung, 22, 29, 32
Carla Buscaglia Castellanos, 220, 221
Carlos Aguirre, 129
Carlos Condorcahuana Roca, 250
Carlos Cueto Fernandini, 262, 263, 264
Carlos III, 50, 159
Carlos IV, 147
Carlos Javier Rojas, 284
Carlos Jiménez Vásquez de Velasco, 234
Carlos Mackehenie, 144
Carlos Romero, 126, 127, 129, 130, 131, 132, 167, 253
Carmen McEvoy, 227, 299
Carmen-José Alejos Grau, 85, 163
Catherine Zamalloa, 218
Cayo, 260
César Itier, 67, 68, 69, 70
César Nakasaki, 276, 277, 278, 280
César Vallejo, 259

Cesare Lombroso, 101
Charles Dickens, 75
Cholo Jacinto – Ver: Jacinto Aucayari Bellido
Cícero, 197
Claudio Rolle, 212
Colombo, 97
Colombrés Marmol, 103
Conde de La Granja, 57
Copérnico, 168
Cristina Fernández, 11, 12,
Cristina Planas, 287, 291, 303
Cristina Ratto, 54
Cristóbal de Losada y Puga, 39, 72, 74, 75, 136, 143, 144

D

Dampier Paredes, 133
Daniel Concina, 117, 173
Daniel G. Brinton, 74
Daniel Hernán Valera Loza, 222
Daniel Yovera, 221
Dante (Alighieri), 295, 303
Delfina Gonzales del Riego, 162, 300
Delia Córdova, 135, 136, 174, 183, 241, 242, 243, 283, 284
Descartes, 168
Diana Aliaga Ramos, 133
Diana Nagaki, 281
Diego de Avendaño, 50, 167
Diego González Holguín, 93
Diego Martínez, 152
Diego Quispe Tito, 62
Diego Ruiz Ortiz, 55
Domingo Amunátegui Solar, 207

Domingo Nieto, 227
Dr. Buchal, 273, 274
Durero, 33

E

E. M. Cioran, 25
Edgard Alarcón, 296, 297
Eduardo Caparó, 119
Edward Gibbon, 233, 234
Edwin Díaz Belleza, 185
Emil Jakob Schindler, 273
Emilio Gutiérrez de Quintanilla, 101, 102, 103, 106, 108, 109
Erasmo, 97
Erich Klein, 142, 143
Espinoza Guzmán, 221
Estanislao S. Zevallos, 88, 97
Esteban de Terralla y Landa, 147
Esteban Garibay, 211
Estuardo Núñez, 51, 260, 262
Eugenia Kornelius, 268
Ezequiel F. Muñoz,127, 128

F

Federico Ponce de León, 69
Federico Schwab, 263
Félix Denegri Luna, 263
Fernando Belaunde, 275
Fernando de Szyszlo, 110, 111, 112, 116
Fernando Fuenzalida, 33
Fernando Valencia Manrique, 43, 44, 45, 46
Fernando Villegas, 113, 114, 115, 116

Ferrer, 258
Francisco Antonio de Montalvo, 47
Francisco Camacho, 55
Francisco de Echave y Assu, 52
Francisco de Lorenzana, 192
Francisco de Miranda, 195, 234
Francisco de Paula González Vigil, 253
Francisco de Villacastín, 151
Francisco Escobar Riffo, 233, 234
Francisco Laso, 110, 113
Francisco López de Gómara, 141, 145
Francisco Manuel Palomares Burga, 45
Francisco Palomares, 244
Francisco Pizarro, 41, 47, 100, 105, 141, 146
Francisco Santos de la Paz, 118
Francisco Solano, 51, 52
Frank Linden Crone, 102
Frei Francisco de Figueroa, 78

G

Gabriel de Castilla, 181
Galarza, 173
George Parker Winship, 211
George Steiner, 151
Georges de Créqui-Montfort, 72
Gerardo Trillo, 282
Gilberto Zegarra, 26
Giordano Bruno, 168
Giovanni Gallucci, 211
Goebbels, 271

González Prada, 290
Gonzalo Catalán, 211
Gonzalo Díaz de Amarante, 55, 166
Gonzalo Pizarro, 151
Gonzalo Silvestre, 142
Gottfried Leibniz, 49
Graciela Mochkofsky, 83
Gregório López, 35
Guenilda Alayza Petersen de Quiñones, 259, 260, 261, 262, 264
Guibovich, 202, 203
Guillermo, 39
Guillermo Feliú, 209
Guillermo H. Prescott, 75
Guillermo Lohmann Villena, 102, 109
Guillermo Simon, 267, 275
Gustavo Barrantes, 135
Gustavo Buntix, 290, 291

H

Hacken, 272
Henmer Alva Neyra, 301
Herman Hesse, 306
Herminia Alayza, 217
Hernando de Soto, 33
Hidalgo, 67, 298
Hipólito Unanue, 43, 44, 109, 260
Hiram Bingham, 56, 103, 213
Hitler, 271
Ho Chi Min, 266
Honorio Delgado, 265
Horacio González, 15
Huayna Cápac, 105

Hugo La Rosa Cordero, 282
Hugo Ludeña, 100, 101, 103, 107
Hugo Neira, 26, 27, 98, 120, 121, 173, 174, 192, 203, 216, 218, 220, 221, 237, 238, 239, 265, 279, 282, 283

I

Ignacio Domeyko, 204
Ildefonso de Peñafiel, 164, 165
Inca Garcilaso de la Vega, 37, 41, 79, 94, 141, 142, 144, 146, 150, 151, 211, 232, 256, 285
Inca Huayna Cápac, 170
Irma López de Castilla, 125, 137, 219
Isaac Newton, 49, 304
Isabel Yaya, 67

J

Jacinto Aucayari Bellido, 249, 250
Jacob Emil Chlinder, 272
James Cook, 234
Jan van Haelbeck, 61
Jason Mori, 241
Javier Chesman, 78
Javier Villa Flores, 129
Jean Papire Masson, 118
Jean Raulin, 97
Jeny Isabel Mendoza, 241
John Byron, 234, 263
John Milton, 25

Jorge Basadre Ayulo, 253,
Jorge Basadre, 25, 28, 38, 39, 57, 73, 74, 75, 88, 89, 90, 92, 95, 105, 107, 108, 127, 128, 130, 131, 132, 163, 253, 255, 256, 257, 265, 266, 267, 268, 269, 270, 271, 272, 273, 274, 275, 289, 306
Jorge Lermo, 26
Jorge Luis Borges, 82, 83, 86
Jorge M. Corbacho, 101, 104, 105, 106, 107, 108
Jorge Nieto Montesinos, 298, 299
Jorge Ortiz Sotelo, 180, 181, 182, 185, 188
José Alfredo Hernández, 264, 297
José Antonio Chang, 220, 221, 222
José Bonaparte, 201
José Carlos Juárez, 215
José Carlos Mariátegui, 234
José de Acosta, 50, , 71
José de Axcaray, 167
José de San Martín, 11, 12, 24, 28, 50, 76, 85, 87, 90, 93, 95, 101, 104, 105, 110, 159, 192, 193, 195, 226, 253, 285
José Francisco Mariátegui, 268, 275
José Gabriel Condorcanqui, 175
José Gálvez, 265
José Giglio, 258
José Gil de Castro, 170, 198
José Jacinto Rada, 90, 91, 92, 93
José Jara, 127, 129, 130
José Luis de Cossío, 270, 271, 272
José Manuel Calle, 130
José María Eguren, 259
José Toribio Medina, 74, 94 206, 207, 208, 209, 210, 211, 214, 216
José Vila y Acuña, 128
Josef de Contreras, 78
Josepf-Ignasi Saranyana, 163
Joseph de Buendía, 52
Joseph Mulder, 52
Juan Antonio Espinoza Morante, 221
Juan Basilio Cortegana, 93, 103
Juan Carlos Estenssoro, 171, 173, 174
Juan Carlos I, 31
Juan de Betanzos, 41
Juan de la Cruz Cano y Olmedilla, 190
Juan de la Plaza, 47, 48
Juan de Salisbury, 33
Juan de Solórzano Pereira, 155
Juan Dejo, 159, 160, 169, 306
Juan Espinoza Medrano, 165, 166, 212
Juan Manuel Espinoza Guzmán, 243
Juan Mejía Baca, 144
Juan Mendoza, 107
Juan Ossio, 27, 290, 299
Juan Pérez de Menacho, 162, 163, 167, 169
Julio C. Tello, 103
Julio Cortázar, 84, 87
Julio Ramón Ribeyro, 229
Julio Suárez, 88, 89, 90

Julio von Blaas, 273

L

Lane Faison Jr., 274
Laura Susana Yacolca, 46
Léon Bloy, 55
Liborio Justo, 90, 91
Liliana Pérez Sánchez-Cerro, 239
Lita Grieve, 243
Lohmann, 50
Lothrop, 56
Luciano de Samosata, 217
Lucio Aquilanti, 84, 85, 86, 87
Luis Alayza y Paz Soldán, 144, 259, 261, 264, 265
Luis Alberto León, 22
Luis Carpio, 26
Luis Enrique Tord, 33
Luís XIV, 49
Luisa María Vetter, 281, 282, 283, 284, 285, 286
Lutero, 97

M

Magda Victoria Grande, 183
Manuel Atanasio Fuentes, 234
Manuel García Castellón, 50
Manuel González Prada, 224, 253
Manuel Joseph Hurtado, 179, 181, 187
Manuel Mujica Carassa, 245
Manuel Mujica Gallo, 14, 38, 112, 144

Manuel Odriozola, 207
Manuel Prado, 37, 90
Marcelo Mendoza, 203, 205, 211, 212
Marco Antonio Córdova Ramírez, 244
Marco Antonio Yataco, 133
Marco Antônio, 201
Marco Terêncio Varrão, 197
Marco Vitrúvio, 200
Margarita Roel, 145, 147
María Angélica Porras, 283
María Luisa Rivara de Tuesta, 166
María Soledad Barbón, 148
Mariana Mould, 247, 248
Mariano José de Arce, 253
Mariano Melgar, 170
Mariela Borja La Rosa, 240
Mariella Patriau, 204
Mario Huerta, 280
Mario Monsalve, 206, 207, 210, 212
Mario Vargas Llosa, 259
Marshall McLuhan, 36
Martha Blondet Cepero, 121
Martha Fernández, 243
Martha Uriarte, 17, 95, 96, 98, 99, 100, 134, 125, 126, 127, 138, 162, 169, 235, 236, 283, 284
Martín Adán, 264
Martin de Jáuregui, 166
Martín de Porras, 51
Martín Guise, 226
Martín López Saldaña, 46, 217
Martín López, 136, 175, 241, 242

Martin, 48
Mateo Pérez de Alesio, 54
Max Sander, 100
Maximiliano, 117
McLuhan, 39
Melchor de Mosquera, 166
Melchor Sánchez, 264
Menino Jesus, 51, 58
Mercedes Romero, 147, 185
Merici Huertas Navarro, 120
Michael Blanding, 207
Michelangelo, 54
Michelle Bachelet, 213, 225
Miguel de Althaus, 226, 227, 228, 229
Miguel Grau, 180
Milko Pretell, 165
Milton Godoy Orellana, 202, 203
Mircea Eliade, 30
Moral, 168
Moses, 58
Myriam Cáceres, 218

N

Nancy Herrera, 116, 119, 120, 121, 122, 136, 137, 138, 139, 140, 141, 173, 174, 175, 176, 177, 218, 219, 221, 222, 223, 239, 240, 242, 243, 244, 282, 283, 290
Napoleão Bonaparte, 200, 201
Natalia Deza, 147
Natalia Majluf, 169, 170, 171, 176, 177, 178

Nelly Bobbio, 120, 121, 122, 134, 136, 183, 219, 240, 241, 242, 282, 283, 284
Nicholas A. Basbanes, 80, 84, 89
Nicolás Ángel Tinasio, 55
Nicolás de Ayllón, 18, 52, 63, 171, 172, 173, 174, 175, 176
Nicolás de Cusa, 168
Nicolás de Olea, 168
Nicolás de Piérola, 208
Nicolás Díaz Sánchez, 242

O

Odile Rodríguez, 95
Olga Sedakova, 303
Ollanta Humala, 11, 16
Olórtegui, 150
Ortiz, 260
Óscar Sánchez Sierra, 26, 238
Oswaldo Hercelles, 39
Oswaldo Holguín Callo, 182

P

Pablo Patrón, 170
Pablo Picasso, 22, 112
Padre Acosta, 155
Pancho Fierro, 108
Papa Inocêncio III, 153
Patricio Lynch, 208
Paul Hohenau, 266, 267, 268, 269, 270, 271, 272, 273, 274, 275
Paul Rivet, 71, 72, 73, 74
Paulo Restivo, 84
Pedro Cieza de León, 41

Pedro de Angelis, 87
Pedro de Corral, 211
Pedro de Peralta Barnuevo, 256
Pedro de Valdivia, 105
Pedro Guibovich Pérez, 49, 201, 212
Pedro Hurtado de Mendoza, 179, 181, 182
Pedro Lozano, 215
Pedro Marbán, 93
Pedro Pablo Kuczynski, 299, 302, 303
Pedro Urraca, 55
Philip Ainsworth Means, 56, 57
Phillip Carteret, 234
Phillip Melanchton, 97
Pietro Valeriano, 155
Pilar Navarro, 136, 242, 283
Pinochet, 195
Pitágoras, 168
Ptolomeu, 83, 86, 97, 168, 213

Q

Quevedo, 192

R

Rafael Hastings, 299
Rafael Sánchez-Concha, 172, 173, 174
Raimondo di Sangro, 94
Raimundo Morales de la Torre, 267
Ramón Castilla, 40, 41
Ramón Mujica, 11 - 19, 21 - 36, 38, 40 - 43, 47, 52 - 54, 58, 60, 62 - 65, 68 - 70, 76, 79, 81, 83, 95, 96, 98, 110 - 118, 122, 124, 125, 126, 136 - 140, 144 - 165, 167, 169, 171, 172, 180, 183 - 185, 223, 224, 225, 226, 227, 228, 229, 230, 232, 236, 237, 240 - 251, 256 - 258, 260, 262 - 265, 275 - 300, 302 - 304, 306
Raúl Porras Barrenechea, 37, 38, 39, 94, 141, 142, 163, 259, 289
Raymond Kilgour, 28
Reaño, 220
René Descartes, 49
René Palma, 108
Ricardo Estabridis, 61, 62
Ricardo Kusunoki, 47, 53, 54, 55, 56, 57, 58, 63, 145, 147, 151, 153, 154, 155, 156
Ricardo Palma, 12, 19, 20, 25, 40, 41, 102, 108, 124, 127, 167, 180, 182, 184, 207, 224, 225, 230, 253
Riva Agüero, 103
Rivara, 163
Robinson Crusoé, 181
Rodrigo Moreno, 186, 187, 188, 189, 190, 191
Rosa Dorival, 121
Rosa Elisa García, 46
Rosa, 51
Rosso, 215
Rubén Vargas Ugarte, 88, 89, 103, 161, 165
Ruth Alejos Aranda, 121
Ruth Velarde, 136, 241, 242

S

S. J. Halberstamm, 272
Salo Cohn, 272
Samuel Wallis, 234
San Martín, 52
Santa Catarina de Siena, 35
Santa Matilde de Hackeborn, 35
Santa Rosa de Lima, 21, 23, 24, 25, 29, 35, 122, 152, 154, 172
Santa Rosa, 52, 53, 54, 58
Santiago Landman, 191, 192, 193, 194, 195, 196, 197, 198, 199, 200
Santo Antônio Abade, 63
Santo Antônio de Pádua, 175
Santo Tomás, 168
São Boaventura, 154
São Francisco de Assis, 152, 153, 289, 290, 291
São Henrique Suso, 35
São Martinho de Porres, 59
São Toríbio de Mogrovejo, 19, 46, 51, 52, 53, 54, 105
Sara V. Guengerich, 157
Saranyana, 85
Sartolo, 173
Schlinder, 273
Sebastián Benalcázar, 105
Selina Paredes, 136, 183
Sergio Villalobos, 202, 203
Sheyla Tuesta, 138, 139, 140
Sieger, 274
Silvana Salazar, 43, 121, 122, 132, 180, 224, 240, 241
Simón Bolívar, 23
Simón Rodríguez, 105
Sinesio López, 27, 223, 299
Sonia Herrera, 125, 134, 136, 241, 242, 283
Sucre, 109
Susana Baca, 136, 241

T

Tauro del Pino, 78
Teodoro Hampe, 168
Teófilo Cuéllar, 284
Theodor De Bry, 146
Thomas Hobbes, 280
Thomas Merton, 305
Tito Bracke, 168
Tito Cusi Yupanqui, 55
Tomás Gálvez, 296
Toribio Medina, 78
Truslow, 61
Túpac Amaru, 175
Túpac Yupanqui, 148

U

Ulrico Schmidel, 79
Umberto Eco, 65, 80

V

Valeriano Grados, 128
Vásquez, 209
Víctor Delfín, 26
Víctor Huarancca, 246, 247
Víctor Raúl Haya de la Torre, 220
Víctor Raúl Mendoza Ferrer, 220, 221

Vicuña Mackenna, 228
Virginia Woolf, 14
Von Blaas, 273

W

Walter Benjamin, 193
Walter Villaverde, 133
Weeks, 74
Whilhem Simon, 267, 268
Wiener, 244, 248
William A. Lovegrove, 274
William Dampier, 181
William R. Shepherd, 105, 106

Z

Zoila Aurora Cáceres, 136

SUMÁRIO

I	11
II	65
III	117
IV	179
V	253
Bibliografia	309
Referências	319
Dossiê fotográfico	321
Agradecimentos	331
Índice Onomástico	335

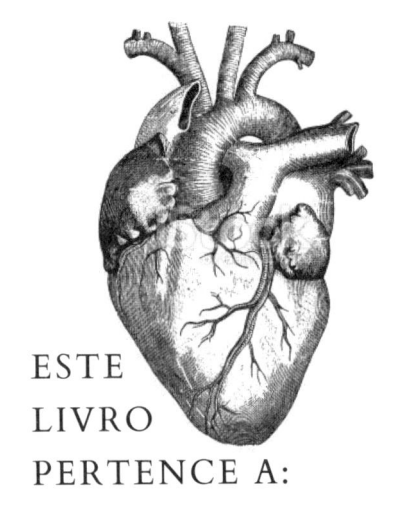

ESTE
LIVRO
PERTENCE A:

Este livro foi composto em fonte tipográfica Cardo 11pt
e impresso em papel Avena Chambril 80g/m²
pela gráfica Pallotti para a Editora
Coragem no outono de 2025
em Porto Alegre.